असमीया
की
लोकप्रिय कहानियाँ

असमीया
की
लोकप्रिय कहानियाँ

संपादक

प्रो. महेंद्रनाथ दुबे

प्रकाशक
प्रभात पेपरबैक्स
प्रभात प्रकाशन प्रा. लि. का उपक्रम
4/19 आसफ अली रोड, नई दिल्ली–110002
फोन : 23289777 • हेल्पलाइन नं. : 7827007777
इ–मेल : prabhatbooks@gmail.com ❖ वेब ठिकाना : www.prabhatbooks.com

संस्करण
प्रथम, 2022

मूल्य
दो सौ पचास रुपए

मुद्रक
आर–टेक ऑफसेट प्रिंटर्स, दिल्ली

———————— ★ ————————

ASAMIYA KI LOKPRIYA KAHANIYAN
Ed. Prof. Mahendra Nath Dubey

Published by **PRABHAT PAPERBACKS**
An imprint of Prabhat Prakashan Pvt. Ltd.
4/19 Asaf Ali Road, New Delhi-110002

ISBN 978-93-5521-223-8

₹ 250.00

स्वर्गीय श्री शीलभद्र (प्रोफेसर रेवती मोहन दत्त चौधरी),
स्वर्गीय डॉ. वीरेंद्र कुमार भट्टाचार्य,
स्वर्गीय भवेंद्रनाथ सैकिया,
स्वर्गीय भूपेंद्र हाजरिका,
स्वर्गीय चंद्रप्रकाश सैकियाजी और
श्री होमेन बरगोहाईजी की
पावन स्मृति
को
सादर समर्पित।

भूमिका

आप सब कृपालु-सहृदय हिंदी-पाठकों की सेवा में 'असमीया की लोकप्रिय कहानियाँ' प्रस्तुत करते हुए मैं सबसे पहले इस शीर्षक में प्रयुक्त तीनों पदों के संबंध में निवदेन करना चाहता हूँ कि 'असमीया' से तात्पर्य—असम प्रदेश में प्रयुक्त होनेवाली आजकल की भाषा, जो दो-चार वर्णों की भिन्नता के साथ लगभग बांग्ला वर्णमाला जैसी लिपि में ही कुछ वर्णों के उच्चारणों की भिन्नता के साथ उस भाषा में लिखी जाती है, जो साहित्य-विधा 'गल्प' नाम से रची एवं प्रकाशित की जाती है। हिंदी की प्रकृति के अनुसार उसे कहानी कहना ही उचित है।

चूँकि भारतवर्ष में जो विविध भाषा-परिवारों की अनेक भाषाएँ आधुनिक काल में प्रचलित हैं, उनमें सभी में गद्य विधा सबसे पहले असमीया भाषा में ही शुरू हुई, अतः उसका गल्प-साहित्य भी काफी पुराना है। वर्तमान पुस्तक के कलेवर को देखते हुए उसके आदियुग से लोकप्रिय सभी कहानियों को तो प्रस्तुत किया जाना मुश्किल ही है, अतः आप सबकी सुविधा को देखते हुए मैंने उसके आधुनिक काल की गल्पों को ही चुनना श्रेयस्कर समझा है।

लोकप्रियता की पहचान और उसमें भी अति लोकप्रियता के चुनाव का सारा श्रेय प्रकाशक स्वर्गीय श्री विश्वनाथजी शर्मा, भाई प्रभातजी के अतिरिक्त समकालीन साहित्य के संपादक स्वर्गीय श्री गुलशेर खाँ श्यानीजी, 'भाषा' पत्रिका के स्व. श्री जगदीश चतुर्वेदीजी तथा भारतीय ज्ञानपीठ के तत्कालीन निदेशक श्री बिशन टंडनजी, जिन्होंने न केवल मेरे द्वारा छाँटकर भेजी गई कहानियों के, बल्कि उनके अतिरिक्त कई अति लोकप्रिय कहानियों के होने के आग्रह के साथ उनके रचयिता रचनाकारों की अनुवाद करने की संस्तुति के साथ कई कहानियों के मूल पाठ भी स्वयं मँगवाकर मेरे पास भेजे कि उनका हिंदी अनुवाद हिंदी साहित्यप्रेमी समाज के लिए नितांत उपयोगी होगा। असम के बांग्ला भाषा-भाषी क्षेत्र से संबंधित होने से मूल असमीया भाषी क्षेत्र के उप्लावे बांग्ला भाषी क्षेत्रों में भी जो असमीया कहानियाँ

अति लोकप्रिय थीं, बस उनके अनुवाद का निवेदन भर मेरा अपना योगदान था, जिससे सहमत हो उन्होंने अपनी पत्रिकाओं में, और अब प्रभात प्रकाशन ने उन्हें प्रकाशित कर आज हिंदीप्रेमी समाज के समक्ष प्रस्तुत करना श्रेयस्कर समझा है, जो आप सबको उपयुक्त लगने पर मेरे भी संतोष का आधार बन सकेगा।

असमीया भाषा में आधुनिककालीन कहानी की संरचना यथार्थतः अंग्रेजी भाषा साहित्य की इंपोर्टस्टोरीज के संप्रसार, जो निश्चय ही अंग्रेजों के भारत आने के साथ अन्य यूरोपीय भाषा-भाषियों—फ्रेंच, जर्मन, पुर्तगाली, स्पेनिश, डच के आगमन और उनकी कहानियों के मूल अथवा अंग्रेजी अनुवाद के माध्यमों से कभी सीधे तो कभी बांग्ला अनुवादों के सहारे असमीया भाषा-भाषियों तक पहुँची।

कुछ प्रभाव अवश्य ही रहा है, असमीया की निजी प्रकृति और संस्कृत-प्राकृत-पाली-अपभ्रंश से संप्राप्त परंपरा का भी, जिसके प्रभाव से असमीया में 'साधु' नाम से पौराणिक कहानियाँ लिखी गईं। फिर पश्चिमी प्रभावों में 'सुटि गल्प' या छोटी कहानियाँ लिखी जाने लगीं।

आधुनिक युग में असमीया साहित्य का प्रकाशन आरंभ में विशेषतः असमीया पत्रिकाओं के प्रकाशन से ही हुआ। अतः जिस-जिस युग में जो-जो विशेष प्रभावशाली पत्रिकाएँ असम-जगत् में छाई रहीं, उस समय की असमीया कहानी उस विशेष पत्रिका के नाम युग-नाम से ही जानी-पहचानी जाने लगीं।

पत्रिकाओं की अति लोकप्रियता अथवा वर्चस्व के आधार पर असमीया कहानी के विकासात्मक इतिहास को निम्नलिखित युगों में विभक्त किया जा सकता है—

(1) अरुणोदय युग—सन् 1846 से 1882 तक
(2) असमन्यूज युग—1882 से चंद्रोदय पत्रिका सहित 1888 तक
(3) जोनाकी युग—1889 से 1909 तक
(4) बाँही युग—1909 से 1945 तक
(5) आह्वान युग—जयंती युग भी इस दौरान प्रभावित रहे।
(6) रंगधर—फिर परिवर्तित नाम रामधेनु युग—1948 से 1963 तक पुनः प्रकाशन 1995 ई.
(7) असमीया पत्रिका युग—1968, इसी में धारावाहिक रूप से प्रकाशित वीरेंद्र कुमार भट्टाचार्य के 'मृत्युंजय' उपन्यास को 'ज्ञानपीठ पुरस्कार' मिला
(8) 'प्रकाश' पत्रिका—असम प्रकाशन पत्रिका—1975 से अद्यावधि युग, उसी समय में सूत्रधार, प्रांतिक, गिरिजन, रंघर, आजिर-नातोरी,

गरीयसी–1994 अक्तूबर से आजतक की पत्रिकाओं का युग है, जिसमें असमीया गल्प या छोटी कहानियों के आदर्श रूप प्रकाशित हुए हैं।

इतनी सारी पत्रिकाओं के आधार पर असमीया कहानी का युग–विकास निर्धारण करने की अपेक्षा इन्हें आधार मान हम क्रमशः (1) अरुणोदय–युग, (2) जोनकी, (3) बाँही, (4) आह्वान, (5) जयंती, (6) रामधेनु, (7) प्रकाश और (8) गरीयसी युग के कालों में असमीया कहानी का विकास विश्लेषित करें तो अच्छा हो।

सन् 1846 के अरुणोदय युग से आरंभ कर स्वतंत्रता–प्राप्ति तक, फिर स्वतंत्रता–प्राप्ति के अनंतर 1947 से आज 2021 तक के दो लंबे कालखंड को ही देखें तो 175 वर्ष की असमी कहानी की सैकड़ों लोकप्रिय कहानियाँ हैं। इतनी संख्यक का समाहार कर इनका प्रकाशन तो दुरूह है ही, बहुत उपयोगी भी नहीं है। अतएव मैंने आधुनिककालीन प्रमुख असमीया कहानीकारों की, उनमें भी उनकी सर्वोत्तम मान्य कहानियों का ही अनुवाद इस संकलन में करना उचित समझा है, जिसमें माननीय प्रोफेसर महिम बरार, जो अब स्वर्गवासी हो चुके हैं, से लेकर श्रीमान कुलधर (कुल) सैकिया तक प्रायः सभी रचनाकारों ने व्यक्तिगत तौर पर मुझे स्नेह दिया है। उनमें से कई अब स्वर्गवासी हो चुके हैं, किंतु उन्होंने मुझ अकिंचन पर जो स्नेहधारा बरसाई, विशेषतः डॉ. वीरेंद्र कुमार भट्टाचार्य, श्री चंद्रप्रकाश सैकिया, श्री भवेंद्र नाथ सैकिया, श्री भूपेंद्र हाजरिका, जो अपनी ऊँची पहाड़ियों से पैदल चल–चलकर मुझे अपने यहाँ भोजन करवाने लिवा ले जाते रहे, जिनकी कहानियाँ मैं दे नहीं पा रहा, श्री शीलभद्र (रेवती मोहन चौधरी) होमेनजरगोहाई, नगेन सैकिया, कुमुद गोस्वामीजी, जो मेरी ट्रेन घंटों लेट होने पर रात के अँधियारे में प्लेटफॉर्म की बिजली गुल होने पर भी टॉर्च की रोशनी में मुझे ढूँढ़कर अपने आवास पर ठहराने ले जाते रहे, उनकी सहृदय के प्रति मेरा हृदय नतमस्तक हो जाता है। श्री हरेकृष्ण डेका और कुल सैकिया डायरेक्टर जनरल ऑफ पुलिस होते हुए मुझे ही नहीं, मेरी अपनी औपन्यासिक रचनाओं की माँग के अनुसार म्याँमार और बांग्लादेश की सीमाओं की यात्राओं की भी व्यवस्था कर देते थे, उन सबके प्रति सिर श्रद्धा से झुक जाता है। एक अदना से हिंदी–सेवक को इतना स्नेह–दुलार इन महान् रचयिताओं ने दिया, जिसे याद कर दिल भर आता है। उनके व्यक्तित्व की चर्चा मैं इस भाव से कर रहा हूँ कि ऐसे सहृदय सज्जनों ने अपनी कहानी में मानसता का जो रूप ढाला है, हमारे हिंदीभाषी भाई–बहनों, वरिष्ठ सज्जनों हिंदी के माध्यम से अन्यान्य भारतीय भाषा–भाषी सहृदय जनों को

असमीया जनमानस की सच्ची दावे की पहचान हो पाए, क्योंकि प्रायः सीमांत क्षेत्र का मानकर उनकी सृष्टि एवं संरचना की ओर समुचित ध्यान नहीं दिया जाता। उसका व्यवहार अलग रख समस्त भारत के एक शीर्ष अंग के रूप में हम सहृदय से उनका अवलोकन और मूल्यांकन करें।

इस संग्रह में संगृहीत कहानियों में से मैं किसी की भी गुणवत्ता अथवा कमी का कोई संकेत न देकर कहानी और सहृदय पाठक को आमने-सामने कर स्वयं परे हटकर अपेक्षा करता हूँ कि उनकी कहानी खुद आपसे संलाप करे। अनुवाद में रह गई कमी का दायित्व तो मेरे सिर-माथे रहेगा ही। कृपया इनका अवलोकन कर इनके गुण ग्रहण करें। अनुवाद के दोषों का संकेत देकर मुझे अनुगृहीत करें।

मकर संक्रांति 2022

—प्रो. महेंद्रनाथ दुबे

प्रभावती प्रतिष्ठान, भवन संख्या-2,
दयाबाग कॉलोनी, आशियाना फ्लैट्स के पास,
बसेरा रोड, जगनपुर बेला, खेल गाँव मार्ग,
दयालबाग, आगरा-282005 (उ.प्र.)
मो. : 9410835021, 8791602092

अनुक्रम

मधु-रस

—महिम बरा

सबसे पहले रतन ने ही देखा। खेत-खलिहान, जंगल-झाड़ी, वेला-कुवेला, जगह-कुजगह, तन्न-तन्न कर कोने-कोने की खाक छानते फिरनेवाला, उसके अलावा भला दूसरा कौन सा नवयुवक है इस गाँव में? रतन की बाज जैसी शिकारी आँखों से कोई भी चीज बचकर नहीं निकल सकती।

एक बार गाँव में एक बाघ निकल आया था। गाँव के लोग जब रसोई में जलाने के लिए लकड़ियाँ काटने गए थे (और उसी काम में व्यस्त थे) तो रतन ने ही सबसे पहले उसकी गंध सूँघी। जो लोग बाघ की गंध से परिचित नहीं हैं, वे तो गंध नाक में पड़ने पर भी कुछ समझ नहीं सके होते। मगर रतन की हर विषय की जो गहरी जानकारी है, वह छिछले इलाकों की सूखी खेती की तरह कभी भी पूरी तरह खत्म नहीं हो सकती। वह वहीं ठहर गया। थोड़ी ही दूरी पर उसने एक झाड़ी के हिलने-डुलने का अहसास किया। फिर बिजली की कौंध की तरह बहुत थोड़े समय के लिए, दो झाड़ियों के बीच की फाँक से रंग-बिरंगे बालोंवाली एक लंबी पूँछ को सरकते हुए उसकी तेज निगाहों ने लक्ष्य किया। उस समय उसके साथ लकड़ी काटनेवाले दो और आदमी थे, मगर उनमें से किसी ने कुछ नहीं देखा। रतन के कहने पर पूरा भरोसा रखते हुए पास-पड़ोस के सात गाँवों के आदमी जाल ले-लेकर आ जुटे और बाघ की गुफा को घेर लिया। दो दिन की घेराबंदी के बाद अंततः बाघ मारा गया। चिड़ियों के किस घोंसले में उनके बच्चों के खाने के लिए कुछ आहार है? कहाँ पर एक झुंड हाड़ों (बर्रे) का निवास है? उसकी उम्र के गाँव के जवान पत्ता-पत्ता छानकर भी इसका पता नहीं लगा सकते। मगर रतन तो सारा कुछ पहले-पहल ही देख चुका होता है। मछली पकड़ने की छीप (बंशी) बनाने के लायक दो छरहरी कइने (बाँस की पतली मजबूत छड़ी सी) बँसवारी के किस झुरमुट में हैं और कौन बड़ी-गलफड़ा मछली पकड़ने लायक है तथा कौन

साधारण बंसी बनाने के उपयुक्त है? उन्हें किस समय काटना ठीक रहेगा? इस सबका पक्का हिसाब रतन के मन की टोकरी में भरा रहता है।

आज भी सबसे पहले रतन ने ही आविष्कार किया। उसके बाद भोला, जीवराम, महेंद्र और सरुक को लेकर एक छोटी सी विचार-बैठक हुई। उस बैठक में सलाह-परामर्श के बाद जो सिद्धांत तय पाया गया, उसके मुताबिक सभी मिलकर भट्टा के घर गए।

उन सबमें भट्टा ही एक ऐसा युवक था, जो इस काम को करने के लिए सबसे अधिक उपयुक्त था। उन्हीं सब के बीच ही नहीं, बल्कि इस इलाके के पूरे पंद्रहों गाँवों के बीच भी। भट्टा की थोड़ी सी खुशामद कर देने,···रतन की भाषा में कहें तो उसे जरा सा चढ़ा देने, ऊपर उठा देने भर से ही सब हो जाएगा।

भट्टा-गुट्टी* जैसा नामकरण करने के लिए किसी ज्योतिषी से राय-विचार करने की कोई जरूरत नहीं होती। जन्माङ्ग में चंद्रमा कहाँ है? राशि कौन सी है? दशा किसकी चल रही है? आदि प्रश्नों की गणना किए बिना ही जिस किसी लड़के का नाम भट्टा-गुट्टी हो सकता है, अगर उसके शरीर का ऊपरी हिस्सा कुछ कड़ा हो, पैरों की ओर का हिस्सा अनपेक्षित ढंग से अचानक पतला हो गया हो, मुँह थोड़ा मोटा और पुष्ट हो, देह का रंग झँवाया सा, घिसा-पिसा सा भोथरा हो, आँखें अपेक्षाकृत छोटी-छोटी हों और बचपन से ही थोड़ा दुष्ट के रूप में बदनाम रहा हो। यह भट्टा-गुट्टी भी ठीक ऐसी ही परिस्थतियों से बना हुआ है। समय के साथ-साथ इन भट्टा-गुट्टियों की आयु तो बढ़ती है, जवान होते हैं, घर-गृहस्थी बसाते हैं, गाँव के गोंट के अन्य घरों की तरह ही एक घर की तरह होते हैं, मगर आकार-प्रकार में प्राय: एक ही अवस्था में ठिठके-ठहरे रह जाते हैं।

छोटे-बड़े भाइयों से अलग होकर, भट्टा नए सिरे से अपना घर बनवा रहा है। उसकी उम्र के लड़के घर बनाने की आवश्यक सामग्री, माने—बाँस, काठ, फूस वगैरह—जुटा दे रहे हैं। खूब भारी-भरकम मगर ऊपर से टूटे बुर्ज जैसा घास-फूस-पुआल से छाया हुआ एक झोंपड़ी का घर। मगर छोटे-मोटे घर में भट्टा रहना नहीं पसंद करता। लकड़ी का काम ठीक-ठाक करने के लिए उसने एक बढ़ई का जुगाड़ कर लिया है। उस घर में एक किनारे की ओर एक छोटी सी कोठरी इकरा* के बेढ़ों (टाटी) से बनाकर उस पर चिपकने वाली मिट्टी का दो-तीन बार लेप चढ़ा-चढ़ाकर उसे रंगीन और चमकदार बना दिया है। उसका छोटा-संसार या परिवार उसी छोटी कोठरी में समाया रहता है। उसके घर-संसार या परिवार का भी मतलब है, वह खुद अकेला, मात्र अकेला। शादी-विवाह तो

* नरकुल-कास पतलो के सरकंडे—अनुवादक

किया ही नहीं। बाकी सारा घर चारों ओर से खुला हुआ है। एक किनारे की ओर बैल बँधते हैं, उसके पास ही लकड़ियों का ढूह, घास-फूस और इकरा के बोझ-के-बोझ। जाने कब तो इस घर का बनाना पूरा करेगा वह ?

रसोई बनाकर बरतन-बासन धो-धाकर, हथेली पर सुर्ती-चूना रखकर अँगूठे से मसलता हुआ, अपने पलंग नामक बिस्तरे (जो दरअसल चार खूँटों के ऊपर बाँस के फट्टों का बँधा मचान है) पर बैठा था भट्टा।

इसी बीच रतन और उसके साथ के लोग उसके करीब जा प्रगट हुए।

होंठ दबाकर वह धीरे-धीरे मुसकराया। वैसे इस मुसकराहट का कोई अर्थ नहीं, बस बात करने का एक प्रयास भर है।

"आइए, बैठिए। इस दुपहरिया में कैसे ? किस विशेष उद्द्देश्य से मेरे घर पर आप लोगों का समागम हुआ है ?"

उसकी बात वैसे प्रश्न पूछने जैसी ही है, मगर हर बात को स्वगतोक्ति की तरह ही पूरा करने का उसका नियम है। जब वह कुछ गंभीर मनोदशा में होता है, मन में कोई परेशानी या उलझन नहीं होती, तब अपनी बातों में दो-एक साहित्यिक शब्दों का प्रयोग करके अपनी भाषा को कुछ अच्छा बना लेने की कोशिश करता है।

उनमें से कुछ लोग तो बैठ गए। शुरू में रतन ने भी बैठने की सोची। मगर फिर जाने क्या विचारकर खड़ा ही रह गया। फिर सीधे-सीधे उसने भट्टा के बाहरी बड़े दरवाजे के ढाँचे पर हाथ रखा।

"समझ रहे हो न, भट्टा! इस तुम्हारे भारी दरवाजे की तरह ही। लंबाई-चौड़ाई-मोटाई सब तरह से पूरी तरह इसी के समान भारी-भरकम। अब मैं जो कह रहा हूँ, उसे गौर से सुनो। मेरा अनुमान है कि गाँव में दिए जानेवाले बड़े सामूहिक भंडारे के भोज में जो बड़ी सी कड़ाही इस्तेमाल में लाई जाती है, कम-से-कम उनमें से एक तो लबालब भर ही जाएगी। यही समझो कि एक साधारण आदमी को नहाने भर को पर्याप्त। उस बड़े जंगल के देवलगा (जिस पर देव या देवता का निवास या सवारी होने की बात प्रसिद्ध रहती है) बड़े पीपल के पेड़ पर है। अगर उसे तुम नहीं तोड़ पाए, तब तो फिर किसी और बाप के बेटे में इतनी ताकत नहीं, जो उसे उतार सके।"

उसकी बातें अब तक भट्टा साधारण ढंग से मीठी हँसी हँसते हुए सुनता गया। किसी भी बात को सुनकर अवाक् हो जाने या हतप्रभ हो धक्क से रह जाना भट्टा के स्वभाव के विरुद्ध है। बात सुन लेने के साथ ही वह उठकर खिड़की के पास गया और मुख में पहले से रखी चबा रही सुर्ती के कौर को बाहर थूक दिया। फिर ताजी मली सुर्ती को नीचे का होंठ निकालकर मुँह में भर लिया। हाथ में जो शेष रह गई थी, वह सारी रतन को दे दी।

"समझ पाए! दरवाजे के किवाड़ जैसा मधुमक्खियों का दुवरिया—मधु-छत्ता!"

थोड़ी देर तक भट्टा जाने क्या चिंता करता रहा। उसे इस प्रकार चिंता करते देख उन सब के मुँह ही सूख गए। क्योंकि किसी भी काम के संबंध में चिंता करके, सोच-विचारकर कहना तो भट्टा का स्वभाव ही नहीं है।

"परंतु···अरे धत्, लात मारो, आज पूर्णिमा का दिन जो है।"

"अरे हाँ, आज तो पूर्णिमा है, पूनम जो है।"—सभी का मुँह रस निचोड़ लिये गए मधु के छत्ते जैसा सूखा-चिचुका हो गया। पूनम के दिन तो मधुमक्खियाँ अपना संचित मधु खुद ही चूस लेती हैं। अतएव आज अगर मधु का छत्ता उतारो भी, तो मधु पाने की आशा बहुत क्षीण ही है।

"किंतु इतने भारी छत्ते का मधु भला चूसकर कैसे खत्म कर सकेंगी? अरे कुछ-न-कुछ तो जरूर ही पा सकेंगे।"—किसी भी समस्या से जल्दी हताश न होनेवाले रतन ने कहा।

"अरे, मधु पाओगे, या कि नहीं पाओगे?—यह सब तुम लोगों की अपनी समस्या है, सो इसे तो तुम ही जानो। मेरा काम है मधु-छत्ता उतार देना, अतः मैं तो काट-कूटकर उतार ही दूँगा। बोलो, क्या कहते हो? अगर उतारना है, तो एक बड़े से कड़ाहे का जुगाड़ करो, एक मुट्ठी मूँज भी ले लो, मोटे सूत की खूब मजबूत बटी हुई रस्सी के दो टुकड़े भी ले आओ।···मगर हाँ, उसके पहले चलो सभी चाय पी लें। क्यों ठीक समझते हो न?"

चाय पी लेने के बाद सारी तैयारी करके सभी निकल पड़े। भट्टा ने अपनी मूठमढ़ी कटारी और मधुमक्खियों से बचाव के लिए एक खूब मोटा चद्दरा ले लिया। फिर सभी गाँव के बाहर एक किनारे की ओर स्थित घने वृक्षोंवाले जंगल की ओर बढ़ चले।

गाँव के बाहर का यह घनघोर जंगल एक समय भूत-पिशाचों और दानवों का निवासस्थान रहा है। पिछला जो महायुद्ध हुआ, उस समय सेना की एक टुकड़ी ने इस जंगल के बीच ही अपना डेरा डाल लिया था। संभवतः भूत-पिशाच और दानव सब उसके पहले ही यहाँ से भाग गए, फिर भी अभी भी इस जंगल में कई जगह जहाँ जंगल बहुत घना है, उसके पास जो बड़े-बड़े पीपल के वृक्ष हैं, उनमें से एक पर किसी बहुत बूढ़े देव (अपदेवता) को निवास करते हुए गाँव के एक-दो साहसी लोगों ने खुद अपनी आँखों से देखा है। फलतः भट्टा और रतन के अलावा गाँव के क्या बच्चे, क्या नौजवान या बूढ़े, उधर जाने से बचते हैं। अगर शाम हो जाने पर भी उधर से जाना निहायत जरूरी हो जाता है, तब

किसी तरह राम-राम जपते हुए गुजरते हैं और जो अपने को नास्तिक कहते हैं तथा राम-रहीम में विश्वास नहीं करते, अगर उन्हें उधर से अकेले जाना ही पड़ गया, फिर तो उस ओर बिना देखे ही, वे ऐसी मैराथन दौड़ लगाते हुए भागते हैं कि क्या कहा जाए!

उसी सुप्रसिद्ध पीपल के महामोटे वृक्ष की एक मोटी सी डाल एकदम सीधे आकाश को छूने के लिए बहुत ऊपर उठ गई है। उसी डाल के शिखर पर वह पर्वताकार दुवरिया—मधु का भारी छत्ता, आषाढ महीने के बड़े नारियल फल की तरह एक तरफ लटका हुआ है। जब कभी उससे अनजान कोई आदमी उधर से होकर गुजरता है और इस पहाड़ जैसे मधु छत्ते को देखता है, अचानक ही चिंघाड़ मार उठता है, फिर बार-बार आँखें मलमलकर उसे देखता आश्चर्य से ठहर जाता है।

भट्टा ने अपनी धोती लपेटकर कमर में कसकर फेंटा बाँध लिया और मोटी चद्दर को अच्छी तरह पूरे बदन पर ओढ़ लिया। मुँह में एक टुकड़ा एदा (तेज गंध छोड़ने वाला एक पदार्थ) रख लिया। कहते हैं, एदा की गंध से मधुमक्खियाँ दूर भागती हैं, काटती नहीं। मूँठदार कटारी को कमर के फेंटे में खोंस लिया, फिर उस पेड़ के मोटे तने को हाथ जोड़कर छुआ, फिर हाथ माथे से छुआकर पेड़ को प्रणाम किया। किसी भी पेड़ पर चढ़ने के पहले वह इसी तरह पहले उसे प्रणाम करता है। उसके बाद भट्टा का अभियान शुरू हुआ। उसने लक्ष्य कर लिया कि पेड़ के तने में कहाँ-कहाँ पाँव टिकाने या पैर की उँगली टिकने भर को जगह है, फिर पाँव की उँगलियाँ उन्हीं गड्ढों में रखते हुए, हाथ से तने के ऐसे ही गड्ढों या उभारों को पकड़ते हुए, गिलहरी की तरह ऊपर की ओर चढ़ने लगा।

इसी बीच यह खबर बिजली की गति से पूरे गाँव में फैल गई। उस भुतए पेड़ पर दुवरिया—मधु का छत्ता है। दुवरिया—मधु-छत्ते का नाम भी अभी तक अधिकांश लोगों ने सुना तक नहीं था, देखना तो दूर की बात है। उस पहाड़ जैसे मधु-चक्र को तोड़ने गया है वही भट्टा, जो पहले बाघ से भी भिड़ चुका था। मगर बाघ के मुँह से भट्टा चाहे भले निकल आया हो, लेकिन इस बार इस पेड़ पर वास करनेवाले बूढ़े प्रेत के हाथ से वह हरगिज बच नहीं सकता, जिंदा नहीं ही लौट पाएगा। डर, उत्सुकता, घबराहट और आतंक जैसे नाना प्रकार के मिले-जुले भावों के वशीभूत हो गाँव के तमाम लोग दौड़े-दौड़े उस बड़े जंगल के पास आ जुटे। यहाँ तक कि इसके थोड़ी ही दूर पर के कुएँ पर पानी भरने के लिए गाँव की जो लड़कियाँ या बहुएँ आई हुई थीं, वे भी अपने-अपने घड़ों को कुएँ की जगत (चतूतरा) पर ही छोड़कर जंगल के बिल्कुल पास के रास्ते पर आ खड़ी हुईं। सभी ने देखा, मधु से भरी हुईं एक बड़ी सी काली चीज लटकी हुई है। ऊपर···बहुत ऊपर, पेड़ के सिरे

पर मधु का छत्ता। नीचे छत्ते की सीध-सीध में अंदाज करके एक बड़ा सा कड़ाहा रखा हुआ है। पेड़ की जड़ के पास ही रतन वगैरह गाँव के नौजवान लड़के खड़े हैं। भट्टा उठता चला गया है, मूल तने से निकली डालों के एक जोड़ से ऊपर उठकर दूसरे जोड़ तक, एक डाल पार कर दूसरी तक, क्रमश: ऊपर-ही-ऊपर चढ़ता हुआ।

"अरे देखो तो, कैसा सर्वनाश होने जा रहा है, कितनी भयानक बात है?" कम उम्र के बच्चों, मर्दों और औरतों के बीच गुनगुनाहट आरंभ हो गई। "अरे यह मधु-छत्ता तो देव का है, यह जंगल भी तो उस भयानक देव या प्रेत का है, इस पेड़ पर तो वही बूढ़ा प्रेत निवास करता है।"

एक आदमी तो एक लंबी उसाँस खींचकर बड़े अफसोस के स्वर में धीरे-धीरे रतन को सुना ही बैठा, "माफ करना भाई रतन। यह काम तुमने अच्छा नहीं किया। अब तो तुम्हें ही पाप लगेगा। सारे दोष का मूल तुम्हीं होगे और थाने के सिपाही गाँव के सभी लोगों को धर-पकड़कर जबरदस्त पिटाई करेंगे।"

लोगों में आतंक, डर और घबराहट के कारण जो परस्पर भुनभुनाहट शुरू हुई, उससे सारा जंगल जैसे मधुमक्खियों के एक भारी झुंड की भनभनाहट से गुंजरित मधुछत्ता बन गया।

"सच बात है, सही ही कह रहे हो। यह बड़ा प्रेत इस पुराने पेड़ से बिना कुछ किए सीधे-सीधे थोड़े ही खिसक जाएगा? अरे, अब तो वह गाँव के एक आदमी को भी सही-सलामत नहीं रहने देगा। किसी की खैर नहीं। पुलिस-सिपाही की मार-मशक्कत तो मामूली बात है। अरे, अभी इसी साल की बात है। नंदराम एक दिन इस पेड़ की एक डाल काट ले गया, सो क्या हुआ? घर जाकर खून की उलटी कर-करके मर ही गया। कई बड़े-बूढ़े और समझदार लोग यह बात अच्छी तरह जानते हैं। कई बार पूर्णिमा की रात को नाटक देखकर इधर से गुजरते हुए बहुत से लोगों ने इस पेड़ की डाल पर बैठे हुए उस बूढ़े देव (प्रेत) को अपनी आँखों से देखा है। उसके माथे पर पर्वत जैसी भारी पगड़ी बँधी हुई, एकदम बगुले के पंख जैसी सफेद बगाबग। पके हुए बड़े जंगली नींबू जैसा भारी मुँह। माथे पर बँधी पगड़ी इस पीपल के पेड़ के ऊपर उलटकर रखी हुई कलशी की तरह चमकती है। और पैर? पैर जमीन पर जमा हुआ। बैठा कहाँ? पेड़ के बीच की उस मोटी डाल पर।"

उस घने जंगल के बीचोबीच बूढ़े, जवान, बच्चों औरतों की एक छोटी सी महफिल बैठ गई और इस अतिशय विचारोत्तेजक घटना के औचित्य-अनौचित्य पर विचार-विमर्श शुरू हो गया।

रतन और कुछ अन्य साहसी युवकों के अलावा बाकी सारे लोग पेड़ से इतनी दूर खड़े हुए, ताकि अचानक कोई विपत्ति आए, तो आसानी से भाग-पराकर

बच सकें। क्योंकि इस जंगली मधु-छत्ते की मधुमक्खियाँ अगर पीछे पड़ गईं तो घर-द्वार क्या, पानी में डुबकी लगाने पर भी बच पाना मुश्किल है, किसी तरह रक्षा नहीं हो सकेगी।

अब रतन भी परिस्थिति की गंभीरता को महसूस करने लगा। वैसे उसे महाप्रेत का कोई डर नहीं। मगर मधु-मक्खियों का झुंड अगर ऊपर-ऊपर ही भट्टा को घेर ले? पूरे मधुछत्ते की सभी मधुमक्खियों की तो जरूरत ही क्या, उनमें से दो-चार ही अगर बारी-बारी से उसे डंक मारने लगें…और घबराहट तथा डर से अगर भट्टा ही डाल हाथ से छोड़ दे…तो फिर… उसके बाद क्या होगा?

मधुमक्खियों का झुंड रतन की अंतरात्मा को ही घेर-घेरकर डंक मारने लगा।

जाने किस बुरी घड़ी में उसने इस पर्वताकार भारी मधुछत्ते को देखा था। और देखा तो देखा, फिर इसे तुड़वाकर इसका मधु खाने का लोभ क्यों किया? और अगर इतना ही लोभ था तो खुद क्यों नहीं तोड़ा? अपने साथियों से इसकी चर्चा क्यों की? लोग ठीक ही कहते हैं—लोभ ही पाप है और पाप ही मृत्यु है। आज अगर उसके इस बचपन के लँगोटिया यार, हमेशा साथ रहनेवाले परममित्र को कुछ हो जाए, यह थाना-पुलिस की बात तो बाद की है, वह भला जिंदा ही कैसे रहेगा? इस जन्म में तो जो दुर्गति भोगनी होगी, सो तो होगी ही, परलोक में भी नरक की यंत्रणा भोगनी पड़ेगी।

उधर लोगों की बातचीत, फुसफसाहट-भुनभुनाहट सभी अपनेआप ही एकदम से गायब हो गई—सबकुछ शांत, निस्तब्ध! सभी सिर ऊपर उठाए, जड़वत् स्थिर हो, बिना पलक झपकाए, एकटक ऊपर की ओर देखने लगे। सभी के मन में कुछ दुर्घटना हो जाने का डर, आतंक और संत्रास का भाव उथल-पुथल मचाता हुआ, साथ ही मधु-रस पाने का लोभ, मधु चखने के लालच का भाव, एक-दूसरे से मिल-मिसकर एक अद्भुत भाव बन रहा था और उधर भट्टा उस विशाल वृक्ष के बीच की उस जगह पर पहुँच गया, जहाँ से एक मोटी डाल फैली है। उसी डाल पर बैठा हुआ कुछ सुस्ता रहा है। इस पेड़ का महाप्रेत भी इसी डाल पर बैठता है।

रतन की आँखें से आँखें मिलीं। भट्टा ने अपनी चिर-परिचित हँसी उस तक पहुँचा दी। इस क्षण उसकी यह हँसी रतन के कलेजे को कटार सी चीरती चली गई। उसका कलेजा हाय-हाय कर उठा। रतन अच्छी तरह जानता है कि वहाँ से भट्टा को लौटा ले आना, किसी भी तरह संभव नहीं है। अतः अब उससे नीचे उतर आने को कहना भी निरर्थक है। हमेशा से ही वह हठी और जिद्दी स्वभाव का है। उसे उकसाकर किसी काम में लगा भर दो, बस फिर क्या, उसे पूरा करके ही रहेगा। उसकी इस कमजोरी का लाभ उठाते हुए सभी शादी-ब्याह, नाटक-नौटंकी,

सभा-समिति हर तरह की चीजों में पड़नेवाले जो मुश्किल और खतरनाक किस्म के काम होते हैं, उससे करा ही लेते हैं।

गाँव में किसी के घर विवाह पड़ गया, अब भी बीजूकेला (ऐसा बड़े आकारवाला केला, जिसके फल के अंदर कपास के बिनौले जैसे बीज होते हैं) काटकर विवाह मंडप का तोरणद्वार बनाना है, केले के खंभों-छिलकों-छालों से बटकर सजावट का काम करना है, कौन करेगा? भट्टा गुट्टी। विवाह के प्रवेशद्वार को रातोरात सुंदर ढंग से सजाना है, कौन सजाएगा? भट्टा ही; बस उसके साथ दो लड़कों को दिखाने भर के लिए खड़ा कर देने से ही काम चल जाएगा। गाँव के नामघर (मंदिर और मंडप) की मरम्मत और सजावट करनी पड़ेगी। गाँव के लोग नदी किनारे के दूहों से लकड़ी-बाँस, घास-फूस काटने निकले, जिससे नामघर के खंभों, छप्परों को बाँधा-छाया जा सके। तीस-चालीस आदमियों के लिए नाश्ता-पानी, भोजन-छाजन की व्यवस्था करनी है, दूर की नदी से पानी बड़े-बड़े गगरों में भरकर लाना पड़ेगा। यह सब कौन करेगा? भट्टा को ही करना होगा। गाँव के लोगों को भट्टा केवल सीधा-सादा सूखा खाना नहीं खिलाता। अरे, उसके साथ तो बस दो लड़के कर देने से ही काम चलेगा। नदी के द्वीप में रहनेवाले मछुआरों का मछली पकड़ने का दलङा (बाँस की खपच्चियों से बना मछली पकड़ने का यंत्र) चुराना पड़ेगा, तब काम बनेगा। या कहीं के छोटे-मोटे गड्ढे-तलैया का पानी हींड़ना-उलीचना पड़ेगा, या फिर किसी का अंडकोषवाला बकरा या बिना अंडकोषवाला खस्सी ही चुराकर लाना पड़ेगा, चाहे जो कुछ भी करना पड़ जाए, गाँव के लोगों को भट्टा मछली-मांस समेत बाकायदा ठाठदार भोजन ही करवाएगा।

देखने में कुरूप, भद्दा, असुंदर। पंरतु देह में महाअसुर की शक्ति है। जिद पकड़ ले, तो कोई ऐसा काम नहीं है, जो कर न डाले। गालों की दोनों हड्डियाँ कुछ अधिक ही ऊपर उठ आई हैं, जिससे मुँह कुछ टेढ़ा-मेढ़ा दिखाई पड़ता है। हाथ-पाँव तो लोहे के हैं। इस आदमी को डरा सके, ऐसी तो कोई चीज ही नहीं है। बच्चे, महिलाएँ, युवक, वृद्ध सभी प्रकार के लोगों में वह समान रूप से लोकप्रिय है। बच्चों के लिए पतंगें बना देना, रेखा खींचने की पटरी बना देना, बाँस की नली से भोंपू बना देना। पाठशाला की परीक्षा में हस्तकला का काम दिखाने के लिए बाँस की टोकरी के ढक्कन का रंगीन रस्सियों से मोर बना देना, गाँव की कुंवारी कन्याओं और बहुओं-पतोहुओं के लिए फूल चुन देना, बाँस की कइन गढ़ देना, सूत लपेटने की रील बना देना, चरखे की झंडियाँ सजा देना, घर में कपड़ा बुनने के हथकरघे का ताना-बाना बुनने की रस्सियों को बट देना, आदि-आदि तमाम

तरह के काम भट्टा गुट्टी के ही तो हैं। सभी के घर में बिना किसी रोक-टोक के अंदर तक उसका आना-जाना है। यहाँ तक कि बिल्कुल टटका नौजवान किशोरियाँ भी उसके पास बिना किसी संकोच के, बिना किसी डर के सहज ढंग से आती-जाती हैं। सभी उसे शांत-शिष्ट मानते हैं और मानते हैं कि उसकी अपनी कोई इच्छा-आकांक्षा नहीं, एकदम गऊ है बेचारा! बस उसका एकमात्र काम है, दूसरों का काम, दूसरों का उपकार करते रहना। उसके संबंध में ऐसी ही धारणा सभी रखते हैं। जरा सा उत्तेजित कर देने, जरा सा चढ़ा देने भर से उसे अपने वश में करके जैसा भी काम चाहें, करवा सकते हैं—यह रहस्य सभी जानते हैं। सभी दो-चार मीठे शब्दों में उसकी चाटुकारिता करते हैं और ऊपरी दिखावे भर के लिए थोड़ा आदर-सत्कार भी करते हैं। माने, वह एक प्रकार का चाकू या हथियार भर है, जिसका इस्तेमाल अपने मन-मुताबिक सभी करते रहते हैं और वह भी अपने को बराबर इसी रूप में सुरक्षित बनाए रखता है।

वह भट्टा गुट्टी आज अपने हमउम्र हमजोलियों के अनुरोध पर इस दुवरिया—मधु-छत्ते को तोड़ने के लिए इस महाभयानक मशहूर महाप्रेतवाले पीपल पर चढ़ गया है।

किसी के मुँह से जरा सी भी आवाज नहीं निकल रही है। कहीं दूर पर किसी बँसवारी की झाड़ी से झिल्ली की उठती झंकार ही लगातार अपनी एकतान सीटी सी आवाज से इस जंगली भू-भाग को चीरती जा रही है। पेड़ के ऊपर से चिड़ियों की सूखी लीदें (बीट) या चींटा-माटा या और कोई भी चीज नीचे सूखे पत्तों पर गिर पड़ती है तो उसका शब्द भी सभी को साफ सुनाई पड़ता है।

उधर भट्टा तब तक उस बीचवाली डाल से उठकर, जो महाखतरनाक मोटी डाल सीधे-सीधे ऊपर की ओर चली गई है, उसी डाल पर चढ़ने लगा। उसी डाल के एकदम ऊपरी सिरे पर ही तो है वह दुवरिया—मधु-छत्ता! यह डाल एकदम सीधी उठी चली गई है, बीच में कहीं कोई शाखा-प्रशाखा या पैर टिकाने की जगह नहीं है; एक सीधे चिकने सुपाड़ी (कसैली) के पेड़ की तरह ही ऊँची और ऊँची।

सभी के मन अनबूझ परेशानी से भर उठे। महिलाओं की भीड़ में से कुछ महिलाएँ एक-दो करके खिसक गईं। मर्दों के समाज में से भी कुछ बूढ़े और गणमान्य जाने क्या भुनभुनाते, रंज मनाते वहाँ से चले गए। कारण यह कि अब तो भट्टा उस असली डाल पर ही चढ़ने लगा है, अब तो इस पेड़ के उस महाप्रेत के हाथों से कोई भी नहीं बच सकेगा, जो ऊपर गया, सो तो गया ही, जो नीचे खड़े हैं, वे भी नहीं बचेंगे।

रतन के मन में रह-रहकर ऐसे भाव-विचार उठने लगे कि प्राणों की

व्याकुलता से घबराकर कहीं अनजान जगह को भाग जाए! किसी पहाड़ या खोह में जाकर अपने को छिपा ले! उस महाप्रेत के क्रोध से अपने को बचाने के अभिप्राय से नहीं, उस सबका डर रतन को बिल्कुल ही नहीं है। डर है कि कहीं मधु का छत्ता ही न हिल जाए और कुपित मधु-मक्खियाँ न टूट पड़ें! हो सकता है कि लोगों में प्रचलित इस बात को कि पूर्णिमा की रात के दिन मधु-मक्खियाँ नहीं काटतीं, वे जानती हों। मगर इस पर्वताकार दुवरिया—मधु-छत्ते की मधुमक्खियाँ इस नियम को न मानें तो? यदि···यदि भट्टा को···रतन उसके आगे कुछ भी सोच नहीं सका। वह धड़ाम से वहीं बैठ गया और कुछ न कर पाने की दशा में सुर्ती निकालकर मलने लगा। रतन को ऐसा करते देख आस-पास के दो-चार सुर्ती-रसिक भी उसके करीब आकर बैठ गए। उनके मुँह भी सूखकर फलों के रसहीन सूखे छिलकों की तरह चिचुक गए थे।

रतन के हृदय में खलबली मची थी। मन में नाना प्रकार की चिंताएँ हवा की तरह हिलोरें ले रही थीं। केले के पत्ते की तरह आगे-पीछे हिल-डुल रही थीं। भट्टा उसका बचपन का दोस्त है। यद्यपि उम्र में समान-समान हैं, फिर भी भट्टा उसकी बातों का अक्षरशः पालन करता है। दोनों के स्वाभाव में भिन्नता है। रतन बराबर धीर-गंभीर और स्थिर रहता है, जबकि भट्टा हमेशा चंचल, अस्थिर, धैर्यहीन। रतन किसी भी काम को करने के पहले आगे-पीछे खूब मनोयोग से सोच-विचार लेता है, जबकि भट्टा बिना कुछ सोचे-समझे ही काम पर टूट पड़ता है। रतन की बुद्धि और भट्टा की असीम साहसिक शक्ति जब दोनों मिल जाती हैं तो असंभव को भी संभव बना देती हैं। रतन दरअसल हमेशा से बातों का बली है। प्रायः हमेशा ही जनसाधारण के सामूहिक-हित के कामों को करने के लिए पहले रतन ही अगुवाई करता है, मगर जब देखता है कि काम कुछ ज्यादा ही कठिन है, या उसके करने में कोई खतरा है तो मौका ताककर पीछे हट जाता है, परंतु उस काम को करने के लिए जी-जान से खट मरता है भट्टा ही। वे दोनों मिलकर नदी के किनारे की माटी-बालू-कंकड़ भरी जमीन पर ईख और सरसों की खेती करते हैं, सो भी ऐसी खेती, जिसका मुकाबला कोई न कर सके, परंतुअसलियत में उसका अधिकांश काम भट्टा ही करता है।

आज वही भट्टा रतन की बात पर, नहीं-नहीं रतन के कहने में आकर इस विराट् मधु-छत्ते को तोड़ने के लिए इस महाबदनाम भयानक देव के निवासवाले पेड़ पर चढ़ गया है। रतन धरती पर अत्यंत हीन, दीन और निरीह, बेचारा बना बैठा है और भट्टा ऊपर है। दरअसल ही बहुत ऊपर। ऐसा लगता है, जैसे भट्टा गुट्टी सशरीर स्वर्ग की ओर जा रहा है और ये जो तमाम लोग यहाँ इकट्ठा हुए हैं, लगता है, ये सभी उसकी इस स्वर्ग-यात्रा पर हरिध्वनि देकर— रामनाम सत्य

है—बोलकर उसे विदाई देने आए हैं। पुरानी उपदेशमूलक कहानी में सुपाड़ी चुरानेवाले चोर ने ही तो किया था। ओह… हो, ऐसी संकटपूर्ण गंभीर स्थिति में हँसी मजाकवाली कहानी पता नहीं कैसे याद आ रही है, उसकी एक ही बात पर, बस थोड़ा सा कह देने भर से ही भट्टा गुट्टी अपनी जान हथेली पर लेकर मधु-छत्ता तोड़ने आ गया। सचमुच ही रतन एक परम स्वार्थी, नीच, हीन स्तर का व्यक्ति है, भट्टा की तो कानी उँगली के बराबर भी वह नहीं है। भट्टा उससे बहुत ऊँचा है, सचमुच ही बहुत ऊपर है, बहुत-बहुत ऊँचा। भट्टा बिना रतन से पूछे कोई भी काम नहीं करता। जूट, सरसों की बिक्री के दाम तय नहीं करता, जब तक वह न जाए, गाय-बैल नहीं खरीदता और क्या कहें ? जब तक वह नहीं जाता, तब तक वह खुद किसी नाटक में भी कोई अभिनय करना स्वीकार नहीं करता, भले ही कोई उसे नाटक के मुख्य नायक का ही अभिनय करने का प्रस्ताव क्यों न रखे।

सचमुच ही आज के इस विशेष क्षण में रतन के हृदय में अपने इस निष्कपट-सच्चे मित्र के लिए ऐसा प्रेमरस छलका-छलका पड़ रहा था कि इस पीपल के पेड़ के नीचे जो कड़ाहा खुला हुआ था, मानो वह इसी प्रेमरस से भर उठा हो और रस से भरा कड़ाहा टगबगा रहा हो! बचपन से आज तक कभी भी वह गहरा दोस्त उससे इतना अधिक दूर नहीं हुआ।

उसकी आँखें आस-पास इकट्ठे आदमियों की तरफ घूमीं। सभी के मुँह कड़ाह की तरह ही पेड़ के ऊपर की ओर एकटक निहार रहे थे। घृणा और क्रोध के भाव उसकी आँखों, मुख और माथे पर फणधर साँप की तरह फण फटकारकर फुफकारने लगे। लगता है, सभी के सभी ठग-लुटेरों के गिरोह हैं, दूसरे का खून चूसनेवाले पिशाच हैं। इनके लिए तो बस अपना स्वार्थ ही सबकुछ है। आज अगर भट्टा से इनका स्वार्थ कुछ सध गया, तो मधु लूटकर भट्टा-गुट्टी को थोड़ी सी वाह-वाही देकर अपने-अपने घर भाग जाएँगे। उसके लिए नामघर (वैष्णव उपासना स्थल) में आज तक एक खंभा भी नहीं दिया, सभा-समिति में या हरि-कीर्तन करने में उसके आगे पत्तल भी नहीं देते। शादी-विवाह के समारोह में आमंत्रित व्यक्तियों की तरह मेज-कुरसी पर बैठकर एक भले आदमी की तरह खाना खाने के लिए कोई नहीं कहता, उलटे उसकी पीठ थपथपाते हुए विवाहोत्सव करनेवाला गृहस्थ सबके लिए उसे चाय बनाने के काम में लगा देगा।

थोड़ी दूर पर जो शीतल पाटी (एक प्रकार की चिकनी चटाई बनाने के काम आने वाली) की झाड़ी है, उसके नीचे जो मटमैली चिड़ियाँ बैठी थीं, वे अचानक ही वहाँ से फुर्र से उड़ीं और दूसरी झाड़ी पर जा बैठीं। रतन के कलेजे पर जैसे एक झटका सा लगा और उसकी धड़कन बहुत बढ़ गई। उसका दिल भी जैसे

एक मटमैली चिड़िया बन गया, वह क्षण भर भी स्थिर नहीं हो पा रहा था। वहाँ उपस्थित सारे लोग भी एकदम स्तंभित से हो गए। भट्टा मधु-छत्ते के बिल्कुल करीब जो पहुँच गया था।

रतन के शरीर का रोआँ-रोआँ भरभरा उठा। जैसे किसी आदमी को सुपारी लग जाए, वैसे ही अचानक ही उसे झटका लगा और एक मूर्च्छा सी छाने से सिर चकराने लगा। कई लोग तो इस दृश्य को देखने में इतने भयभीत हो गए कि उन्होंने अपनी आँखों की पलकें जोर से मींचकर बंद कर लीं। रतन ने देखा कि भट्टा एक बहुत छोटी सी डाली पर पैरों के पंजों को दबाकर बैठ गया है। डाल के हिल जाने से दो-चार मधुमक्खियाँ उड़ने लगी हैं; यद्यपि अधिकांश मधु-छत्ते में ही झपट्टा मार रही हैं। ठीक वैसे ही जैसे उसके अपने शरीर के रोएँ भर्रा रहे हैं। बाएँ हाथ से एक बड़ी पतली छोटी सी शाखा पकड़कर (अगर कहीं यह शाखा टूट जाए तो) दूसरे हाथ से अतिशय सावधानी से कपड़े से बहुत अच्छी तरह कसकर मुँह और शरीर को लपेटकर ढँक लिया है। उसके बाद बहुत धीरे-धीरे, विशेष कुशलता और सावधानी से, ताकि जरा भी हिले-डुले नहीं, उसने अब तक मुँह में दबाकर रखी हुई कटारी को अपने दाहिने हाथ में ले लिया। फिर कुछ देर तक उसी स्थिति में चुपचाप दम साधे ठहरा रहा, ताकि जो मधुमक्खियाँ अभी बाहर-बाहर उड़ रही हैं, वे भी मधु-छत्ते में अंदर चली जाएँ।

परंतु ये कुछ क्षण जैसे युग समान हो गए। रतन और अनेक लोग, जो जैसे साँस लेना भी भूल गए, मानो भट्टा कटारी लेकर किसी की हत्या करने बढ़ रहा हो और यह भयानक दृश्य लोगों को बाध्य होकर देखना पड़ रहा हो। रतन से अब और सहा नहीं गया। उसकी आँखें अपने आप बंद हो गईं।

अपनी कल्पना की आँखों से ही रतन भट्टा की प्रत्येक गतिविधि को, उसके हाथों की एक-एक हरकत को देखता गया। यह अब भट्टा की कटारी मधु-छत्ते की ओर बढ़ चली है। मधुमक्खियों मौका पाकर झटके से बाहर उड़ पड़ने की कोशिश कर रही हैं। मधुमक्खियों की इस नोक-झोंक के बीच से ही जगह तलाशते हुए भट्टा की कटारी मधु-छत्ते के चिपकने की जगह की ओर बढ़ रही है, बढ़ रही है।···परंतु अगर मधुमक्खियों का झुंड गुस्से के मारे भनभना उठे! मारे झपट्टा और एक ही साथ भट्टा पर टूट पड़े, घेर ले उसे चारों तरफ से?···

'धमाक्' से हुए एक भारी शब्द से रतन को एक जोर का झटका लगा। उसकी आँखें खुल गईं। एक महाभयानक आकार का भारी मधु-छत्ता धरती पर टूटा पड़ा था, जिसका एक हिस्सा नीचे रखे कड़ाहे में गिरा था तो दूसरा हिस्सा माटी पर पसरा था। ऊपर मधुमक्खियों का झुंड हड़बड़ी में पड़ गया और नीचे

इकट्ठे आदमियों की भीड़ में भी खलबली मच गई। फिर एक, दो, तीन करते-करते मधु-छत्ते के छोटे-बड़े जाने कितने टुकड़े धरती पर गिरने लगे। कुछ तो कड़ाहे में ही आ टपकते, मगर कुछ आस-पास की जमीन पर छिटक-पसर जाते।

आदमियों के झुंड में हड़बड़ी मच गई। सभी दौड़ पड़े। सभी उस बड़े कड़ाहे पर टूट पड़े। मगर मुँह से आवाज निकालने का साहस किसी ने भी नहीं किया, सारी करामात बस चुपचाप। आदमियों की आवाज सुनकर कौन जाने मधुमक्खी उड़ ही न जाय!

भट्टा पेड़ से उतरने लगा। पहले कुछ धीमी गति से, फिर दुगनी-तिगुनी तेजी से।

पूर्णिमा तिथि की मधुचाक थी। कुछ दिन पहले ही उतारना चाहिए था। अभी तक तो काफी मधु मधुमक्खियाँ ही चूस गई हैं, अगर दिन भर और समय पा गई होतीं तो शायद पूरा-का-पूरा मधु चाट गई होतीं। फिर भी, नहीं-नहीं करके भी काफी है। मधु-रस भरे छत्ते को कड़ाहे में भरकर दो चुस्त-दुरुस्त नौजवान उठाकर जंगल से गाँव ले आए। चारों ओर से लोगों ने उसे घेर लिया। अब तो लोगों के मुँह की आवाज भी फूटने लगी। चहकना-चिल्लाना क्रमशः बढ़ने लगा।

परंतु रतन उसी पेड़ के नीचे, वहीं-का-वहीं खड़ा रहा। इसी बीच भट्टा एक विजयी हँसी हँसता हुआ पेड़ से नीचे उतर आया। जमीन से लगभग तीन हाथ ऊपर था, तब वहीं से नीचे कूद पड़ा और अपने कपड़े-चादर वगैरह झाड़ने-फटकारने लगा। रतन के पास के भी कई आदमी भट्टा के करीब सरक आए और उसे घेरकर खड़े हो गए।

रतन के चेहरे पर कोई हँसी नहीं है, कोई खुशी नहीं है। मुँह से बोल भी नहीं फूट रहा है। वह चुपचाप भट्टा के करीब आया और उसकी देह पर पड़े चींटी-चींटों, सूखे पत्तों वगैरह को झाड़ने लगा।

"ला दे भाई रतन, थोड़ी सी सुर्ती दे। इस मधु-छत्ते का बहुत सा मधु तो मधुमक्खियाँ ही चूस गई थीं।..."

वह और भी बहुत कुछ कहना चाहता था, मगर रतन ने उसके कंधों को थपथपाया और शांत किया। फिर हाथ पकड़कर जंगल से बाहर एकांत में ले गया।

"तुम्हारा काम मधु-छत्ता काटकर ला देना था, सो तुमने कर दिया। अब मधु-रस वे लोग चखें, खाएँ। और हाँ, ध्यान देकर सुन लो! आज से फिर कभी भी मेरे सामने इस तरह का खतरनाक प्राणांतक काम कभी न करना! मैं कभी करने ही नहीं दूँगा।" जाते-जाते रतन अपनी चेतावनी दे गया।

□

जेब-घड़ी, हाथ-घड़ी

—सैयद अब्दुल मलिक

आजकल मैं बहुत ही व्यस्त हूँ। व्यस्तता ही राजनीति है। हर तरफ बस कार्यक्रम ही कार्यक्रम हैं। किसी के साथ कुछ बातें करते रहने के समय भी उसे खुश करते, व्यग्र-अधीर, हड़बड़ाते रहना होता है। समय का एकदम अभाव हो गया है। बहुत सारे काम पड़े हैं। बहुत कुछ करने को पड़ा है। अनेक स्थानों पर जाना है। इस सबके अलावा विभिन्न संघों के प्रतिनिधिमंडलों के नाना प्रकार के आवेदन-अनुरोध, जनसमुदाय के नाना संघों की माँगें, शर्तें, प्रार्थनाएँ आदि तो हैं ही। "पेड़ जितना ही ऊँचा होता है, तूफानी हवा उतनी ही अधिक मात्रा में उसे झकझोरती-कोंचती है।"—अध्यापकीय जीवन में लड़के-लड़कियों को यह लोकोक्ति पढ़ाया करता था। अब इसकी यथार्थता को खुद ही महसूस कर रहा हूँ। आकाशवाणी से, जो थोड़ी देर के लिए समाचार प्रसारित होता है, उसे सुनते समय, उतनी जरा सी वेला में ही, तीन-तीन बार उठकर जाना पड़ता है। किसी के प्रार्थना-पत्र को स्वीकार करना, किसी के लिए किसी को दूरभाष (फोन) से बातें करना, किसी के द्वारा किए गए फोन की बातें सुनना—कहाँ तक गिनाएँ? काम का कहीं अंत ही नहीं। रात बीती कि न बीती, सबेरा हो पाया कि न हो पाया, कि नाना स्थानों से आए हुए लोगों—स्त्री-पुरुषों, युवकों-युवतियों—के आ इकट्ठा होने से मकान का मुख्य प्रवेशद्वार, सामने का सारा प्रांगण, बरामदा, बैठक सभी कुछ भर उठता है। सभी लोगों की बातें सुननी पड़ती हैं, सभी को कुछ-न-कुछ सलाह-परामर्श देनी होती हैं। कभी-कभी तो मुझे ऐसा अनुभव होता है, जैसे आदमियों की भीड़ से ऊपर-ही-ऊपर बहा जा रहा हूँ! जैसे कि मेरी अपनी कोई निजी समस्या नहीं, दूसरों की समस्याएँ हैं, अर्थात् दूसरों की भावना-चिंता, दूसरों का सर-दर्द ही मेरा सर-दर्द है।

मुझ जैसे आदमी का एक प्रदेश का मंत्री बन जाना, कभी-कभी मुझे स्वयं ही एक अविश्वसनीय घटना जान पड़ती है। पहले ही विधायक (एम.एल.ए.) या मंत्री होना बहुत बड़ी बात जान पड़ती थी और क्या कहें? किसी को विधायक या मंत्री बनवाने के लिए निर्वाचन के समय मतदान का मत (वोट) जुटाने के लिए दौड़-धूप करना भी, एक विशेषतापूर्ण, अति महत्त्वपूर्ण बात जान पड़ती थी, किंतु अब तो मैं स्वयं ही एक मंत्री हूँ। गणतंत्र में सभी कुछ संभव है। अन्यथा यदि ऐसा न होता तो तुम जैसे एक गँवई-गँवार के उच्च माध्यमिक विद्यालय (हाई स्कूल) के एक सहायक अध्यापक के किसी दिन मंत्री बन जाने की घटना एक अविश्वसनीय बात ही समझनी पड़ती।

हाँ, इतना जरूर है कि अध्यायन कार्य करते हुए मैं थोड़ी-थोड़ी राजनीति भी नहीं करता रहा, ऐसा भी नहीं। हमारे इस देश में दुःखी, दरिद्र व्यक्ति ही राजनीति अधिक करते हैं। जिन दिनों मैं विद्यालय में अध्यापन करता था, उन दिनों माध्यमिक विद्यालय के अध्यापक भी इन्हीं दुःखी-दरिद्रों की श्रेणी में आते थे। उन दिनों हमारा विद्यालय एक दैनिक समाचार-पत्र, एक या कि दो साप्ताहिक, पाक्षिक पत्रिका मँगवाया करता था। वही सब अध्यापकों के सामूहिक-कक्ष (कॉमन-रूम) की सार्वजनिक संपत्ति थे। उन्हें सभी पढ़ते थे। उनमें प्रकाशित कुछ बातों को लेकर सभी आपस में आलोचना-प्रत्यालोचना करते थे। कभी-कभी उन्हीं में से वे किसी विशेष बात को लेकर या समाचार को लेकर आपस में तर्कातर्की, वाद-विवाद करने में मशगूल हो जाते, इसी प्रकार की तर्कातर्की, वाद-विवाद का दूसरा नाम है राजनीति। इस प्रकार की तर्कातर्की, आलोचना-प्रत्यालोचना में मैं भी भाग लेता था और विद्यालय के बाहर होने वाली साधारण जनसभाओं, सभा-समितियों में भी प्रायः योगदान करता था। अतएव वही सबकुछ राजनीति था।

उसके बाद तो फिर सचमुच की राजनीति में भी प्रवेश कर गया। एक राजनीतिक दल के सक्रिय सदस्य के रूप में जो आरंभ किया तो क्रमशः एक स्थानीय छोटे नेता के स्तर तक ऊँचा उठ गया। उसके बाद तो सभा-समितियों, समारोहों के लिए प्रायः एक अपरिहार्य नेता ही हो गया। इस तरह मेरी कार्य-व्यस्तता और मेरी महिमा काफी बढ़ गई।

उसके पश्चात् अपने दल के प्रतिनिधि के रूप में चुना जाने पर विधायक (एम.एल.ए.) के निर्वाचन में प्रत्याशी के रूप में खड़ा हुआ। निर्वाचन का खेल खेलने के लिए मेरे राजनीतिक दल ने भी पर्याप्त मात्रा में रुपया प्रदान किया। निर्वाचन या चुनाव के खेल को खेल कहना तनिक भी असंगत नहीं है। दरअसल, यह भी एक खेल ही है। इसमें भी पक्ष है, विपक्ष है, दलबंदी है, हार-जीत है। इस

खेल के भी अपने नियम-निर्देश हैं। खेल के कला-कौशल, नियम-कायदों से अनिभज्ञ होने पर हार जाना भी स्वाभाविक है। हाँ, अन्य खेलों में साधारणत: दो दल या टीमें होती हैं, परंतु निर्वाचन या चुनाव में यदा-कदा ही, कभी-कभार ही मात्र दो दल होते हैं। प्राय: कई-कई दल इस एक ही खेल को खेलने के लिए खेल-मैदान में उतरते हैं। पैरों से खेलने की गेंद, फुटबॉल, गेंद और बल्ले का खेल, क्रिकेट, हॉकी आदि खेलों में विजयश्री पाना या जीत प्राप्त करना निर्भर करता है खेलनेवाले खिलाड़ी की कला-दक्षता पर, परंतु हमारे देश में निर्वाचन या चुनाव के इस खेल में विजयश्री या जीत प्रत्याशी के गुण-अवगुण पर निर्भर नहीं होती। मुख्य रूप से वह निर्भर करती है रुपए पर। इसे देखकर ही निर्वाचन या चुनाव के इस खेल को बहुत से लोग 'रुपए का खेल' कहकर भी पुकारते हैं। दु:खी-दरिद्र, गरीब लोगों से भरे एक देश में भले ही ऐसी बात कहने का सुयोग नहीं है, परंतु और कोई व्यक्ति इस बात को यदि स्वीकार न भी करे, तो भी अपनी व्यक्तिगत अनुभूतियों से, अपने स्वयं भोगे हुए अनुभवों से मैं यह कह सकता हूँ कि इस बात में, बहुलांश में, अधिकाधिक मात्रा में सच्चाई है। रुपया न होने से निर्वाचन या चुनाव नहीं होता। रुपया न होने पर हम विधायक (एम.एल.ए.), मंत्री कुछ भी नहीं बन सकते।

मैंने भी निर्वाचन में क्या कोई कम रुपए खर्च किए? हाँ, यह सच है कि खर्च करने के लिए मेरे पास अपना निजी संगृहीत रुपया नहीं था। अध्यापकी कर-करके जो रुपए पा सका था, उससे तो महीना बिता पाना ही कठिन था। (घर के अत्यावश्यक खर्चों के लिए ही वह महीने भर को नहीं पोसाता था)। इस तरह जो कुछ रुपए मैं कमा सका था, उसके हिसाब से एक निर्वाचन चुनाव लड़ने में खर्च होने वाले रुपए तो मैं तीन जन्मों में भी नहीं कमा सकता था। मेरे निर्वाचन में खर्च करने के लिए इतने अधिक रुपए कहाँ से, किस विधि से आए, यह एक खुली हुई अतिगोपनीय कहानी है।

निर्वाचन में चुनाव लड़ने के लिए दल के प्रत्याशी चुन लिये जाने के बाद कुछ रुपए मैंने किसी-किसी से उधार में भी लिये थे। उस समय जिस किसी के पास भी रुपए थे, उनमें से किसी ने भी रुपए उधार देने से इनकार नहीं किया था। कुछ लोग तो ऐसे भी थे, जिनके पास यदि खुद का पैसा नहीं था, तो उन्होंने दूसरों से उधार लेकर मुझे रुपए दिए। मेरे अपने परिवार और नाते-रिश्ते के लोगों के अतिरिक्त मेरे विद्यालय के सहकर्मी सारे अध्यापकों ने भी अपनी-अपनी औकात के मुताबिक मुझे रुपए देकर मेरी सहायता की और तो और, यहाँ तक कि एक ही विद्यालय में पढ़ाने का काम करके जो अध्यापक सेवा-निवृत्त हो चुके थे, उनमें से भी दो-एक जनों ने मुझे रुपए दिए थे। जो स्वयं नहीं आ सकते

थे, उन्होंने किसी और के हाथों रुपए भिजवा दिए थे।

रुपए देकर इसी प्रकार से सहायता प्रदान करनेवाले सेवानिवृत्त एक अध्यापक थे श्री पुष्पकांतनाथ। कुछ वर्षों पहले ही वे सेवानिवृत्त हुए थे। उन्होंने एक आदमी के हाथों मेरे निर्वाचन खर्च के लिए बीस रुपए पठवाए थे; उसी के साथ मेरी विजय के लिए शुभकामना प्रकट करते हुए एक छोटा सा पत्र भी भेजा था—

"तुम्हें आशीर्वाद दे रहा हूँ, जिससे कि तुम्हारी विजय हो। विजयी होकर जनता की भलाई करोगे, ऐसी आशा रखता हूँ। यदि मेरे पास होता, तो बढ़ाकर दो रुपए और पठाए होता। मेरी अवस्था तो जानते ही हो। आशा करता हूँ, बुरा नहीं मानोगे।—पुष्पकांत।"

बहुत संभव है, सभी लोगों के आशीर्वाद और शुभकामनाओं के भरोसे मैं निर्वाचन में विजयी हुआ (विधायक चुना गया) और सरकार में मंत्री भी बन गया।

मंत्री बन जाने के बाद धीरे-धीरे मैंने अनेक लोगों को उनके द्वारा दिए गए उधार, उनके रुपए वापस लौटा दिए। किसी-किसी ने उसे वापस लिया, अधिकांश ने नहीं लिया। उसके बदले उन्होंने अपना कोई-कोई, यह या वह, काम करवा लिया। किसी के लिए नौकरी, किसी का तबादला, किसी को पदोन्नति, किसी के लिए लाइसेंस, परमिट आदि मंजूर करवा लिया।

प्राय: सभी ने प्रसन्न मन से हँस-हँसकर कहा, "अरे, रुपए की भी कोई बात है? हमारा रुपया जो व्यर्थ नहीं हुआ, यही सबसे बड़ी बात है।" इस तरह मेरे निर्वाचन की वेला में रुपए उधार देकर, बाद में मेरे द्वारा लौटाए जाने पर भी जिन महान् व्यक्तियों ने उसे वापस नहीं लिया, उन लोगों को मैंने हृदय से अपना अत्यंत उपकारकर्ता और शुभचिंतक माना। 'मछली चाहिए या कि झील चाहिए?' इस तरह की लोकोक्तिपरक जिज्ञासा पर वे सभी लोग झील लेने के पक्ष में थे; क्योंकि झील के अपने कब्जे में बने रहने पर आखिर मछली कहाँ भागकर बचेगी?"

मन-ही-मन मैंने अत्यंत हार्दिक आनंद का अनुभव किया (यह सब मुझे बहुत अच्छा लगा)। निर्वाचन की लड़ाई जीतने के लिए जो तमाम रुपए मैंने पाए थे, यदि वह सारा-का-सारा फिर से लौटा देना पड़ता तो मंत्री के रूप में जो रुपए कमा रहा था, उसमें से कई महीनों की कमाई का रुपया खर्च कर देने को मजबूर हो गया होता! और यदि सचमुच ही ऐसा कर देना पड़ा होता तो इतने कम समय के अंदर राजधानी में मकान बनाने के लिए जमीन नहीं खरीद पाया होता और उस पर यह तीन मंजिला भवन भी नहीं गढ़वा पाया होता; यहाँ तक कि नई कार खरीदने के लिए रजिस्ट्रेशन करवाने के लिए अपना नाम भी रजिस्टर नहीं करवा सका होता।

मंत्री को जनसाधारण में ख्याति प्राप्त करने के लिए, लोकप्रियता हासिल

करने के लिए जनता के बीच घूमना-फिरना पड़ता है, दौड़-धूप करनी होती है। सभा-समितियों में भाग लेना, सभा-समितियों का आयोजन करना पड़ता है। घर के अंदर बैठे रहने से काम नहीं चलता। घूमने-फिरने, दौरा करते रहने से यात्रा-भत्ता (टी.ए.) दैनिक भत्ता (डी.ए.) आदि में कुछ रुपए बनते हैं। अधिकांश समय तो व्यस्तता ही अपनी बढ़ती हुई आयु की बात भी भुलाए रखती है। कभी-कभी घूमते-घूमते थक जाता हूँ। बस तभी, कभी-कभी मैं अनुभव करता हूँ, मैं उम्र के पचास वर्ष पार कर चुका एक बूढ़ा आदमी हूँ। मंत्री होने से अभाव, कमी, दुःख-दरिद्र कम हो सकता है, परंतु वयस ? अर्थात् आयु तो कम नहीं होती।

अध्यापकीय जीवन में शिक्षा दे-देकर, पढ़ा-पढ़ाकर, जो धन अर्जित किया था, उसके सहारे निर्वाह कर पाना बड़ा कठिन होता था। समय-समय पर, बीच-बीच में उधार लेना पड़ता था। विद्यालय के अध्यापक उधार के रुपए बैंक से कर्ज नहीं लेते, उधार लेते हैं, साथ के ही अन्य सहयोगी अध्यापक से। इनसे-उनसे (ये उनसे, वे इनसे) उधार लेकर खर्च चलाने में कोई लाज-संकोच नहीं करते। किसी-किसी दिन और कहीं तालमेल न बैठा सका तो मैं एक आदमी से उधार लेता हूँ, उसी तरह किसी-किसी दिन एक आदमी मुझसे उधार लेता है। जिस दिन वेतन मिलता है, उस दिन फिर सारा कुछ लेन-देन का हिसाब-किताब दुरुस्त कर लिया जाता है। कभी-कभी किश्त-किश्त करके, किश्तों में भी उधार लौटाने, निबटाने का इंतजाम कर लिया करते हैं।

मेरे मंत्री बन जाने के बाद से ही मेरे गाँव के लोगों ने मुझे अनेक बार गाँव में आमंत्रित किया है। पहले मैं जिस कँहुवानी उच्च माध्यमिक विद्यालय में शिक्षक के रूप में सेवा कार्य करता था, उस विद्यालय के छात्रों-अध्यापकों ने भी कई बार बुलाया है, मेरा अभिनंदन करने के लिए। विद्यालय के आस-पास के गाँवों की साधारण प्रजा ने भी अपने गाँवों में सादर आमंत्रित किया है। अत्यंत व्यस्तता में कार्यक्रम बैठा न पाने के कारण ही अभी तक उन लोगों के आमंत्रण पर जा नहीं पाया।

आज भले ही मैं मंत्री बन गया हूँ, तथापि मैं अपने जीवन के आरंभिक दिनों की बातें, अपने बचपन की बातें, उठती किशोरावस्था, युवावस्था की बातें बराबर भुलाए हुए तो नहीं रह सकता ? अपने घरवाले गाँव से छह मील दूर पैदल चल-चलकर माध्यमिक विद्यालय (हाईस्कूल) में जाकर पढ़ाई की थी। सूरज की प्रखर धूप, भीषण गरमी, मूसलाधार वर्षा, किसी की भी परवाह किए बिना खेत में हल जोतकर खेती-बारी की थी। गाँव के संगी-साथी आदमियों के साथ दस मील दूर तक पैदल जाकर झील में मछलियाँ पकड़ा करता था। उस समय किए गए

शारीरिक श्रम में भी एक आनंद था। थकान में भी एक तृप्ति थी। काम करने में जो देह को कष्ट होता था, उस कष्ट को कर गुजरने के बाद उभरी हुई चेतना मन में उत्साह और प्रेरणा जगाती थी। मगर अब तो 'बूढ़े भैंसे को सींग ही महा भार' हो गई है। इस समय मंत्री बन जाने के पश्चात् यदि दो दिन का विश्राम लेना चाहें तो चिकित्सालय (हॉस्पिटल) में रोगी के रूप में भरती होकर जनता से दूर भाग जाने के अलावा और कोई उपाय ही नहीं है। वहाँ भी रोगी का हाल-चाल पूछने, खोज-खबर लेने आए आदमियों की भारी भीड़ जुट जाती है।

तमाम सारी व्यस्तताओं में भी, जनता के प्रबल आग्रह पर एक कार्यक्रम निश्चित किया, एक दुपहरी का, अपने गाँव से पंद्रह मील दूर स्थित, कहुँवानी गाँव की राजकीय सभा में भाग लेने का। वहाँ पर वहाँ की जनता ने मेरे सम्मान-अभ्यर्थना में, आतिथ्य-अभिनंदन में कोई बहुत बड़ा आयोजन न कर पाने पर भी अपनी सामर्थ्य भर श्रेष्ठ आयोजन किया है। वहाँ पर मेरे बहुत सारे इष्ट-मित्र और जान-पहचान के अनेक लोग हैं। अपने गाँव में मुझे आमंत्रित कर वे लोग कुछ राजकीय प्रसाद चाहेंगे, जैसे—विद्यालय के भवन को बनवाने के लिए रुपए देने की जरूरत है। गाँव की मुख्य सड़क को पक्का करवाने की जरूरत है। पीने के पानी की व्यवस्था के लिए एक नलकूप लगवाना चाहिए। नौजवान लड़कों के लिए एक संघ बनाने और खेल के मैदान के निर्माण के लिए रुपए दिए जाने चाहिए।''आदि-आदि।

असमीया आदमी सामूहिक हित की बात सोचता है, कभी भी अपने लाभ के विषय में नहीं सोचता। सोचता है, स्थान के लिए, अपने अंचल (क्षेत्र) के हित के लिए, साधारण जनता के हित के लिए। राजकीय संपत्ति ही जन-साधारण की संपत्ति है। गाँव का आदमी शहर में जाकर किसी विधायक या मंत्री से अकेले में मिल पाने में सफल होने पर भी अपने निजी हित के काम की जगह—"हमारे गाँव की उस सड़क के लिए कुछ करने की जरूरत हैं न?" कहकर जनता के हित की बात ही कह आता है।

पहले मैं भी इसी प्रकार जनता का प्रतिनिधि बनकर मंत्री आदि के पास पहुँचता था। इस समय अब जनता मेरे पास आती है।

कहुँवानी गाँव मेरा बहुत पुरानी जान-पहचान का, अच्छी तरह जाना-बूझा गाँव है। आस-पास के कई गाँवों की प्रजा ने मिलकर वहाँ पर अत्यंत उत्साह से एक बहुत विशाल सभा-मंडप बनाकर विशालसभा का आयोजन किया है। क्योंकि एक मंत्री तो हमेशा (बार-बार) गाँव-गाँव चक्कर नहीं लगा सकता।

कहुँवानी गाँव की बातें याद पड़ने पर रह-रहकर मुझे पुष्पकांत नाथ-मास्टर

की बातें याद हो आती हैं। मैं जब उस विद्यालय में पढ़ाने के लिए आया, उसके दो वर्ष बाद ही वे अपनी शिक्षक-सेवा से सेवा-निवृत्त हो गए। उस समय काम करते हुए मैं अपनी ओर से विद्यालय की ओर जाता था और वे मेरी दूसरी ओर से, उस छोर से अपनी पुरानी साइकिल को चलाते हुए विद्यालय आते थे। साइकिल खराब हो जाने पर कभी-कभी पैदल ही चले आते थे। यद्यपि उनकी उम्र काफी हो गई थी, तथापि उनका स्वास्थ्य अच्छा था। विद्यालय आने के विषय में वे समयनिष्ठ (पंक्चुअल) तथा नियमित थे, जरा भी हेर-फेर नहीं होने देते थे।

समय के प्रति चूँकि वे इतने अधिक सजग और सचेत थे, इसी वजह से विद्यालय के छात्रों ने उनका नाम ही रख दिया था—'घड़ी-मास्टर।' इसी तरह चूँकि मैं बराबर सभा-समितियों में भाग लेता फिरता रहता था, अतः मेरा नाम रख दिया था—'समिति-मास्टर'। नाथ-मास्टर सदा एक पुरानी घड़ी अपनी जेब में लिये फिरते थे। एक ही विद्यालय में बिना किसी व्यवधान के, लगातार पैंतीस वर्षों तक शिक्षण सेवाकार्य करते हुए वे सेवा-निवृत्त हुए थे। गणित और अंग्रेजी विषय के अति पारंगत विद्वान् थे, परंतु चूँकि ग्रैजुएशन की डिग्री उनके पास नहीं थी, अतः विद्यालय की कुछ निचली कक्षाओं में ही पढ़ाया करते थे।

नाथ-मास्टर का नाम 'घड़ी-मास्टर' के रूप में विख्यात होने के संबंध में एक बात बहुत प्रचारित थी, वह सही थी कि गलत, मैं इस संबंध में निश्चयपूर्वक कुछ कह नहीं सकता। वह बात यह है कि—वे चाहे जहाँ कहीं रहें, पाँच मिनट या दस मिनट बाद घड़ी निकाल-निकालकर समय कितना हुआ है, देखते रहते थे। यहाँ तक कि साइकिल पर सवारी कर चलाते हुए जब आ रहे होते, तब भी। पोखरे या तालाब में जब स्नान करने के लिए जाते, जब भी घड़ी को साथ लिये जाते और बाँस या लकड़ी के मचान या पुल पर, अथवा पोखरे के किनारे घड़ी को सँभालकर रख लेने के बाद ही स्नान करते थे।

एक बार सरस्वती पूजा के उत्सव में नाथ-मास्टर की वह घड़ी अचानक खो गई। बहुत ढूँढ़ने-ढाँडने पर भी न मिली, तो नहीं ही मिली। "विद्यालय के ही किसी शरारती छात्र ने जान-बूझकर चुरा लिया है"—ऐसा एक निष्कर्ष सा मान लिया गया। नाथ-मास्टर को बहुत हार्दिक सदमा लगा, उनका मन मुरझा गया। घड़ी के अभाव में वे पलभर भी नहीं रह सकते थे। एक सप्ताह के अंदर ही उन्होंने नाना तरह के उपाय कर एक सौ पच्चीस रुपए जुटा लिये और उन एक सौ पच्चीस रुपयों से एक घड़ी, हाथ में बाँधी जानेवाली घड़ी (रिस्ट वॉच) नई घड़ी खरीद ली। अपने मासिक वेतन के साथ, पहले से बचाकर जुगाड़े गए रुपयों को भी मिला देने पर भी जब काम नहीं बन सका, तब उन्होंने कुछ अन्य अध्यापकों से भी कुछ रुपए उधार

लिये थे, बीस रुपए या कि तीस रुपए या जाने कितने उधार लिये थे, मैं इस समय भूल गया हूँ। पहले वाली घड़ी के खो जाने से वे अतिशय उदास और खिन्न हो गए थे। अब हाथ में इस नई घड़ी को पहनकर वे परम प्रफुल्लित हो गए। घड़ी के प्रति उनके इसी प्रकार के मोह और आसक्ति को लक्ष्य करके ही छात्र-छात्राओं ने उनका नाम 'घड़ी-मास्टर' रखा था। उनकी अनुपस्थिति में हम लोग भी उन्हें इसी नाम से संबोधित करते थे। कुछ एक शरारती लड़कों ने उनकी घड़ी के संबंध में कुछ कहानियाँ भी गढ़कर प्रचारित कर दी थीं, जिसमें से दो इस प्रकार हैं—

"नाथ-मास्टर हमेशा सेवेर खूब तड़के भोर में नींद से जग पड़ते हैं और उठ बैठते ही सबसे पहले अपनी घड़ी में समय देखते हैं, उसके बाद पूरब में उगते सूर्य की ओर देखते हैं। तब कहते हैं—'हाँ, आज सूर्य ठीक समय से उदय हुआ है। मेरी घड़ी के समय के साथ उसका समय ठीक-ठीक मिल रहा है। चार बजकर सत्ताईस मिनट पर आज सूर्य को उदित होना चाहिए!'

सूर्य मानो 'घड़ी-मास्टर' की घड़ी के समय के मुताबिक ही उगता है।

एक दिन ऐसा हुआ कि सूर्य उग जाने के बाद लगभग सात बज चुके थे, परंतु मास्टर कहते थे कि नहीं, अभी सूर्य नहीं उगा है। इतनी जल्दी सूर्य उग ही नहीं सकता।

बाद में पता लगाया गया तो मालूम हुआ कि घड़ी-मास्टर की वह घड़ी रात से ही बंद हो गई है, अर्थात् रात के तीन बजने के बाद से ही।

मेरे मंत्री बन जाने के बाद मुझे बधाई देते हुए घड़ी-मास्टर ने एक पोस्ट-कार्ड लिखा था और उसी में लिखा था कि जब कभी सुविधा मिल पाए, तब कहुँवानी गाँव में भी जाऊँ। ऐसा विशेष अनुरोध किया था। इतने दिनों तक सुविधा नहीं मिल पाई थी। अब जाकर इस बार एक सरकारी (राजकीय) सभा कहुँवानी गाँव में आयोजित हो रही है।

सभा के समारोह-स्थल पर अपने बहुत सारे जाने-पहचाने लोगों से भेंट-मुलाकात कर पाया। पहले के अपने सहकर्मी अध्यापकों, छात्र-छात्राओं और गाँव के निवासी साधारण प्रजाजनों, सभी ने जो खुले हृदय से आदर-सत्कार किया, उससे मैं सचमुच ही भाव-गद्गद हो, मंत्रमुग्ध हो गया। मैं मंत्री हो गया हूँ, बस इतने भर के लिए ही नहीं, बल्कि अपने क्षेत्र, अपने गाँव-गिराँव के स्थानीय व्यक्ति होने के नाते, यहाँ अध्यापक था, इसलिए। मेरी उन्नति में सभी ने अपने मन का आंतरिक उल्लास सच्चे मन से अभिव्यक्त किया और अधिक उन्नति प्राप्त करने के लिए लागों ने आशीर्वाद दिया, शुभ-मंगलकामनाएँ प्रदान कीं। साधारण प्रजा की आंतरिक सद्भावनाओं से मैं सचमुच ही भावाभिभूत हो गया।

सभा की कारवाई जब समापन की ओर बढ़ रही थी तो शुभ-समापन के कुछ पहले ही एक लड़का आकर मेरे हाथ में एक पत्र थमा गया। मैंने पढ़कर देखा, एक बहुत ही संक्षिप्त सा, छोटा सा पत्र था। उसमें लिखा था—

"प्रिय श्रीमान,

आप हमारे इस गाँव-स्थान पर पधारे, यह समाचार पाकर मुझे हार्दिक आनंद हुआ। आज लगभग एक वर्ष हो गया कि जब से मैं रोगग्रस्त हो शय्या पर पड़ा हूँ। आपकी सभा में जाकर भाग न ले पाने से मन-ही-मन बहुत दुःखी हूँ। एक बहुत ही आवश्यक बात के लिए मुझे आप से भेंट करने की आवश्यकता थी। यदि आपके लिए सुविधाजनक हो सके, यदि संभव हो तो बहुत थोड़े समय के लिए ही सही, एक बार मेरे घर पर दर्शन दें। आपके आने से हम परम आनंदित होंगे। मुझे बहुत दुःख है कि मैं स्वयं आपके निकट नहीं आ सका।

मेरा शुभ आशीर्वाद लें।

तुम्हारा

पुण्यकांत नाथ

(घड़ी-मास्टर)।"

इसके पहले मैंने घड़ी-मास्टर की बीमारी के संबंध में कोई सूचना नहीं पाई थी। "उन्हें क्या हुआ? बहुत ज्यादा बीमार हैं क्या?" मैंने उस लड़के से पूछा।

"उनकी अवस्था बहुत अच्छी नहीं है। अब तो बिस्तरे से उठ भी नहीं सकते। अभी और अधिक दिन तक बचे रह सकेंगे, ऐसी आशा नहीं है। ऊपर से रुपए-पैसे का भी भारी अभाव है।"—लड़के ने बतलाया।

साँझ होने-होने को थी। समय का भी बहुत अभाव था। फिर भी मैंने एक बार के लिए घड़ी-मास्टर के पास जाने का निर्णय कर लिया। एक समय हम दोनों एक ही विद्यालय में पढ़ाते थे। आज उन्होंने बुलाया है। अब अगर न जाऊँ, तो इस समय न जाने पर वे समझ सकते हैं कि मंत्री हो जाने से मुझे बहुत घमंड हो गया है। हो सकता है, बीमारी की इस वेला में चिकित्सा करवाने के लिए दवा-दारू, रुपए-पैसे की भी असुविधा में पड़े हों। संयोगवश मेरी जेब में आज कुछ नकद रुपए भी हैं। यदि उन्होंने माँगा, तो कुछ रुपए उन्हें दे ही आऊँगा। और अगर किसी वजह से चिकित्सा के लिए अथवा उधार के रुपयों को लोगों को चुकता करने के उद्देश्य से बहुत अधिक रुपए माँग पड़ेंगे, तो एक आवेदन-प्रार्थना पत्र लिखवाकर स्वीकृति के

लिए मंजूर कर दूँगा। बहुत सारे लोगों को इस प्रकार दे रहा हूँ, स्वयं पा भी रहा हूँ।

मैंने मन–ही–मन दृढ़ निश्चय कर लिया कि चाहे बहुत थोड़ी देर के लिए ही सही, रोग–शय्या पर बीमार पड़े घड़ी–मास्टर को एक बार जरूर ही देख आऊँगा। अकेले–अकेले जाऊँगा। पुलिस आरक्षियों को लिये बगैर। नाथ–मास्टर के घर मंत्री बनकर न जाने से भी चलेगा। सभा–समारोह जिस जगह हो रहा है, वहाँ से घड़ी–मास्टर के घर का रास्ता भी डेढ़ मील से अधिक नहीं है। जाकर बस एक बार भेंट करके, देखकर ही तुरंत लौट आऊँगा।

मेरी कार को ड्राइवर ने ले जाकर घड़ी–मास्टर के घर के दरवाजे के ठीक सामने खड़ा कर दिया। तब तक साँझ ढल आई थी। एक लड़का उनके द्वार के एक कोने में स्थित एक गोहाल में एक गाय बाँध रहा था। द्वार पर बाहर और कोई नहीं था। द्वार के खुले हुए किवाड़ों से देखा—कमरे के भीतर एक लालटेन जल रही है। यद्यपि उससे फैलनेवाला प्रकाश बहुत उज्ज्वल नहीं है, मद्धिम–मद्धिम रोशनी है।

मोटरगाड़ी से उतरकर मुख्य दरवाजे से मैं अंदर प्रवेश कर गया। एक बार के लिए मास्टर के घर को ध्यान से देखा। ऊपर छत की जगह घास–फूस का छप्पर है, मिट्टी से लिपा हुआ। झोंपड़ी की दीवारों पर जो लेप लिपा–पुता था, वह भी जगह–जगह से उखड़–पुखड़ गया है। गोधूलि वेला के इस नीम अँधेरे में यह घर–द्वार सारा कुछ एक परित्यक्त, उपेक्षित घर जैसा लग रहा है। बाहर अँधेरा घना होता जा रहा है।

द्वार की चौखट के पास जाकर खड़ा हो गया। सामने की कोठरी में एक मोढ़े पर बैठी हुई एक–वृद्ध महिला हड़बड़ाकर उठ खड़ी हो गईं और जल्दी–जल्दी में मेरे पास आ गईं। अपने घूँघट को अपने पके बालों के ऊपर खींचकर ढकते हुए उन्होंने कहा, "ओ, आप हैं! आप आए हैं! आइए–आइए।"—फिर कुछ जोर से आवाज ऊँची कर वे बोलीं, "अरे ओ! जरा देखो तो, वे आए हैं।"

"आए हैं, तनिक देखूँ तो। मेरा चश्मा कहाँ है? ठीक है, ठीक है। पा गया, पा गया।"

चश्मे को आँखों पर पहनकर उन्होंने मेरी ओर ध्यान से देखा।

नाथ–मास्टर के चेहरे पर भरी हुई पूरी दाढ़ी पसरी थी। दोनों आँखें कोटरे में धँस गई थीं। सभी–के–सभी दाँत गिर चुकने के कारण दोनों गाल अंदर की ओर पिचककर धँस गए हैं। उनके दोनों होंठ सूख गए हैं और रक्तहीन हो सफेद हो गए हैं। वे एकदम से क्षीण हो गए हैं, अत्यंत दुर्बल और पतले। यह तो पहले के घड़ी–मास्टर बिल्कुल ही नहीं लगते। पहले–पहल तो मैं उन्हें पहचान ही नहीं पाया।

वृद्धा-महिला ने अपने आँचल से पुरानी कुरसी को झाड़-पोंछकर साफ कर दिया और मुझे उस पर बैठने को कहा। मास्टर भी अपने बिस्तरे पर उठ बैठे। मैं भी कुरसी पर बैठ गया।

"आपका स्वास्थ्य अब कैसा है?"—मैंने पूछा।

"बढ़ी हुई आयु की अवस्था को देखते हुए अच्छा ही कह सकते हैं। बस इन दो आँखों से ही कम देखता हूँ। वस्तुतः दुर्बलता ही सबसे प्रमुख रोग है। अब उठकर चल-फिर नहीं पाता। तुम एक इतने बड़े मंत्री होकर हमारे गाँव में आए हो। अगर वहाँ तक जा सकने की शक्ति होती, तो भला जाता नहीं क्या? हाँ, तुम्हारा स्वास्थ्य कुछ अच्छा ही देख रहा हूँ, (खुशी हुई) मैं तो धीरे-धीरे ऐसी दशा को पहुँच गया हूँ कि उठ ही नहीं पाता।" उन्होंने धीरे-धीरे कहा।

वृद्धा महोदया ने पानदान मेरे आगे बढ़ा दिया। जान पड़ता है कि उसमें कसैली-सुपाड़ी पहले से ही काट-कूटकर रखी थी।

नाथ-मास्टर की खाट पर जो बिछौना था, उसका कपड़ा बिल्कुल मैला-कुचैला और जगह-जगह से कटा-फटा था। सर के नीचे के तकिए का गिलाफ तो और भी मैला और भी अधिक फटा-चिथड़ा था। उनके घर के भीतर-बाहर सर्वत्र ही दरिद्रता के चिह्न इस कदर स्पष्ट थे कि जिन्हें किसी भी तरह छिपाया न जा सके।

मैंने लालटेन के उसी मद्धिम प्रकाश में नाथ-मास्टर की ओर बहुत ध्यान से देखा। उनके हाथ-पैर सभी कुछ बहुत पतले हो गए हैं, सूखकर काँटा। अंदर की शिराएँ (नसें) बाहर निकल आई हैं। उन्होंने जो गंजी (बनियान) पहन रखी है, वह भी बहुत ढीली-ढाली हो गई है। बनियान क्या, वह तो ऐसी लगती थी जैसे कि कमीज ही पहन रखी हो। अगर उनके कंठ का स्वर, बोली और आँखों की देखने की भंगिमा पहले की जैसी ही बनी नहीं रही होती, तब तो बहुत संभव है, मैं उन्हें पहचान ही नहीं पाया होता! वृद्धवस्था, दरिद्रता और तमाम सारे आघातों से चोट खाते-खाते इतने अधिक दुबले-पतले हो गए थे कि पहचाने ही नहीं जा सकते और देह में तो शक्ति नाम की चीज ही नहीं रही।

"घर में और कोई आदमी नहीं है क्या?"—मैंने पूछा।

इस बीच मास्टरनी घर के अंदर चली गई थीं। सो घड़ी-मास्टर ने कहा, "मेरे तो कोई बेटा हुआ नहीं। बस बेटियाँ ही तीन थीं। जैसे-तैसे उनका विवाह कर दिया। वे ही बीच-बीच में कभी-कभार आती हैं। अन्यथा हम दोनों बूढ़े-बूढ़ी और···"

घड़ी-मास्टर के कोई पुत्र-संतान नहीं है, यह बात तो मैं जान ही नहीं सका था। उन लोगों के दिन अत्यंत कष्ट में गुजर रहे हैं, यह समझने में अब मुझे कोई कठिनाई नहीं हुई।

मैंने मन-ही-मन निश्चय कर लिया कि चाहे घड़ी-मास्टर मुझसे रुपए की सहायता माँगें या न माँगें, कम-से-कम एक सौ रुपए तो उन्हें देकर ही जाऊँगा।

तभी घड़ी-मास्टर ने कहा, "भाई! तुम्हें एक बहुत आवश्यक, एक विशेष प्रयोजन से बुलवाया है। मंत्री हो गए हो, इस तरह बेकार में बुलवा लेने से बुरा तो नहीं महसूस कर रहे हो?"

"नहीं, मुझे जरा भी बुरा नहीं लगा। तनिक भी तकलीफ महसूस नहीं हुई।" अपने कंठस्वर को स्पष्ट दृढ़ आधार देते हुए मैंने खुले दिल से कहा, "हाँ, इतना जरूर है कि मेरे पास सच में ही अधिक समय नहीं है। बहुत शीघ्र ही जाना पड़ेगा। आप तो जानते ही हैं, नाना प्रकार के राजकीय बंधन-जंजाल घेरे हुए हैं। उधर बहुत सारे लोग प्रतीक्षा में घेरे बैठे हैं।"

"जानता हूँ, खूब अच्छी तरह जानता हूँ। मैं तुम्हें यहाँ बैठाए नहीं रखूँगा। देर तक रोकूँगा नहीं। मेरा पत्र पाकर तुम मेरे यहाँ आ गए, इसी से हम परम आनंदित हो गए, बहुत भला लगा हमें। अरे ओ! इधर तो आओ, सुनती हो!"—घर के अंदर गई हुई मास्टरनी को उन्होंने ऊँचे स्वर में, लगभग चीखकर पुकारा।

"देखिए, चाय-जलपान वगैरह कुछ भी मत तैयार करिएगा, मैं सभी कुछ भरपेट खाकर आया हूँ। बस, अब आज्ञा दीजिए, मुझे अब जाना ही होगा।"...मैंने अनुरोध करते हुए विनय के स्वर में कहा।

"चाय-जलपान करवाने के लिए व्यग्र नहीं हो रहा हूँ। वह सब करवाना नहीं चाह रहा मैं। तुम्हारे जैसे श्रेष्ठ आदमी को मैं चाय-जलपान करवाऊँगा भला! बस एक जरा सी बात भर है।"

घर के अंदर की ओर निहारकर मास्टर ने फिर बूढ़ी को आवाज लगाई—"अरे ओ! देखो भी। इन्हें जाना है। लाओ, जल्दी करो। झटपट लाओ, देरी मत करो।"

"आप क्या कुछ लाने को कह रहे हैं?—चाय मँगा रहे हो, तो क्षमा करेंगे, इस समय मैं पी नहीं सकूँगा।"

घड़ी-मास्टर ने अबकी बार बिल्कुल आमने-सामने हो सीधे-सीधे मेरे मुँह की ओर ध्यान से देखा, फिर बोले, "मैं कह नहीं सकता कि तुम मुझे क्या समझते हो? कैसा समझ रहे हो! तुम्हें अभी तक याद भी है या नहीं, मैं यह भी नहीं जानता। वही जब तुम भी हमारे विद्यालय में अध्यापक नियुक्त होकर पढ़ा रहे थे—दस-बारह वर्ष बीत गए होंगे, संभवतः..."

वे किस संबंध में बातें करना चाहते हैं, इसका अनुमान न लगा पाकर मैंने यों ही कह दिया—"हाँ, तेरह वर्ष हो गए होंगे।"

"ठीक है, जाने भी दो; तेरह वर्ष ही हो गए। मैं भी सेवा-निवृत्त हो गया। तुमने भी शिक्षण कार्य-अध्यापकी का काम छोड़कर राजनीति के क्षेत्र में पदार्पण कर दिया। उस समय मैं किसी भी प्रकार सुविधा जुटा नहीं सका।"

तभी बूढ़ी मास्टरनी घर के अंदर से निकलकर बाहरवाली उस कोठरी में आ गईं और अपने हाथ की मुट्ठी में एक पुराना लिफाफा, जो वे पकड़े हुए थीं, उस लिफाफे को उन्होंने मास्टरजी के हाथों में थमा दिया—"लीजिए, यह रहा।"

"ठीक से गिनकर देख लिया है न?"—मास्टरजी ने उनसे पूछा।

सर हिलाते हुए मास्टरनी ने कहा, "पहले जैसे रखा था, ठीक उसी तरह ही पड़ा हुआ है।"

उस लिफाफे को मेरी ओर आगे बढ़ाते हुए घड़ी-मास्टर ने कहा—"देखो भाई, लो, इसे रख लो।"

मैंने बिना किसी विशेष भावना-चिंता किए ही उस लिफाफे को ले लिया और पूछा—"यह आप क्या चीज दे रहे हैं?"

"ओह! संभवत: तुम्हें अब कुछ याद ही नहीं है। मेरी पहले की जेब-घड़ी जब खो गई थी, तब नई हाथ-घड़ी खरीदने के लिए मैंने तुमसे जो तीस रुपए उधार लिये थे, आज इतने दिन बीत जाने पर भी लौटा न सकने के कारण मन में बहुत ही बुरा महसूस होता था। इधर बीच में मेरा शरीर बहुत रुग्ण हो गया था, गंभीर रूप से बीमार हो गया था। मैं स्वयं भी ऐसा सोचने लगा था कि अब और नहीं बचूँगा। मेरी बेटियों ने और जामाताओं ने आकर, डॉक्टर लगाकर, चिकित्सा करा-कराकर किसी तरह बचा लिया। उस समय यह सोचकर कि अब मेरा रोग कभी ठीक न हो सकेगा, तुम्हारे दिए गए रुपयों को जैसे-तैसे लौटा देने की चिंता से बेहाल हो गया था। तुम तो संभवत: उस संबंध में कुछ सोचते ही न रहे हो, लौटा लेना भूल ही चुके हो, परंतु उसे जब तक मैं लौटा न देता, कभी शांति नहीं पा सकता हूँ।"

उनकी बातें मैं ऐसे चुपचाप सुन गया, जैसे कोई धर्मोपदेशपरक पौराणिक कहानी सुन रहा हूँ।

"परंतु फिर यकायक झट से तीस रुपए जुटा पाना भी तो मेरे जैसे आदमी के लिए कोई बहुत मामूली, बहुत आसान बात नहीं है, सो तो तुम जानते ही हो। मेरी बीमारी के चलते दवा-दारू में खर्च के लिए घर के कबूतर, बतख, जो कुछ भी थे, बेच-बेचाकर सभी समाप्त हो गए। तुम्हें विश्वास नहीं होगा, या कि तुम इस संबंध में सोच भी नहीं सकते, फिर भी जेब-घड़ी खो जाने के बाद, जो हाथ-घड़ी मैंने खरीदी थी, अपनी बूढ़ी पत्नी के साथ विचार-विमर्श कर, उसकी सहमति मिल जाने पर मैंने वह हाथ-घड़ी चालीस रुपए में बेच दी। उसमें से भी दस रुपए

आखिर खर्च हो गए। शेष बचे तीस रुपयों को ऐसे खर्च न करके तुम्हें लौटा दूँगा, ऐसा निश्चय कर उन्हें सँभालकर रख दिया था। तुमने अगर उस समय मुझे वे रुपए नहीं दिए होते, तो उस समय तो वह हाथ-घड़ी मैं किसी भी तरह खरीद ही नहीं सका होता।"

दुःखी-परेशान होकर मैंने कहा, "परंतु मेरे उन तीस रुपयों के लिए आपने अपनी उतने दिन की पुरानी घड़ी क्योंकर बेच दी? क्या मैंने उन कुछ रुपयों को आपसे कभी माँगा था? अरे, यह बात तो मेरे मन के किसी भी कोने में रह ही नहीं गई थी। मैंने कभी इसे याद रखा ही नहीं।"

"तुम्हारे मन में न रही हो, तुम्हें याद भले ही न रही हो, परंतु यह बात मेरे मन में बराबर बनी रही थी, मुझे अच्छी तरह याद थी। तुम माँगो, चाहे मत माँगो, यह तो कोई बात नहीं, परंतु मुझे तुम्हारा उधार लौटाना है, यही बड़ी बात है। और मेरे लिए अब हाथ-घड़ी पहनने के दिन भी नहीं रहे।"

लिफाफे को मास्टरजी की ओर बढ़ाकर मैंने अनुनय के स्वर में कहा, "अरे, यह सब आप क्या कर रहे हैं? कब, कहाँ, कितना रुपया जाने किस परिस्थिति में आपने लिया था, मुझे तो यह जानकारी से ही भारी आश्चर्य हो रहा है कि उन्हीं रुपयों को वापस लौटा देने के लिए आपने मुझे बुलवाया है। लीजिए, यह लिफाफा अब अपने पास ही रखिए।"

घड़ी-मास्टर ने कहा, "जल्दी ही, समय से नहीं लौटा पाया, इसके लिए रंज मत मानिएगा। ये रुपए दया कर रख लीजिए, नहीं तो मेरे मन को बहुत ठेस लगेगी।"

मैंने कहा, "ठीक है, ठीक है। आपने दिया और मैंने ले लिया। हो गई बात पूरी। अब इन रुपयों को आप ही रखिए। आजकल मेरे पास पर्याप्त रुपया-पैसा है।"

मास्टर ने कहा, "जानता हूँ, इस समय तुम्हारे पास काफी रुपए हैं, मगर इस समय जो रुपए तुम्हारे पास हैं, वे सारे-के-सारे मंत्री के रुपए हैं। पहले के विद्यालय के एक मास्टर के रुपए नहीं न हैं! तुमने मुझे अपने उस मास्टर के रुपए ही दिए थे, भूल गए क्या? अरे भाई! उन रुपयों का अपना एक अलग ही प्रकार का स्वतंत्र मूल्य है। लो, अपने उन्हीं इन कुछ रुपयों को अपने पास रखो।"—बड़े आतुर-अनुरोध के स्वर में पुण्यकांत मास्टर ने कहा।

ऐसी दशा में मैंने अपने आपको बहुत ही असहाय और लाचार महसूस किया, बिल्कुल विवश। मैंने अनुभव किया कि अगर इन थोड़े से रुपयों को मैं अब भी अपने पास नहीं रख लेता तो मास्टर को सचमुच ही बहुत मानसिक क्लेश पहुँचेगा। जाने कब का, किसी परिस्थिति में लिया गया वह कुछ रुपया वापस लौटाकर मास्टर बहुत ही संतोष और शांति का अनुभव कर रहे हैं।

फिर मैं कुछ भी बोल नहीं सका। मैंने मन-ही-मन अनुभव किया कि इस समय अगर मैं घड़ी-मास्टर को तीन सौ रुपए भी दूँ तो भी वे स्वीकार नहीं करेंगे।

तदनंतर मैं चलने के लिए उठ खड़ा हुआ।

"आज तुम्हें चाय-जल-जलपान कुछ भी, एक बूँद भर खिला-पिला नहीं सका। बुरा मत मानना मेरे भाई।"

बूढ़ी मास्टरनी ने कहा, "इस तरफ आने पर कभी हमारी ओर भी एक चक्कर मार जाइएगा।"

आदत-अभ्यास के मुताबिक घड़ी में समय देखने के अंदाज में, घड़ी-मास्टर ने अपने बाएँ हाथ की सूखी डाल सी कलाई को ऊपर उठाकर, उसकी ओर दृष्टि गड़ाकर देखा, उसके बाद मेरी ओर देखकर कहा, "जब से घड़ी चली गई, घड़ी के अभाव में समय का भी कुछ अंदाज लगा पाना असंभव हो गया। आखिर समय कितना हो गया है?"

उनकी इस जिज्ञासा पर भी अपनी कलाई की घड़ी की ओर दृष्टि ले जाकर समय देखने का मेरा मन नहीं हो सका।

मैंने घड़ी-मास्टर के घड़ी-रहित हाथों की सूखी ठठरी की ओर एक बार ध्यान से देखा। फिर उसके बाद उन दोनों को ही प्रणाम कर, शुभकामना व्यक्त करके मास्टर के घर से बाहर निकल आया। उस वेला में मेरे हाथों की मुट्ठी में दस-दस रुपयों के तीन नोटों से भरा एक पुराना लिफाफा पड़ा था। उस समय सौ-सौ रुपयों के तह-के-तह नोट पड़े थे, मेरे रुपयों के तोड़े (मनी-बैग) में, परंतु इस पुराने लिफाफे के उन तीन नोटों को रुपए के तोड़े में पड़े नोटों की गड्डियों के साथ रखने का मेरा मन बिल्कुल ही नहीं हुआ।

लिफाफे को हाथ की मुट्ठी में लिये-लिये ही मैं अपनी मोटर-कार की ओर बढ़ गया। मेरी दृष्टि के सामने झलकती रही घड़ी-मास्टर के घड़ीहीन हाथ की सूखी कलाई। उनके मुँह पर कोटरों में धँसी हुई दोनों आँखें और पकी हुई दाढ़ी से भरा, सूखा, सफेद पड़ा उनका चेहरा। सभी आँखों के सामने झिलमिलाते रहे। (परंतु अंततः) एक आश्चर्यजनक अपूर्व परितृप्ति और आनंद से वह सूखा मुखमंडल, लालटेन के उस मद्धिम प्रकाश में आनंदोज्ज्वल प्रकाश से चमक उठा है।

मैं अपनी मोटर-कार में जा बैठा।

मैं अपने-आपको ही अपराधी जैसा महसूस करने लगा। जैसे कि घड़ी-मास्टर के हाथ की कलाई को सूना कर मैंने ही घड़ी-मास्टर की हाथ-घड़ी निकाल ली है!

□

बीना-कुटीर

—सौरभ कुमार चालिहा

असमान-आकारों की ऊँची-ऊँची नवीन ईंटों-कंक्ररीट की विराट् अट्टालिकाओं के बीच मानो अटकी पड़ी, पुराने असमीया ढंग का एक मंजिला मकान मानो संकुचित होकर खड़ा है, अपने सारे जंगले-दरवाजे बंद किए हुए, जो शेष परिवेश से अलग-थलग अनमिल है। बड़ी इमारतों की भाँति इधर-उधर आड़े-तिरछे लोहे की सींकें बाहर किए, दृश्यपट को बंद किए सीढ़ियों, सेनिटरी-पाइपों, कार्निसों, बरांमदों द्वारा रास्ते की सीमा को ठेलकर बेपरवाही से बाहर बढ़ आने का विचार उसका कभी नहीं हुआ, निर्बोध की भाँति घर के सामने एक घास का लॉन भी पुराने काठ के गेट के संरक्षण में छोड़ रखा है (आजकल अब उसकी जरूरत किस बात की है)। वैसे घुन लग जाने से गेट की लकड़ी भी टूट गई है। गेट के लोहे के दरवाजे में भी जंग लग गई है। ऐसा लगता है, जैसे थोड़ा सा धक्का देने पर ही गिर पड़ेगा। घास के लॉन में भी फेंके हुए फटे कागज, नाना प्रकार के जंजाल, टूटे-फूटे टिन, एक टूटी हुई परित्यक्त साइकिल, पुराने काठ के बक्से-पिटारी, दरवाजे-खिड़कियों की टूटी लकड़ियाँ इधर-उधर अनेक छोटे-बड़े छिद्र, शीशे टूट रहे हैं, इधर-उधर बेड़े की मिट्टी टूटकर खिसक पड़ी है, पलस्तर बाहर निकले जा रहे हैं, एक जंगले का कपाट (या बेड़ा) खुले छाते सा फैला हुआ, सामने के बरामदे में धूल का आच्छादन पड़ा हुआ, उसकी रेलिंग पर मकड़ी के जाले फैले हुए, छाजन की रेलिंग कबूतरों एवं उनके अत्याचार से टिन की रेलिंग का पुराना लाल रंग सफेद हो गया है। जीर्ण-शीर्ण बदरंग टिन के ऊपर पुराने दिनों का बिजली का जोड़ (चारों ओर के आर.सी.सी. बिल्डिंगों की भाँति विस्तृत रूप से संयुक्त नहीं) आजकल के दिनों में प्रायः अत्यंत कठिनाई से दिखाई पड़नेवाला बीना-फूल* का एक वृक्ष बरामदे के

---

* बीना नामक फूल के एक वृक्ष के उस परिसर में होने से ही शीर्षक दिया—बीना-कुटीर—अनुवादक

बाँस के कैंची बेड़े को पारकर ऊपर की ओर उठ गया है। इतनी दूर से भी स्पष्ट दिखाई पड़ता है कि उसके पत्तों को कीड़े खा गए हैं, एक भी फूल नहीं है, पत्तियों पर धूल की परतें जमी हैं।

किसी नाम का कोई फलक वहाँ दिखाई नहीं पड़ा, किंतु 'बीना-कुटीर' के अतिरिक्त उसका और कोई दूसरा नाम हो सकता है क्या?

साइकिल से उतरकर मैंने खड़े होकर कुछ देर तक उस घर का निरीक्षण किया। प्राय: दो कड़े जमीन की चौहद्दी, एल (L) आकृति का घर, बच्चे-बच्चियों सहित चार-पाँच आदमियों से अधिक स्वच्छंदतापूर्वक हाथ-पाँव फैलाकर शायद नहीं रह सकते हैं। कुल कितने कमरे होंगे? तीन बड़े, दो छोटे-छोटे, रसोईघर पृथक् रूप से—या इसी प्रकार का होगा। पिछवाड़े की ओर भी संभवत खुली जगह है (पुराने समय का तो घर है), किंतु अब इस समय चारों ओर ऊँची-ऊँची इमारतें हैं, यह घर क्या हवा या रोशनी का मुख देख पाता है? बीना-कुटीर अब आजकल साँस ले पाता है क्या?

चारों ओर से दबे रहते हुए उसके कितने दिन बीते? अत्यंत पास में ही 'हरलाल का ट्रंक एंड बास्केट वर्क्स' एवं 'सिंहानिया ड्रग्स प्राइवेट लिमिटेड' का गोदाम सहित निवासस्थान और एक ओर एक आधे तैयार मकान की बाँस की स्केफील्ड पर होकर मिले-जुले दुकान-घरों से भरी हुई एक बिल्डिंग है, जिसके संपूर्ण निचले तल्ले को घेरकर 'स्पीड-बैल' रोड ट्रांसपोर्ट कॉरपोरेशन के बोरों के गट्ठर और पैकिंग बक्सों का ढेर तथा वजन करने के काँटे का प्लेटफॉर्म फैला है। सामने डीजल ट्रक और रिक्शा गाड़ियों का शोरगुल, रह-रहकर चारों ओर को छतों के टैंकों से पानी खींचनेवाले पंपों की घर्र-घर्र की उठती हुई आवाज, बीना-कुटीर (इस परिवेश में) क्या चुपचाप मौन रहकर कुछ सोच-विचारकर सकता है?

फिर भी यहाँ रहना खराब नहीं लगेगा। अपनी माँ, कॉलेज में पढ़नेवाले भाई, काम-काज करनेवाले लड़के को, बाद में होस्टल से बहन को भी ले आकर यहाँ रख सकेगा। पर्याप्त स्थान है। घास के लॉन को साफ-सुथरा कर लेने पर रात को (वस्तुत: दिन के समय भी) बरामदे में बैठना भला लगेगा। बीना-फूल के वृक्ष में संभव है पुन: फूल खिलेंगे। उसकी पत्तियों से धूल झड़कर साफ होगी और वे पुन: सजीव और हरी होंगी अथवा हो सकता है, वृक्ष को ही काट देना पड़े। मेरे कार्यालय से साइकिल से आने-जाने में अधिक दूर नहीं पड़ेगा, बल्कि अधिकांशत: सुविधा ही होगी। एक-रस, व्यक्तिविहीन निबिड़ता-विहीन आर.सी. सी. बिल्डिंग की एक कोठरी से 'बीना-कुटीर' अनेक गुना अच्छा और काम्य है।

भाड़ा भले पचास रुपए अधिक हो या एक सौ रुपया ही अधिक हो।

जाड़े का समय समाप्त हो गया है और अब गरमी पड़ रही है। प्यास लग रही है। आगे बढ़ गया। 'बीना-कुटीर' के दाहिनी ओर की बिल्डिंगों की दुकानों के साइन बोर्डों को साधारण रूप से एक बार देख लिया, (पी.के. राय हाउस मेकर्स, अन्नपूर्णा ब्रेड, खूबचंदानी रेडियो डिस्ट्रीब्यूटर्स···दोतल्ले के एक अंश के मालिक स्थानीय एक व्यक्ति) पुनः आँखों को नीचे की ओर लौटा लाया। साँझ हो गई है, बिजली के बल्ब जल उठे हैं। हाँ, यह जो बिल्कुल सड़क के पास की बिल्डिंग के, जहाँ गैरेज होना ठीक होता, वैसे ही एक छोटे से घर के सामने लाल गोल एक बोर्ड लटक रहा है—'कोकाकोला पीजिए'। विभिन्न स्टेशनरी के सामानो की दुकान है।

साइकिल को बाहर खड़ा करके भीतर गया। काउंटर के पीछे की ओर डोरेदार कमीज, मुख पर सामान्य बढ़ी हुई दाढ़ी का आभास मिला। वह ट्यूब लाइट के नीचे सर झुकाए एक पुस्तक पढ़ रहा था (दुकान सुनसान निर्जन थी), मेरी ओर देखकर उसने पुस्तक बंद कर दी (मैंने लक्ष्य किया, पुस्तक एक अर्थशास्त्र की नोटबुक थी) और बर्फ वाले बक्से से एक कोकाकोला बाहर कर, कोक खोलकर एक स्ट्रॉ उसमें डालकर वह बोतल उसने मेरी ओर बढ़ा दी। मैंने एक चुस्की ली और यों ही, परिचय बढ़ाने के लिए उस लड़के के हाव-भाव मुझे अच्छे लगे। मैंने कहा, "तुम लोग एक फ्रिज क्यों नहीं रख लेते ?"

"फ्रिज?"

"हाँ, आप लोगों की दुकान की स्थिति (लोकेशन) बहुत अच्छी है, गरमी पड़ते ही अत्यधिक कोकाकोला की आवश्यकता पड़ेगी, एक बड़ा फ्रिज रहने से···इत्यादि।'

"ठीक बात है", उसने कहा, "किंतु दुकान मेरी नहीं है। मैं बस विक्रेता (सेल्समैन) मात्र हूँ। यह जगह बहुत व्यस्त है। आपकी यह बात पूरी तरह सही है, दो-एक सप्ताह में ही कोकाकोला की माँग अप्रत्याशित रूप से बढ़ जाएगी, वे माँग पूरी नहीं कर पाएँगे। किंतु एक बड़ा फ्रिज लेने की बात मालिक ने अभी नहीं सोची है, यही तो एक छोटा सा घर है, इसी का भाड़ा दो सौ रुपए मासिक है, हमारी दुकान छोटी है, यह सब रनिंग-खर्चे वहन कर पाना ही कष्टसाध्य हो जाता है, इस विषय में।"

"सो तो है"—मैंने कहा और चुपचाप लगभग दो इंच परिमाण का कोकाकोला खींचकर पी गया, इसके बाद बोला, "मैं यहाँ नया-नया आया हूँ, एक साथी के घर पर अभी रह रहा हूँ। मैं भाड़े का एक घर खोज रहा हूँ। बाइचांस क्या तुम जानते हो कि इस इलाके में कोई घर है ? भाड़े पर उठाया जानेवाला घर ?"

उसने कहा, "यहाँ रेजीडेंशियल इलाके के आस-पास भाड़े का क्वार्टर मिल पाना तो कठिन है। अच्छा, आप के परिवार में कुल कितने सदस्य हैं? मेरा मतलब हैं, मेरे एक परिचित व्यक्ति का एक मकान अभी बन रहा है, किंतु यहाँ पास में नहीं बिल्कुल फटाशिला मुहल्ला के उस पार।"

"अरे नहीं, नहीं", मैंने कहा, "इतनी दूर होने से नहीं चलेगा। अच्छा, वहाँ वह जो 'बीना-कुटीर' है।"

"बीना-कुटीर? क्या कहा, बीना-कुटीर?"

मुसकराते हुए मैंने कहा, "वह जो आसाम-टाइप का घर है, जिसके सामने बीना-वृक्ष है।"

"ओ! अच्छा, वह मकान?"

सप्रश्न दृष्टि से उस लड़के की ओर निहारा।

"क्या जाने—उसके तो भाड़े पर उठने का तो कोई लक्षण ही नहीं देखता हूँ। बहुत दिनों से उसी रूप में खाली पड़ा है। हमारी दुकान यहाँ शुरू हुए आज नौ महीने हो गए, तब से बराबर उसे उसी अवस्था में देख रहा हूँ। आदमियों को कभी भी—"

"क्यों, भाड़े पर उठाते क्यों नहीं? मकान किसका है?"

"मैं क्या जानूँ?"—थोड़ा लज्जित भाव से उस लड़के ने कहा, "आज तक अच्छी तरह कुछ आभास ही नहीं पा सका हूँ, किसी से पूछा भी नहीं है। मैं स्वयं पचासों कामों में लगा रहता हूँ।"

बात करते-करते मैंने जाना कि इस बार प्राइवेट परीक्षार्थी के रूप में वह बी.ए. परीक्षा में बैठने की सोच रहा है। पिछली बार उसमें बैठ नहीं पाया। अपना घर भी तो उसे ही चलाना पड़ता है। इसी वजह से अनेक प्रकार के झंझट हैं। दुकान पर थोड़ी भी फुरसत पाता है तो नोट्स वगैरह को थोड़ा-थोड़ा देख-देख लेता है।

"सो तो है ही", मैंने कहा। उसके बाद पूछा, "मकान है किसका?" और स्ट्रॉ की सहायता से चुक-चुक शब्द करते हुए (कोकाकोला के) तरल पदार्थ के अंतिम अंश को अंदर खींचकर खाली बोतल उसकी ओर बढ़ा दी। फिर कहा, "एक और कोकाकोला दोगे?"

उसने एक और बोतल बाहर निकाली और कहा, "ठीक से जानता नहीं हूँ। इस अंचल की बातें अच्छी तरह नहीं जानता। मैं कुम्हारपाड़ा में रहता हूँ। बहुत दिन पहले एक बार हमारे स्कूल में मिलिट्रीवाले आकर रहने लगे थे, उसी समय इधर के ही 'विष्णु राम हाईस्कूल' में कुछ महीने तक सुबह के समय हम लोगों की कक्षा लगती थी। उसी समय पैदल चलकर इस ओर से गया था—बचपन की

बात है—अच्छी तरह याद नहीं आ रहा है—उस समय ये सब बिल्डिंगें नहीं बनी थीं। हमारी इस बिल्डिंग की जगह पी.डब्ल्यू.डी. के एक ओवरसियर का उसी मकान की तरह आसाम-टाइप का एक घर था। उनका नाम था—ब्रजेन कलिता, उन्होंने ही अब यह विराट् बिल्डिंग बनवाई है, ऐसी भारी-भारी बिल्डिंगें तैयार करने के लिए लोग जाने कहाँ से इतना पैसा-वैसा पाते हैं—सामने का लॉन भी छोड़ा नहीं—वस्तुतः इसका मूल कारण है संप्रति यह, पूरी तरह व्यापारिक अंचल हो गया है, प्रत्येक वर्गफुट जमीन को जितना ही अधिक प्रयोग में ला सकें, उतना ही अच्छा है। कोई भी अब शौक के लिए घास का लॉन बनाने के लिए जगह-जमीन खाली नहीं छोड़ता।"

"सो तो ठीक ही है"—मैंने कहा और स्ट्रॉ को ठीक जगह करके धैर्यपूर्वक पुनः प्रश्न किया, "किंतु वह घर किसका है ?"

"ओ, हाँ।" जैसे एक झटका खाकर लड़का बोला, "आप जिसको 'बीना-कुटीर' कह रहे हैं," मेरी ओर एक बार देखकर वह मुसकराया—"ठीक बता नहीं पाऊँगा—हम लोग अपने ही काम में व्यस्त रहते थे। स्कूल को देरी होगी समझकर या घर पहुँचने में देरी हो जाने के डर से हम लोग जल्दी-जल्दी इन सब मकानों को पारकर जाते थे। उस समय अधिकांश भाग में आवासीय घर ही थे—कौन घर किसका है, उस उम्र में कौन इन सब बातों की खोज-खबर रखता है ?—किसी तरह जैसे भी हो, 'विष्णुराम हाईस्कूल' के ही किसी एक अध्यापक का ही वह मकान है, ऐसा सुना था—बाद में चलकर वे हेडमास्टर भी हुए थे।" वह अब अपने ललाट की रेखाओं को सिकोड़ते हुए याद करने का प्रयत्न करने लगा। "भूधर शर्मा—भूधर, हाँ, कुछ इसी प्रकार का नाम हो कुछ—संस्कृत के अध्यापक थे, काफी प्रतिभावान व्यक्ति थे। काशी से जाने कितनी सब उपाधियाँ भी पाई थीं। फाटक पर एक साइनबोर्ड भी लटका रहता था, जिस पर लिखा रहता था—'संजीवन-समाज'। संभवतः उन्होंने ही खोल रखा था। उसके अध्यक्ष भी शायद वही थे। कभी-कभी कुछेक गंभीर प्रकृति वाले चेहरों के, तार्किक बुद्धिवाले, दाढ़ीवाले बूढ़े भद्र पुरुषों को बरामदे में बैठकर आलोचना, प्रत्यालोचना करते हुए देखते थे—आर्टिकल (विभिन्न विषयों पर लेख) वगैरह भी शायद लिखते रहते थे—'वैदिक युग के छात्रों का⋯' इस प्रकार के कुछ विषयों पर⋯"

"वे इस समय कहाँ हैं ?"

"इस समय ? मैं क्या जानूँ—समझ रहे हैं—सचमुच मैट्रिक कर लेने के बाद मैं बहुत दिनों तक इस शहर में ही नहीं था।" कुछ विपर्यस्त हो वह लड़का थोड़ा रुका (अतएव मैंने भी कुछ पूछा नहीं), "इस बीच बहुत से परिवर्तन हो गए।

यहाँ आकर तो देखता हूँ कि पहले के परिचित लोगों में से कोई भी नहीं है—सब पंजाबी, मारवाड़ी, व्यापारियों के परिवार हैं—ओह अच्छा, भूधर गोस्वामी—ऐसा जान पड़ता है, वे स्वर्गीय हो गए हैं।"

"अच्छा! तब इस समय कौन...?"

"दो पुत्र थे उनके—हम लोगों से बड़े—उसी समय हम लोगों से काफी बड़े थे। एक तो संभवत: पिता की भाँति ही था, अर्थात् लिखना-पढ़ना लेकर ही व्यस्त रहता था, किसी कॉलेज में प्रोफेसर है। धोती-चद्दर पहननेवाला प्रोफेसर, उसी जमाने के जैसा, कभी-कभी कुछ सोचते-सोचते लॉन में टहलता रहता था। दूसरा, मेरा मतलब है छोटा, डिब्रूगढ़ में डॉक्टरी पढ़ रहा था या और कुछ—निश्चय ही वहाँ नहीं है। छोटे पुत्र को हम लोगों ने देखा ही नहीं, झगड़ा करके घर-द्वार छोड़कर बाहर चला गया था अथवा ऐसा ही कुछ हुआ था। जैसा भी हो, कहाँ का व्यक्ति कहाँ गया? कौन इस सबका...।"

मैंने कोकाकोला का एक घूँट खींचा और निर्लिप्त भाव से पूछा, "और लड़की?"

"नहीं—माने एक या दो दिन मात्र एक लड़की को देखा था। कोई वयस्क भद्र महिला किसी भी दिन आँखों के सामने नहीं आई। एक दिन सिनेमा का पोस्टर लटकाए बैंड बजाते हुए एक घोड़ागाड़ी जा रही थी (आजकल वे सब गाड़ियाँ अब नहीं हैं। रिक्शे के चलन के बाद बैंड बजाते नहीं, केवल माइक बजाते हैं) उसी को देखने के लिए एक लड़की बरामदे में आकर खड़ी हो गई थी—हलके फैशन में—देखने में कोई खराब नहीं—सभी को उसी ओर देखते देखकर भीतर दौड़कर चली गई। बीच-बीच में कभी-कभी घास के लॉन पर एक सफेद रंग की फोर्ड गाड़ी खड़ी रहती थी, काफी स्वस्थ एक व्यक्ति उसे चलाते थे—लड़की के साथ संभवत: उनके अच्छे संपर्क थे, बाद में दोनों का ब्याह भी हुआ। एक प्रकार से घरजमाई (ससुराल के घर रहनेवाला जामाता)। हमारी कक्षाएँ 'विष्णुराम हाईस्कूल' में केवल छह महीने ही लगी थीं, उसके बाद तो इस ओर आना एक प्रकार से बंद ही हो गया। नहीं, अन्य कोई लड़की-वड़की यदि होती", थोड़ी संकुचित होकर उसने मुसकराते हुए कहा, "प्रकृतित: हमें दिखाई पड़ती।" इसके बाद उस लड़के ने तुरंत प्रसंग बदल दिया—"यह इतनी महत्त्वपूर्ण संपत्ति इस अंचल में है। न जाने क्यों उसे इस प्रकार नष्ट होने दे रहे हैं? संभवत: शायद वही फोर्ड गाड़ीवाले सज्जन ही इस संपत्ति को पा रहे हैं। मेरा मतलब है अंतत: यह उनका निजी मकान तो है नहीं। अपने लोगों के हाथ में से कोई क्या इस प्रकार इसे नष्ट होने देता है? थोड़ा सा ठीक-ठाक कर लेने पर ही इस अंचल में कम-से-कम आठ सौ..."

"सो तो ठीक है।"

दुकान में बहुत से ग्राहक आ गए हैं। कोकाकोला के लिए दो पंजाबी, टूथपेस्ट के लिए एक बालक तथा एक दंपती यह जानने के लिए कि ग्लैक्सो का डिब्बा आया है या नहीं? एक कोने में खड़ा होकर मैं चुपचाप स्ट्रॉ की सहायता से कोकाकोला पीने लगा। मेरी नाक में कोकाकोला के अनिर्णेय स्वाद का झंझा उठता है—छोटी सी दुकान के नाना रंगों के चीज-पत्तरों से भरे रैकों में ट्यूब लाइट उज्ज्वल प्रकाश में धीरे-धीरे जैसे एक प्रकार की अंतरंगता का अनुभव करने लगा। एक परिचित कैफे के एक अभ्यस्त कोने की भाँति एक गरम ईषत प्रकाश··· बोतल के अवशिष्ट तरल जल को लक्ष्य किया—उस लाल तरलायित पदार्थ में प्रतिबिंबित हो उठा है, एक छोटा सा एल आकार का आसाम-टाइप मकान—बीना-कुटीर। असंख्य बीना-फूल बरामदे के नीचे के लॉन की घासों पर झरे पड़े हैं, माथा झुकाए एक लड़की कमर में आँचल खोंसे बरामदे में झाड़ू दे रही है···जैसे ही सुनाई पड़ा एक मोटर का हॉर्न, एक सफेद फोर्ड-गाड़ी फाटक के अंदर आ रही है, झटपट लड़की ने झाड़ू रखकर आँचल को ठीक कर लिया और केशों पर हाथ फेरा, चकित दृष्टि से गाड़ी को देखा, गाड़ी के पिछले हिस्से के शीशे में से दिखाई पड़ते हैं दो बलिष्ठ रोएँदार हाथ, जो स्टीयरिंग थामे हुए हैं, दो चौड़े कंधे, लड़की का मुख अस्पष्ट है, किंतु माना जा सकता है, वह युवती है, छरहरी है और अकस्मात् किसी एक वस्तु की प्रत्याशा में सप्रतिभ···दृश्य लुप्त हो गया, दोनों बरामदे खुले हैं, अंदर वही लड़की पीछे की ओर मुँह करके एक बड़े से गोल आकार की मेज पर पड़ी पुस्तकों पर से कपड़े से धूल हटा रही है, मेज के ऊपर सूखे हुए गेंदे फूल की माला पहने हुए एक बड़ा सा फोटो है—सफेद मूँछें, चंडूल सर के चारों ओर सफेद बाल हैं, गोल फ्रेम का बाइफोकल चश्मा, थोड़ी सी रोषयुक्त दृष्टि : भूधर गोस्वामी (अथवा शर्मा—और कौन हो सकता है?) उसके ऊपर की दीवार पर किसी का दिया हुआ मानपत्र जड़ा हुआ रखा है।

पुरानी लकड़ी की कुरसी पर धोती-चद्दर पहने हुए एक व्यक्ति बैठकर धीरे-धीरे कुछ कह रहे हैं। उनकी भी आँखों पर चश्मा है, किंतु चौकोर है, एक पाँव पंप-शू के भीतर है, दूसरे पाँव को पंप-शू से बाहर करके तेजी से हिला रहे हैं। बस वही उस व्यक्ति में चांचल्य का चिह्न मात्र है। बाकी सभी कुछ प्रशांत है। उनका मुख, उनका हाव-भाव, उनकी बातें (स्पष्ट किंतु धीमी)! निस्संदेह वही प्रोफेसर के सुपुत्र, उनका नाम—भूधर गोस्वामी के सुपुत्र का नाम—क्या हो सकता है? प्रेमधर? परमेश। परमेश गोस्वामी—कुछ खराब नहीं होगा। वे क्या कह रहे हैं? उनके श्रोता, जो सामने की कुरसी पर खद्दर का कुरता पहने बैठे हुए

वयस्क व्यक्ति हैं—वे कौन हैं ? प्रोफेसर कह रहे हैं, (सचमुच ही मैंने जाने कहाँ से कंठस्वर सुना—"अतएव, गणेश भाई, आप कुछ बुरा मत मानेंगे—इस मकान के साथ एक प्रतिभायुक्त परिमंडल जड़ित है। यहाँ पर यदि मैं लोहा-लक्कड़, सीमेंट-बालू, रुपए-पैसे का हिसाब शुरू करने दूँ, तो पिताजी की स्वर्गीय आत्मा को शांति नहीं मिलेगी। पिताजी मुझे कभी क्षमा नहीं करेंगे···आप मुझे मेरे बचपन से ही देखते आ रहे हैं, अब यह पैतृक मकान मेरे हाथ में पड़ा है, आपने मुझसे इसे भाड़े में पाना चाहा है, आपके कंट्राक्ट का कारोबार दिन-प्रतिदिन बढ़ता जा रहा है, आपको भाड़ा देना क्या मुझे अच्छा नहीं लगता, आप ही बताएँ"—किंतु अब स्वर्गीय पिता के आजीवन किए गए काम की स्मृति की रक्षा करना भी, मेरा एक कर्तव्य है, एक पैतृक कर्तव्य है, मैं भले ही स्वयं यहाँ न रहूँ तो भी इस मकान के परिवेश को मुझे बनाए रखना होगा, जितना संभव हो सके, यदि कर सकूँ तो पिताजी के नाम पर इस मकान में एक लाइब्रेरी वगैरह खोलनी होगी—आप भी तो पिताजी के प्रति बराबर श्रद्धा-भक्ति करते आ रहे हैं, इसी मेज पर ही (उन्होंने मेज की ओर हाथ फैला दिया, सिनेमा के क्लोजअप शॉट की तरह समूचे मेज ने सामने आकर तरल परदे को पूर्ण कर दिया, असंख्य कागज, किताबें-पत्रिकाएँ, भोजपत्र की पोथियाँ। एक लाल फीते से मुड़ी हुई फाइल के ऊपर लाल स्याही से लिखा हुआ है—'वैदिक युग में (अस्पष्ट-अस्पष्ट) संबंध की आध्यात्मिक दिशाएँ' दवात-कलम और गोंद की शीशी, सोख्ता, पान का पनडिब्बा, चश्मे का खोल) पिताजी वृद्धावस्था तक दिन-रात लिखते-पढ़ते रहते थे, नहाना-खाना भी भूल जाते थे।

"कितने ही दिनों आप आकर पास में खड़े रहते थे, जब तक आप खाँसते नहीं थे, तब तक पिताजी को आपकी उपस्थिति का पता ही नहीं चलता था, यह तो एक साधना है, किसी आर्थिक लाभ की बात सोचे बगैर, मान-सम्मान की बात सोचे बिना, यह जो ज्ञान का संधान है, एक प्रयोजनातीत ज्ञान का अन्वेषण है, यह जो आप पूरे घर में देख रहे हैं, पिताजी का अधूरा किया हुआ कार्य, अधलिखे प्रबंध-निबंध—ये सब, यदि हो सके तो प्रकाशित कराना होगा। इस परिवेश को व्यापारिक वृत्ति के चंगुल में डालकर निश्चित कर देना क्या मेरे लिए उचित होगा ? आप ही बताएँ गणेश भाई, इस मकान में मेरे रहने का प्रयोजन नहीं है, यह सच है, मकान संप्रति मेरी संपत्ति है, मैं इससे दो पैसा पैदा कर सकता हूँ निश्चय ही, किंतु यही होने से क्या मैं पिताजी के इतने दिनों के अध्यवसाय की समस्त स्मृति चिह्नों···"

उनकी बातें करना बंद हुआ और मैं समझ सका कि पंजाबी सज्जन ने अपनी

बातें समाप्त कर शेष में कोकाकोला की बोतल को 'ठक्!' की आवाज के साथ नीचे रख दिया। बोतल के शरीर पर से सारे चित्र गुम हो गए। मैंने भी 'चुक' शब्द के—अंतिम बिंदु तक खींचकर 'ठक्' करके बोतल काउंटर पर रख दी। एक नोट उस लड़के की ओर बढ़ाते हुए यों ही पूछा? दुकान रात में कब तक खुली रहती है। उस मकान को भाड़े पर उठाएँगे कि नहीं, संभव होने पर क्या वह इस बात की कुछ खोज-खबर ले सकेगा? मैं पुनः कल या परसों आऊँगा। कल तो वह रहेगा न? अच्छा परसों-नरसों। होगा, होगा, अच्छा।"

बाहर आकर साइकिल का ताला खोला। बहुत तीव्र उज्ज्वल बल्ब जलाकर स्पीडवेल ट्रांसपोर्ट के सामने डीजल ट्रकों से वस्तुओं की लोडिंग-अनलोडिंग हो रही है। अनेक आदमी ऊँची आवाजों में निर्देश दे रहे हैं और सबकुछ को दबाते हुए एक दूसरा ट्रक प्रचुर मात्रा में धुआँ उगलता हुआ विकट शब्द से स्टार्ट होने की चेष्टा कर रहा है—साइकिल ठेलते-ठेलते आगे गया। 'बिना-कुटीर' अंधकारमय है, केवल उसके बाईं ओर की दीवार पर इस पार के दालान के जंगलों का प्रकाश पड़कर प्रकाश-अंधकार का एक नक्शा बना रहा है—शांतिपूर्ण—निशब्द! दालान के आलोकित जंगलों के किसी ओर रेडियो बज रहा है, किसी एक ऑफिस में एक टाइपराइटर का खट्-खट् शब्द, निश्चय ही कमरे-कमरे में बातें हो रही हैं। वाणिज्य और घर-संसार, तृप्ति-आनंद, क्षोभ-वेदना, कामना-लालसा, प्रेम-विरह, विभिन्न टुकड़े-टुकड़े नाटकीय संलाप; जिन सब नाटकों के ऊपर आज के इस अंधकार नीरव 'बीना-कुटीर' के मंच पर कब? किस समय? यवनिका पात हो गया है, कब उसके शब्द और उसकी प्राण-भंगी समाप्त हो गई है?

क्या पूरी तरह से समाप्त हो गया है?···रात में 'बीना-कुटीर' की बात सोचते-सोचते सो गया और प्रातः उठकर आँखें रगड़ते-रगड़ते आश्चर्य सहित याद करके लक्ष्य किया कि रात में स्वप्न में एक बार भी मैंने 'बीना-कुटीर' को देखा नहीं—(वस्तुतः कोई भी सपना नहीं देखा, संभवतः खूब थकावट आ गई थी)।

दिनभर कार्य व्यस्तता में बीच-बीच में खाली समय में एकाध बार अस्पष्ट रूप में 'बीना-कुटीर' की बात का खयाल आया और भूल भी गया। शाम को पुनः साइकिल लेकर एक भाड़े का घर खोजने चला—कुछ मन में विचारते-विचारते अन्यमनस्क भाव से पैडिल मारता गया और अकस्मात् देखा कि 'बीना-कुटीर' को पार हो रहा हूँ—वही एक जीर्ण, परित्यक्त रूप-संध्या के धुँधले धूपछाहीं रूप में उसका उदास बीना वृक्ष धीरे-धीरे काँप रहा है। जान पड़ता है, किसी एक दिशा से हवा लग रही है। साइकिल से उतरकर खड़ा हो गया। कान पारकर कुछ सुनने की चेष्टा की। सुनाई पड़ा विभिन्न व्यापार-वाणिज्य का सम्मिश्रित अनिश्चित स्वर

और कहीं कोई एक टेलीफोन कीं-कीं कर रहा है और 'बीना-कुटीर' के एक काठ के टुकड़े में संभवतः फँस जानेवाला एक टिन रह-रहकर हवा से खट्-खट् शब्दकर रहा है, किसी एक कोने से कबूतरों का 'बक-बकम्-बक…'। कोकाकोला की दुकान पर वह लड़का नहीं है, उसके बदले बुशर्ट पहने पुष्ट मुखमुद्रा के एक 'मध्य वयस्क' सज्जन बैठे हैं। साइकिल बाहर खड़ीकर अंदर आ गया और काउंटर के सामने खड़े होकर कोकाकोला माँगा।

दुकान पर आज अधिक भीड़ है, खूब जोरों पर बिक्री हो रही है। इस नए व्यक्ति की मुख-भंगिमा बहुत सुविधाजनक नहीं जान पड़ी। मैंने उसके साथ बात करने की चेष्टा नहीं की। एक कोने में खड़े होकर स्ट्रॉ से एक चुस्की ली। आह! नाक में परिचित झाँझ का अनुभव हुआ। काउंटर के ऊपर बोतल को तिरछा रखकर स्ट्रॉ मुख में दबाए दाहिने हाथ की तर्जनी रखकर उस लाल तरल पदार्थ की ओर ध्यान से देखा…तरल जलकाँप रहा है…उसके शरीर पर एक दूसरी तसवीर झलकने लगी…हवा चल रही है, बीना-वृक्ष के पत्ते काँप रहे हैं, रात हो गई है, 'बीना-कुटीर' का बरामदा अस्पष्ट…मोटर की हेड-लाइट के प्रकाश में बीना-फूल का वृक्ष और बासों की जाली झलक उठी, लंबे-लंबे दो-दो बार रेस देकर फोर्ड गाड़ी का इंजन बंद हुआ, लाइट बुझी, गाड़ी के दरवाजे के खुलने का शब्द, स्टीयरिंग छोड़कर उतर आए उस दिन के वे ही प्रशस्त वक्षस्थल वाले युवक, इस बार भी पीछे की ओर से दिखाई पड़े उनके चौड़े दोनों कंधे और सुगठित मुख (निश्चय ही मूँछें हैं), घर के नए जमाता : भवेश? भवानंद? ठीक है भवानंद। भवानंद ने बाईं ओर का दरवाजा खोलकर हाथ बढ़ा दिया है। उनका हाथ पकड़कर उतर आई वही बरामदे में उस दिन झाड़ू देनेवाली लड़की : बीना (और दूसरा नाम क्या हो सकता है)। धुँधले प्रकाश में भी जैसे समझा जा सकता है—उसका मुख झिलमिला रहा है, आँखों में जाने कैसा मदिर आवेश, माँगों में नवीन लाल रेखा, उसकी देह भंगिमा के साथ-साथ मूँगा-सिल्क की नवीन मेखला लँहगा-चादर सा खच-खच शब्द या संभव है बनारसी सिल्क का एवं अंधकार में रह-रहकर पूरे शरीर में भरे गहनों की चमक—भवानंद का हाथ छोड़कर वह शीघ्रता से सीढ़ियाँ पार कर बरामदे में उठ गई, साथ-ही-साथ भवानंद के दोनों हाथों ने पीछे से उनकी मसृण कमर को जकड़ लिया—

"ऐ, क्या हो रहा है, यह क्या, पिताजी आ जाएँगे तो क्या सोचेंगे?"

"ओह! इस आधी रात हो हमें देखने के लिए पिताजी मानो जगे ही हुए हैं।" दबी-दबी मुसकान लिये बीना को पकड़े हुए ही भवानंद बरामदे में आए।

"व्यर्थ में गाड़ी का जोर का शब्द करके घर में घुसते हो, धत् यहाँ नहीं…

छोड़ो—छोड़ दो न—भले आदमी—प्लीज! बड़े भैया अभी भी पढ़ रहे हैं, यदि हठात् आ जाएँ तो!"

धीरे से भवानंद ने कहा, "बड़े भैया इतने बे-रसिक नहीं हैं कि नवीन दूल्हा-दुलहन घूम-घामकर इतनी रात पर घर आएँ तो वे अभद्र व्यक्ति की तरह देखने…"

बरामदे के बेढ़े की हिलती-डुलती प्रकाश-अँधेरे की झिलमिलाहट में भवानंद एवं बीना की छाया धूमिल हो गई है। कितनी देर तक दोनों बाहुबंधन में बँधे थे कि किसी को ध्यान नहीं। उनके केशों में न जाने कहाँ की उन्मादित हवाओं के संलाप, वायु की तरंगों पर किसी अनजान फूल की सुगंध, आकाश में खिले गुच्छे-के-गुच्छे तारे, संभवत: फागुन का महीना—

बहुत देर तक की नीरवता के बाद भवानंद बोले, "बीना! पहले जब संध्या समय मैं तुम्हारे संग बरामदे में खड़ा रहता था, कितने दिनों इच्छा हुई थी कि इसी बीना-वृक्ष के नीचे, इस जाली के इस तरफ तुम्हें जकड़कर पकड़ू, तुम्हें प्यार करूँ, इतनी कामना हुई थी, इतना मन करता था—तुम क्या कभी समझ पाई थीं?"

बीना ने कोई उत्तर नहीं दिया। अंधकार में भवानंद के वक्षस्थल पर अपने सर को और जोर से दबाकर रख दिया।

"और आज जब बड़े भैया कॉलेज जा रहे थे, तुम बरामदे में बाहर आई थीं, मैं पिताजी के साथ बातें कर रहा था—उसी पहले की तरह तुम्हारे साथ इसी जगह पर खड़े होने का इतना मन किया—'क्या तुम समझ पाई थी?'

बीना ने इस बार भी कोई उत्तर नहीं दिया।

"बीना?"

अंधकार में भवानंद के वक्षस्थल पर मुख रखे बीना अस्पष्ट रूप से हँस पड़ी, "तुम भी जाने क्या हो? वह भी अच्छी तरह नहीं जानती।…और आज बरामदे में तुम्हारी जिद्दी मूर्ति देखकर मेरे तो मन में इतनी हँसी छूट रही थी—चार वर्षों तक लाज-शर्म सब पीकर यही मेरे साथ खड़े-खड़े ही बीते हैं, किंतु केवल आज ही इतनी अधिक लाज लगी कि एक बार भी करीब नहीं आए, पिताजी के साथ बात करना ही जैसे समाप्त नहीं हुआ।"

भवानंद भी लज्जा से हँसे, "हाँ, चलो भीतर चलें अब?"

"ऊँ…"—बीना ने कहा एवं हठात् चंचल हो उठी, इस्स। भीतर जाने की बिल्कुल ही इच्छा नहीं हो रही थी—इतना अच्छा लगता है—कितने दिनों के बाद हम इस कोने में इस प्रकार खड़े हो पाए हैं और कब तो तुमको इस प्रकार यहाँ पाऊँगी। बीना के गले का स्वर विषादयुक्त हो गया और दो दिन बाद ही तो हम

चले जाएँगे˙˙तुम न जाने कैसी झमेले की नौकरी में लगे—कहाँ-कहाँ किस लंका में घूमते रहना पड़ेगा, आज चासिघाट, कल ऐजल˙˙पिताजी ने आज तुम्हें जिस रूप में कहना शुरू किया था, सुनकर मेरी आँखों से आँसू छलछला उठे थे, मेरे अब कितने दिन शेष हैं? मेरे चले जाने पर तुम्हीं लोगों को यह मकान देखना पड़ेगा। तुम्हारे नाम पर ही यह मकान लिख दूँगा˙˙पिताजी ने क्यों इस प्रकार से बातें कीं?"

कुछ क्षण चुप रहकर भवानंद ने कहा, "बड़े भैया का यहाँ से चले जाना प्रायः निश्चित ही हो गया है। मकान, जगह-जमीन चलाने जैसी प्रकृति उनकी नहीं है और छोटे भैया तो घर छोड़कर चले ही गए हैं। पिताजी संभवतः इन्हीं कारणों से ऐसा सब सोचते हैं।"

"इतना बुरा लगता है—पिताजी जो कहते हैं, 'तुम लोग स्वयं रहना या भाड़े पर उठा देना, जो चाहे खुशी से करना˙˙।' इतना बुरा लगता है, हम लोग कहाँ-कहाँ दूर-दूर रहेंगे, हमारे न रहने पर मकान की क्या अवस्था होगी, कहाँ का कौन आदमी आकर यहाँ रहेगा, सबकुछ अलग-थलग हो जाएगा—इस बीना-वृक्ष को ही कितने दिन इस प्रकार रहने देगा?"

भवानंद के दोनों हाथों ने धीरे-धीरे पुनः बीना को घेर लिया और छाती से लगा लिया। बीना के गालों पर गाल रखकर भवानंद ने धीमे-धीमे कहा, "बीना! तुम्हें जिस दिन मैंने पहली बार देखा था, तुम यहीं पर खड़ी थी रास्ते से होकर बैंड बजाते हुए सिनेमा का पोस्टर टाँगकर एक घोड़ागाड़ी जा रही थी। मैं आश्चर्यचकित हो गया था—सोचने पर अब भी आश्चर्य लगता है—यही बरामदा, यह बीना-वृक्ष मेरे भी जीवन का एक अंश है—जिस प्रकार इस मकान के प्रत्येक कुरसी-मेज, प्रत्येक फोटो, प्रत्येक कप-प्लेटों के जोड़े तुम्हें अपने लगते हैं—प्रत्येक कोने में तुम्हारे हाथों का स्पर्श है—ठीक है, यह मकान यदि भविष्य में मुझे ही चलाना पड़ा, तो मैं ही चलाऊँगा, इसका कोई आकर्षण नष्ट नहीं होने दूँगा, किसी अपरिचित व्यक्ति को कभी भी इस घर, इस बरामदे की काया पलटने नहीं दूँगा। हम लोग जब भी आएँगे—यह सब हम ठीक इसी प्रकार पाएँगे—जितनी दूर तक मेरी क्षमता होगी।"

यह प्रकाश-अंधकार, पत्तियों के झूले, यह सर-सर का शब्द, मंदिर, वायु पर उड़ता आता फूलों का परागकण, आकाश के ये गुच्छे-के-गुच्छे तारे˙˙मैं अपने मन-ही-मन बोला और अचानक दुकान का शोरगुल बंद हो गया। आश्चर्यचकित होकर देखा, दुकान खाली हो गई है, दुकानदार मेरे मुख की ओर एकटक देख रहा है, कोकाकोला की बोतल में कोई तसवीर नहीं है। लंबी चुस्की खींचते हुए शेष

तरल गले के नीचे उतारकर बोतल 'ठक्' से नीचे रख दी। मन-ही-मन चुपचाप कहा, 'खाली मकान को भी भाड़े पर उठाने की बात नहीं सोचते, अब भी ऐसे लोग वर्तमान में हैं! भवानंद है, बीना है।'

"क्या कहते हैं?"—कुछ आश्चर्यचकित होकर दुकानदार बोला, "फिफ्टी फाइव पैसा।"

साइकिल पर प्रफुल्लित चित्त में चढ़कर घर पहुँचा। रात में खूब गाढ़ी नींद आई, कितनी शांति···व्यापार एवं पैसा कमाने की चिंता में जब प्रत्येक वर्गफुट जमीन, प्रति घनफुट वायु फिर गई है। डीजल का धुआँ, कल-कब्जों का घर्घर, लाभ-नुकसान का चक्रव्यूह एवं व्यय संकुचित फ्लोरेसेंट उज्ज्वलता के नीचे यथेच्छ धूल और कीचड़ तथा दुर्गंधमय आवर्जना से वायुमंडल संपृक्त है, ऐसी दशा में इस पृथ्वी पर आज भी हैं एक जन परमेश, एक युगल भवानंद-बीना। अति उत्तेजित कंकरीट की रुचि के, पर आकाशचुंबी औद्धत्य जिन्हें प्रभावित नहीं करती, जिन्हें भाड़ेदारों की जरूरत नहीं, महीने में सौ-तीन सौ अतिरिक्त रुपए जिन्हें नहीं चाहिए—अथवा संभव है जरूरत हो (किसे जरूरत नहीं होगी?) किंतु जो अब भी सोचते हैं कि इससे तो अच्छी बात है एक उज्ज्वल स्मृति को बचाए रखना, उससे ज्यादा बड़ी बात है आत्मा के विश्वास के लिए, एक टुकड़े खुले आकाश की, प्राणों के स्पंदन के लिए एक झलक उन्मुक्त वायु की, आँखों की शांति के लिए एक टुकड़े हरे-भरे घास के लॉन की, एक वृक्ष, जहाँ मन की कलियाँ खिलेंगी, निस्तब्ध रात और अलस मध्याह्न, एक बरामदा, एक पुरानी गुंजन ध्वनि, एक विलीयमान प्रिय परिवेश।

दूसरे दिन ऑफिस में टिफिन के समय जब एक सज्जन ने प्रस्ताव किया कि चाय के बदले कोकाकोला पिया जाए तो मैंने मुसकराते हुए असहमति प्रकट की, मैं कोकाकोला की असली गंध पाऊँगा सायंकाल अपनी उसी मनिहारी दुकान पर, उस दिन भाड़े पर लेने के लिए मकान खोजने नहीं गया (यद्यपि ऑफिस के सुपरिंटेंडेंट ने एक खबर दी थी) सायंकालीन आधे-अँधियारे में 'बीना-कुटीर' के सामने साइकिल से उतर पड़ा। दिखाई पड़ा बरामदे में एक चिट्ठी का बक्स है (जाने कैसे पहले कभी नहीं देखा) और बरामदे में जैसे कुछ पुराने-धुराने कपड़ों का एक बंडल पड़ा हुआ है। कल रात में एक बार पानी बरसा था—अनुमान लगाया, कोई भिखारी आदमी संभव है रात में यहाँ आश्रय लिये रहा हो और बिना मालिक का मकान समझकर हो सकता है, वहीं पर रात में सोना आरंभ कर दे! साइकिल को ठेल-ठेलकर दुकान के सामने लाकर खड़ा किया—"अच्छा! वह लड़का आज है (आज दाढ़ी बना ली है किंतु पोशाक वही है), किंतु आज व्यस्त

है। इस गरमी में भी सूट-टाई पहने फिट-फाट एक मध्य वयस्क व्यक्ति काउंटर पर कितने सारे बक्सों से नाना प्रकार की प्रसाधन-सामग्री और दाढ़ी बनाने की सामग्री बाहर कर रहे हैं एवं कॉपी में पेंसिल से कुछ संख्याएँ नोट कर रहे हैं। मैं समझ गया, किसी कंपनी के प्रतिनिधि हैं। वह लड़का मेरी ओर देखकर थोड़ा मुसकराया और उस सज्जन से 'एक मिनट' कहकर मेरी ओर बढ़ आया तथा सिर हिलाया—

"समझ गए। होगा नहीं।"

वह बात मैं भी जानता हूँ। मैं भी संतुष्ट मन से हँसा। वह मकान भाड़े पर नहीं उठेगा, ऐसी ही आशा मैंने भी की थी।

"कोका कोला दूँ?"

"दो।"

'स्ट्रा' पॉकेट से निकालकर वह लड़का बोला, "मैंने अपने मालिक से पूछा था, वे इसी जगह के आदमी हैं, इसी मुहल्ले के। वे इस मकान का पूरा इतिहास जानते हैं। मैंने भी आपको उस दिन ठीक ही कहा था। बड़ा लड़का प्रोफेसर है। बहुत ही क्षमताशाली है। छोटा डॉक्टर है, उसकी स्त्री पंजाबी है या ऐसी ही कुछ है, किंतु मकान के साथ उसका संबंध बहुत-माने पिता ने तो उसे प्रायः घर से बाहर कर"—कंपनी के प्रतिनिधि की ओर उसकी निगाह पड़ी, "अच्छा, आप कुछ पी लें, मैंने उन्हें प्रतीक्षा में रख छोड़ा है।"

लड़का उसके पास चला गया। स्ट्रॉ से एक चुस्की खींचकर काउंटर पर बोतल को तिरछे खड़ी कर उस तरल कोकाकोला की ओर देखता रह गया—चित्र—बीना-कुटीर के पीछे के प्रांगण पर धूप खिल रही, एक पुराना बैंच शून्य गरमी का मंच, तुलसी चबूतरे के नीचे शिखाहीन प्रदीप, एक पुराना पीपल का पेड़—अस्थिरतापूर्वक एक 30 या 32 वर्ष का लंबा व्यक्ति इधर-उधर आ-जा रहा है, उसका सर बीच-बीच में प्रांगण में फैलाए गए कपड़ों की रस्सी से ठोकर खा रहा है, वे विरक्त होकर रस्सी की ओर देखते हैं और आँखें सिकोड़कर क्रुद्ध भाव से सिगरेट पी रहे हैं। उनके ट्वीड के कोट के पॉकेट से स्टेथेस्कोप का एक अंश बाहर निकला पड़ा है। बैंच पर बैठी एक भारी जूड़ा माथे पर बाँधे चूड़ीदार कुरता पहने एक लड़की डॉक्टर के मुख की ओर उद्विग्न होकर देख रही है। उसकी मुखाकृति अस्पष्ट है, किंतु लाल आभावाले पतले दुपट्टे के नीचे दिखाई पड़ती है उसकी सुंदर गोल और गुलाबी बाँहें—हठात् चहलकदमी बंद कर एक क्रुद्ध कश खींचकर सिगरेट फेंककर डॉक्टर बैंच के करीब आए और तीक्ष्णता से नीचे की ओर देखने लगे, उसकी आँखों की ओर—उनके दोनों होंठ फड़फड़ाने लगे—पुनः

सिनेमा के क्लोजअप-दृश्य की तरह चित्र सामने आकर बोतल के अंग-अंग में भर गया, डॉक्टर के कठोर होंठ और चौकोर बेपरवाह ठुड्डी के नीचे लड़की यौवनोज्ज्वल गोलाकार मुख का उत्कंठित लावण्य, फैली हुई दो दीर्घायित आँखें, जैसा हिंदी फिल्म में देखा था।

डॉक्टर ने कहा (उसका कंठस्वर उस कंपनी के प्रतिनिधि जैसा ही था), उन्होंने कहा है, मैं उनका, माने पिताजी का त्याज्य पुत्र हूँ, रेहाना, मैं त्याज्य पुत्र होकर ही रहूँगा—मैं तो बड़े भाई साहब जैसा नहीं हूँ, अपनी सब बातों में मैं खुद निर्णय लेता हूँ, किसी की बात की परवाह नहीं करता, पिता के कहने पर भी अपनी नापसंदगी का काम मैं करता नहीं। पिता की अनुमति न होने पर भी मेडिकल पढ़ने गया—केवल बीना ने मेरा समर्थन किया—पिता ने पैसा खर्च देना चाहा नहीं। तो भी जो होगा, सो होगा, सोचकर मैंने घर से जाकर प्रवेश लिया। मुझे पूरी दृढ़ता से प्रस्तुत देखकर ही अंततः पिता मेरे निर्णय को मानने को बाध्य हुए। तत्पश्चात् मेरे जीवन में तुम आईं। तुम्हारे साथ मैं दिन-दिन अधिकाधिक युक्त हो गया, तुम्हें छोड़कर मैं रह नहीं सकता—ऐसी अवस्था हो गई—कितनी ही बातें सुनीं, किंतु सारी बातों को मैंने उड़ा दिया—तुम्हारा पूर्ववृत्त, तुम्हारे धर्म, जाति, तुम्हारा पुराना इतिहास मैंने सबकुछ को जानबूझकर भुला दिया और 'तुमसे विवाह करूँगा'। यह निश्चय प्रकट कर लिया। सबकी ही कितनी सारी आपत्तियाँ, कितने वाद-विवाद, कितना गुस्सा-गुस्सी—तुम तो सब जानती हो। पिता ने कह दिया, देखो—इस लड़की की सारी बातें हमने भी सुनी हैं, तुमने भी सुना है, सब जान-सुनकर भी तुम इस लड़की को मेरे घर में—जो भी हो, पिता ने कह दिया, मेरी मरजी के खिलाफ यदि तू यह विवाह करता है तो तुम्हें मैं एक फूटी कौड़ी देकर भी सहायता नहीं करूँगा।' मैंने भी कह दिया—'ठीक है, मैं भी आप से एक फूटी-कौड़ी नहीं लूँगा, उसके बाद कितने ही दुर्दिन बीते हैं, कितने कष्टों में, उधारबाजी करके, छात्रवृत्ति के सहारे मेडिकल की पढ़ाई पूरी की है, तुम सब जानती हो, तुम तो मेरे साथ-ही-साथ हो। आत्मीय-स्वजन सबके साथ मेरे संबंध खत्म हो गए (केवल बीना ने इस क्षेत्र में दूर रहते हुए मुझे सहमति देकर सहायता की है) और अब सारे संपर्क टूट जाने पर—मृत्यु के आगे मुझे कैसी समस्या में पिताजी छोड़ गए—क्यों इस प्रकार की एक 'विल' करके छोड़ गए, क्या सोचकर पिताजी मृत्यु के पहले इस मकान का दायित्व मेरे ऊपर डाल गए? मैं यह संपत्ति लेकर क्या करूँगा? इस घर से तो मैं बाहर हो गया हूँ। (डॉक्टर ने लड़की के कंधे पर एक हाथ रखा, चित्र से लड़की के मुख का आधा अंश भंगिमा से कट गया) रेहाना, रेहाना, तुम्हारे लिए ही अंततः मैं इस घर से बाहर हो गया था। इस प्रांगण की ये सारी चीजें आज मैं

पहचान भी नहीं सकता—कम-से-कम तुम मुझे इस मकान में रहने को मत कहो। इस मकान को भाड़े पर उठाकर उसका रुपया लेने को मुझे मत कहो—मैं अच्छी तरह समझता हूँ, यह 'विल' करके अंत में पिताजी ने अपने त्याज्य पुत्र को पुनः इस घर में बुलाया है, जानता हूँ। यह समझने से ही मेरी आँखों से आँसू आ रहा है, किंतु मैं कभी भी प्रतिज्ञा भंग नहीं करता। पिताजी से मैंने कह दिया था कि मैं अब कभी तुमसे एक फूटी कौड़ी भी नहीं लूँगा, ठीक है, इस मकान की मैं अच्छी तरह देख-रेख करता जाऊँगा। जहाँ जैसा लगेगा, टैक्स दे दूँगा, मेरे निजी पॉकेट से पैसे खर्च होते ही रहेंगे, यदि यही होने की बात हो, तो यही हो, "कल ही मैंने अपने कलकत्ता ऑफिस के मिस्टर मेहता को ट्रंककाल किया है, सोमवार तक आप पूरा कनसाइंमेंट पा जाएँगे, मैं खबर दूँगा, शेष बातें एस्योर्ड हैं—अच्छा तो नमस्कार!"

अंत की ये बातें कंपनी के प्रतिनिधि सज्जन की थीं। बोतल के लाल तरल पेय के अंगों का ट्यूब लाइट का प्रकाश झिलमिला रहा है। चित्र अंतर्निहित हो गए। प्रतिनिधि सज्जन बाहर चले गए।

"आह!"—मैंने स्वयं ही स्वयं से कहा—"संपत्ति से अधिक प्रतिज्ञा को अधिक मूल्यवान मानते हैं, अब भी पृथ्वी में ऐसे लोग हैं। पैसा ही क्या सबकुछ है?"

वह लड़का पास आया।

"जो भी हो, होगा नहीं। कम-से-कम अभी और बहुत दिनों तक। दोनों भाइयों के बीच मकान के स्वामित्व को लेकर मुकदमा चल रहा है, इसी कारण से मकान ऐसे ही पड़ा है। कौन इसे पाएगा? मुकदमे के निर्णय के बाद ही पता चलेगा। अभी बहुत दिन हैं, आप इस मकान की आशा छोड़ दें। बड़ा भाई प्रोफेसर है। आजकल संभवतः धूमधाम से पाठ्य-पुस्तकें और नोट लिखते हैं, बहुत पैसा कमाया है। वे इस मकान में अपना निजी प्रेस खोलना चाहते हैं। स्वयं प्रकाशित कर पाने से बहुत ज्यादा लाभ है। छोटा भाई, माने डॉक्टर संभवतः आर.सी.सी. करके भाड़ा-टाडा देने की इच्छा रखता है, निचले तल्ले पर अपना चैंबर भी खोलेगा। किसी भी तरह यदि आपको जल्दी घर की जरूरत हो, मैंने लाचित नगर में एक घर का पता पाया है।"

'चुक'—शब्द करते हुए मैंने अवशिष्ट तरल कोकाकोला खींच लिया। बोतल को 'ठक' से काउंटर पर रख दिया एवं उसके मुख में से भीतर के शून्य गरम की ओर बहुत देर तक निरुत्तर ही देखता रह गया।

□

कुत्ते से सावधान

—भूपेंद्र कुमार दास

फाटक खोलते-खोलते जितेन अचानक थमकर रह गया। फाटक से लगे हुए पोर्टिको के एक खंभे की आड़ में एक छोटा सा साइनबोर्ड लटका हुआ है, जिस पर लिखा है—'कुत्ते से सावधान'। अब यह समझ पाने में जितेन को कोई कठिनाई नहीं रही कि इस मकान के मालिक ने मनुष्यों को काट खानेवाला कुत्ता पाल रखा है। कुत्ते से भयभीत हो वह कई कदम पीछे हट गया और सड़क पर आ खड़ा हुआ। किंतु इस घर के मालिक का दर्शन करना उसके लिए अत्यंत आवश्यक है। अतः जैसे भी संभव हो, एक बार तो उनका दर्शन करन ही पड़ेगा। जैसाकि उसने जाना-सुना है, उन महाशय से यदि इस वेला में भेंट न हो सकी तो और किसी समय मिल पाना अत्यंत मुश्किल होगा। हाँ, यदि चाहें तो उनके कार्यालय में जाकर उनसे अवश्य भेंट कर सकते हैं। किंतु जितेन के पिता की विशेष इच्छा है कि उन महाशय से उनके घर पर ही साक्षात्कार किया जाए। बहुत बड़े आदमी हैं। कार्यालय के समय वे बहुत ज्यादा व्यस्त रहते हैं। वहाँ नाना प्रकार के लोग नाना प्रकार की जरूरतों से बराबर उनके पास आते-जाते रहते हैं। फलतः उसे जो बातें उनसे कहनी हैं, वे सब उनके घर जाकर कह आना ही श्रेयस्कर है।

'एक बार साँप के काट लेने पर फिर केंचुए से भी डर लगता है' के कथानुसार कुत्ते से भी जितेन को एक प्रकार का अस्वाभाविक डर हो गया है। यद्यपि यह डर अभी हाल का नहीं है, काफी दिनों पहले से ही है। उसे दो बार कुत्ता काट चुका है। और एक बार काट लेने पर कवि डाक की कहावत के अनुसार 'तीन बार में अनिष्ट' हो जाएगा, फलतः उसके पेट में चौदह बड़ी-बड़ी सूइयाँ चुभोनी पड़ेंगी। दो बार कुत्ता काटने से चौदह दूना अट्ठाईस सूइयों की चुभन का स्वाद

अभी भी उसके मनप्राण में भली-भाँति बसा हुआ है। इसी से उन महाशय के घर के फाटक पर से ही पीछे हटकर वह सड़क पर आ खड़ा हुआ और 'क्या करे, क्या न करे,' इसी की फिक्र में पड़ा रहा।

जितेन को याद आया कि एक साधारण से ऑफिस की छोटी सी तनखाह वाली क्लर्क की नौकरी करनेवाले उसके पिता को घर-परिवार का खर्च चलाते हुए उसकी पढ़ाई के खर्चे का जुगाड़ करने में कितना कष्ट उठाना पड़ता था। उस पर भी जैसे-तैसे वह बी.ए. तो पास कर गया, किंतु तबसे अभी नौकरी ही ढूँढ़ रहा है कि पिताजी उस छोटी नौकरी से भी रिटायर हो गए। विगत दो वर्षों से नौकरी खोजते-खोजते जितेन हैरान हो गया, फिर भी अभी ज्यों-त्यों बेकार पड़ा है। स्थानीय रोजगार दफ्तर में जो नाम दर्ज कराया था, उसे एक बार, दो बार, करते-करते चार बार नवीकरण करा चुका है। यह बात जरूर है कि इन विगत दो वर्षों में उसने क्लर्की की नौकरी के लिए इंटरव्यू लेटर भी न पाया हो, ऐसी बात नहीं है। किंतु इंटरव्यू देते रहने पर भी नौकरी कहीं नहीं लगी थी। फिर भी जितेन इससे निराश नहीं हुआ है। पहले की तरह इस बार भी रोजगार दफ्तर के क्लर्क को कुछ घूस-घास देकर एक ऑफिस से आई क्लर्की की डिमांड लिस्ट में अपना नाम भी डलवा देने से इस बार भी वह इंटरव्यू के लिए पत्र पा गया है। इसी उद्देश्य से उस दफ्तर के सबसे बड़े अधिकारी से भेंट करने के लिए वह यहाँ आया, किंतु कुत्ते के डर से अब सड़क पर टहलते हुए समय गुजार रहा है। इन महाशय का नाम है—प्रशांत शइकिया। जितेन को जब इस बार इंटरव्यू लेटर मिला तो उसके अनुभवी वृद्ध पिता ने उसे बुलाकर बहुत गंभीरता से समझाते हुए कहा, "बेटे! आजकल इंटरव्यू देने मात्र से नौकरी नहीं लगती। जब तक नौकरी देने में समर्थ अधिकारी को किसी तरह अपने पक्ष में न कर लिया जाए, तब तक नौकरी की आशा बहुत क्षीण ही समझो।"

जितेन भी जानता है कि पिता ने कोई झूठी बात नहीं कही। आज का युग ही मक्खनबाजी का युग है। दरअसल पहले के इंटरव्यू में वह समुचित भेंट पूजा का जुगाड़ कर मक्खनबाजी नहीं कर पाया, इसी से उसकी नौकरी भी नहीं लग पाई। यद्यपि इंटरव्यू लेने के लिए जो समर्थ अधिकारी आए थे, इंटरव्यू के समय उनके सभी प्रश्नों का उत्तर उसने बिना किसी हिचक के सही-सही दिया था, किंतु नौकरी उसे न मिलनी थी, न मिली।

नौकरी पाने की आशा में रात बीतते ही, बिल्कुल भोर में वह महाशय डायरेक्टर प्रशांत शइकिया के घर दौड़ा-दौड़ा गया, पिता के रिटायर हो जाने पर पेंशन की मामूली सी आमदनी पर उसके घर की दशा अत्यंत शोचनीय हो उठी थी। अतः उसके मन के भाव पिंजरे में बंद बाघ की तरह मन-ही-मन उमड़ने-

घुमड़ने लगे। अतएव नौकरी की आशा में पागल की तरह इस घर से उस घर तक, इस ऑफिस से उस ऑफिस तक चक्कर काटने लगा। आज इंटरव्यू के पहले ही प्रशांत शइकिया के बँगले पर उनसे साक्षात्कार करके किसी तरह उसे नौकरी में लगा लेने का अनुरोध करने ही जितेन वहाँ आया है। किंतु शइकिया साहब के बँगले पर शिकारी बाज की तरह आकर जब वह अंदर घुसना चाहता था, तभी 'कुत्ते से सावधान' का बोर्ड पढ़कर वह डरपोक उल्लू की तरह वहाँ से पीछे लौट आया।

अब वह सड़क पर खड़ा होकर इस बात की प्रतीक्षा करने लगा कि शइकिया साहब के बँगले से कोई आदमी बाहर आता है या नहीं। किंतु अभी तक कोई आदमी बाहर नहीं निकला। जितेन छटपटाने लगा। 'बहुत बड़े आदमी हैं' क्या इसी से परिवार का कोई आदमी बाहर नहीं निकल पाता है क्या? तो फिर नौकर-चाकर ही कहाँ मर गए? अथवा बड़े साहब के साथ रहते-रहते वे सब भी साहब हो गए क्या?

"अरे भाई! किसे ढूँढ़ रहो हो?" जितेन को बहुत देर से सामने सड़क पर खड़ा देखकर स्टेशनरी दुकानदार कुछ क्रोध में पूछ बैठा।

दुकानदार की बात सुनकर जितेन को बड़ा सकून मिला और वह दुकानदार के बिल्कुल करीब जाकर बोला, "शइकिया साहब से भेंट करने आया था, लेकिन कुत्ते के डर से सड़क पर यों ही आ खड़ा हुआ हूँ।

"शइकिया साहब से भेंट करना मेरे लिए अति आवश्यक है।" जितेन बड़े असहाय स्वर में बोला।

"भेंट क्यों नहीं कर पाओगे?" दुकानदार ने जितेन की निरीह दशा समझते हुए सांत्वना देने के स्वर में कहा, "कुत्ते के डर के मारे क्या शइकिया साहब से बिना मिले ही चले जाओगे? अरे बड़े भाई! शइकिया साहब के कुत्ते को कब्जे में करने की लाठी तो मेरी दुकान में ही है। बस दो डालमिया बिस्कुट खरीद लो। जब आपको काटने के लिए दौड़ा आए तो उसके आगे बिस्कुट फेंक दीजिएगा। फिर तो वह आपको काटने के लिए दौड़ेगा ही नहीं।"

"अच्छा, ऐसी बात है क्या?" अत्यंत आग्रह से जितेन ने कहा, "फिर दीजिए न दो बिस्कुट। कितना दाम लगेगा?"

"तीस पैसे मात्र।"

जितेन ने तीस पैसे देकर डालमिया बिस्कुट खरीदे और दुकानदार को हार्दिक धन्यवाद देता हुआ वह शइकिया साहब के बँगले की ओर बढ़ चला। फाटक पर पहुँचा। इस बार साहस करके उसने फाटक खोला और भीतर चला गया।

फाटक खुलने की आवाज सुनकर मालिक का भूटिया कुत्ता भों-भों करता हुआ बिल्कुल उसके करीब तक दौड़ आया। उसकी भयानक भों-भों की आवाज

से ऐसा लगा कि यदि एक भी पग जितेन और आगे बढ़ा तो वह उसे काटकर मार ही डालेगा। पर अबकी जितेन डरा नहीं। थोड़ी दूर पर बंदूकधारी शिकारी की तरह पाँव समेटे हुए बैठे उस भूटिया कुत्ते के आगे उसने डालमिया के दोनों बिस्कुट फेंक दिए। दुकानदार की बात बिल्कुल सच निकली। बिस्कुट पाकर कुत्ते ने भों-भों करना बंद कर दिया। वह जैसे जितेन के वशीभूत हो गया हो, इस भाव से पूँछ हिला-हिलाकर बिस्कुट खाने में मगन हो गया। इस सुयोग का लाभ उठाते हुए जितेन मकान के बरामदे में चढ़ आया और उसने कॉलिंग बेल का बटन दबा दिया। थोड़ी ही देर बाद दरवाजा खुलने की आवाज हुई।

"किससे मिलना चाहते हो?" द्वार खोलती हुई एक नवयुवती ने मुसकराते हुए जितेन से पूछा।

पायजामा कुरता पहने हुए बॉबकट बालोंवाली उस स्वस्थ युवती, जो देखने में बिल्कुल लड़का लग रही थी, की ओर देखते हुए अत्यंत विनीत स्वर में जितेन ने कहा, "मैं डायरेक्टर शइकिया महाशय का दर्शन करने आया हूँ।" उस नवयुवती ने कहा, "बैठिए! मैं आपके आने की सूचना पापाजी को दे देती हूँ।"

यह कहकर वह नवयुवती नृत्य की भंगिमा करती सी थिरकती हुई अंदर चली गई। अत्यंत चुस्त पोशाक में सुपुष्ट उभरे हुए उसके विभिन्न अंगों की थिरकन बहुत देर तक जितेन की आँखों के सामने नाचती रही।

पास में पड़े सोफे पर जितेन बैठ गया। उस गद्दीदार सोफे पर बैठकर जितेन ने ड्राइंग-रूम के चारों ओर देखा। इस बड़े हॉलनुमा कमरे को बड़ी ही सुरुचि के साथ सजाया-सँवारा गया था। चमचमाते फर्नीचर को देखते ही स्पष्टत: लगा कि दरअसल वे बहुत की मूल्यवान होंगे।

भीतर की ओर से ड्राइंग-रूम की ओर आ रहे किसी व्यक्ति की पगध्वनि सुनकर जितेन सँभलकर बैठा। लगता है, शइकिया साहब आ गए हैं! वह उठकर प्रणाम करने को तैयार हुआ। एक व्यक्ति अंदर आया।

"प्रणाम हुजूर!"

"ओह! आप साहब से मिलने आए हैं क्या?" उस व्यक्ति ने कहा, "वे अंदर ही हैं। मैं तो उनका ड्राइवर हूँ।" इतना कहकर ड्राइवर चला गया।

'धत्तेरे की! हुजूर कहने के लिए और कोई आदमी नहीं मिला!' जितेन ने मन-ही-मन कहा, 'आजकल साहब और ड्राइवर में फर्क करना मुश्किल हो गया है। चेहरा देखकर कैसे पहचान सकेंगे? किसी-किसी ड्राइवर की स्टाइल तो साहब से भी दो कदम बढ़-चढ़कर होती है। पिताजी के दफ्तर का ड्राइवर तो सरकारी गाड़ी का पेट्रोल बेचकर प्रतिदिन दस-पंद्रह रुपए ऊपरी आमदनी कर

लेता है। किसी समय पिताजी ने आक्षेप करते हुए कहा भी था—यदि क्लर्क न होकर वे ड्राइवर हुए होते तो परिवारवालों को दो जून सुख से खिला-पिला सके होते। अरे बेटे! यदि बने तो एकदम बड़े आदमी की तरह, अन्यथा एकदम छोटे आदमी की तरह चलने की कोशिश करो। इससे सुखी हो सकोगे।' किंतु यदि परिश्रम करने से ही कोई बड़ा आदमी होता तो उसके साथ पढ़नेवाला, उपमंत्री श्री बरा महाशय का बड़ा लड़का अनुपम बरा, जो बी.ए. में दो बार फेल हो गया था, बिना कोई परिश्रम किए ही चाह बागान के मैनेजर का पद हरगिज नहीं पा सका होता। पिताजी के कथानुसार वह बड़ा मनुष्य न हो पाने पर फिर एकदम छोटे आदमी सा सुखी जीवन बिताने की चेष्टा नहीं कर सका। बी.ए. पास करके भी रास्ते की मेढकी होने क्यों जाएगा? इसलिए पिता की ही तरह मक्खी मारने की क्लर्की जैसी नौकरी अब तक ढूँढ़ता फिर रहा है। चाहे जैसे भी मिले, उसे एक नौकरी जुटानी ही है। छोटे भाई को कुछ और बना पाए या नहीं, कम-से-कम क्लर्क बनने भर के लिए बी.ए. पास तो करना ही पड़ेगा। इस समय उस पर बहुत जिम्मेदारी है। पेंशन पानेवाले पिता पर, अब इस बुढ़ापे के समय और अधिक भार डालकर कष्ट पहुँचाने का साहस उसमें नहीं है।

"कहिए, आपको क्या हुआ है?"

अपने सामने खड़े पाइप पीते हुए अधेड़ उम्र के एक भारी-भरकम व्यक्ति की गंभीर बोली सुनकर, जैसे नींद से हड़बड़ाकर कोई जग पड़े, वैसे ही अपनी चिंताधारा में बाधा पाकर वह अचानक उठ खड़ा हुआ। हड़बड़ाकर वह कहना चाहने लगा—

"मैं...मैं श्री प्रशांत शइकिया को..."

"मैं ही प्रशांत शइकिया हूँ। कहिए, आपको मुझ से क्या कहना है?"

शइकिया साहब आरामकुरसी पर बैठ गए। जितेन खड़ा रहा। फिर शइकिया साहब की ओर देखते हुए हाथ जोड़कर अत्यंत विनयपूर्वक उसने प्रार्थना की, "सर, मेरा नाम जितेन चंद्र बैरागी है। पिताश्री का नाम सुखमय बैरागी है। पिताजी नौकरी करते थे। आज से दो वर्ष पूर्व वे रिटायर हो गए। उनके रिटायर होने के वर्ष से ही बी.ए. पास कर मैं नौकरी खोजता फिर रहा हूँ, परंतुअभी तक कहीं भी कुछ जुगाड़ नहीं कर पाया। आप तो सर, जानते ही हैं कि रिटायर हुआ आदमी कर्महीन गधे की भाँति चिल्ला-चिल्लाकर घर पत्थर बनाए रखता है। चूँकि पढ़-लिखकर भी मैं अभी तक बेकार पड़ा हूँ, अत: पिताजी बराबर गाली-गलौज करते रहते हैं। दूसरी ओर, पेंशन के थोड़े से पैसे से हमारे घर का खर्च उसी तरह नहीं चल पा रहा है, जैसे कि खाली तालाब में हंस नहीं तैरते।"

एक ही साँस में जितेन यह सारा कुछ उसी तरह कह गया, जैसे मास्टर के छड़ी उठाकर खड़े होने पर कोई तीसरी कक्षा का विद्यार्थी कंठस्थ कविता एक ही साँस में सुना जाता है।

"इसमें मुझे क्या करना चाहिए?" अत्यंत गंभीर स्वर में शइकिया ने पूछा।

"सर! आपके कार्यालय में लोअर डिवीजन असिस्टेंट की नौकरी के लिए जगह प्रकाशित हुई है, इसका मुझे पता लगा है। एंप्लायमेंट एक्सचेंज से डिमांड लिस्ट में मेरा नाम आ जाने के बाद आपके कार्यालय से मुझे इंटरव्यू लेटर मिला है। उसी से मैं आपके पास व्यक्तिगत रूप से दर्शन करने आया हूँ। हुजूर, जैसे भी संभव हो, इसका एक पद मुझे देने की कृपा करें।"

आरामकुरसी पर बड़े आराम से बैठकर चुरुट का पाइप पीते हुए प्रशांत शइकिया ने बड़े ध्यान से जितेन की बात सुनी, किंतु सुनकर अपने आप को ही जैसे झकझोरते हुए गुस्से से चीखे—"नौकरी-नौकरी! सबेरा होने से लेकर दिन ढलने तक नौकरी चाहनेवालों द्वारा दी जा रही परेशानी मैं और कितना सहूँगा? मैं तो एकदम थक गया हूँ।"

"हुजूर! मैं अत्यंत निरुपाय होकर आपकी शरण में आया हूँ।" बड़े असहाय भाव से जितेन ने कहा।

"ठीक है, मैं समझ गया।" शइकिया साहब ने कहा, "किंतु अंतिम रूप से सुन लो, मैं नौकरी नहीं दे सकूँगा। दो जगहों के लिए बड़े-बड़े लोगों से लेकर चेथरू-चमरू तक सभी मेरे पीछे पड़े हैं। आप जा सकते हैं।"

शइकिया साहब उठ खड़े हुए।

"हमारी दशा बहुत शोचनीय हो गई है। इसलिए विनती करता हूँ, हुजूर···।"

जितेन की बात पूरी नहीं हो पाई कि शइकिया साहब उसी तरह गरज उठे, जैसे अपरिचित आदमी को देखकर उनका भूटिया कुत्ता उसकी ओर गरज पड़ता है।

"हाँ है कि नहीं? मैं बिल्कुल नहीं कर पाऊँगा। तुम अब सीधे जा सकते हो।"

शइकिया साहब की इस कठोर गर्जना पर जितेन काठ की पुतली की तरह उनके सामने खड़ा रह गया। उसने अपने बाएँ हाथ से सिर का हिस्सा खुजलाया कि अचानक उसे अपने पिता की बात याद आ गई। शइकिया साहब के घर जब वह मिलने आ रहा था, तब पिताजी ने कहा था, 'बेटे! बिना घूस दिए आजकल कोई भी काम सफल नहीं हो पाता। यदि जरूरत पड़े तो तुम शइकिया साहब से थोड़ा पूछताछ करना कि···।'

जितेन ने शइकिया साहब के चेहरे की ओर देखकर मुसकराने की कोशिश करते हुए कहा, "सर! पिताजी ने कहा था यदि श्रीमान मुझे नौकरी में रखते हैं तो

इसके लिए जो भी आपका प्राप्य अंश है, उसे पिताजी आपके घर आकर दे जाएँगे।"

"प्राप्य अंश ?" शइकिया साहब के चेहरे पर हँसी खेल गई—"कितने तक दे सकते हो ?" सहारा पाकर जितेन तुरंत बोल पड़ा, "सात सौ, आठ सौ अथवा जरूरत के मुताबिक इससे कुछ अधिक भी।"

बिस्कुट पाकर जैसे साहब का अत्यंत क्रुद्ध भूटिया कुत्ता शांत होकर उसके मुख की ओर देखते हुए पूँछ हिला-हिलाकर संतोष दिखा रहा था, उसी प्रकार पैसे का नाम सुनकर शइकिया साहब के मुख पर से क्रोध, घृणा, चिढ़ आदि के सभी भाव क्षण में विलुप्त हो गए और अब उनका मुख पूरी तरह शांत, समुज्ज्वल हो उठा। उन्होंने बड़ी हार्दिकता से प्रेमपूर्वक जितेन के मुख की ओर देखकर कहा, "ठीक है, जब तुम किसी तरह नहीं मान रहे हो, बहुत जोर देकर पकड़ रहे हो तो लाचार होकर एक जगह तुम्हें दूँगा ही। अच्छा, नौकरी मिल जाने के बाद मेरे घर आकर जितना धन दे जाने को कहा है, उसे भूल हरगिज मत जाना।"

जितेन—"नहीं भूलूँगा सर! निश्चय ही नहीं भूलूँगा।" कहकर साष्टांग दंडवत् करके विजयी सैनिक की भाँति वह बाहर निकल आया।

पोर्टिको के चबूतरे पर अभी भी भूटिया कुत्ता बैठा है। जितेन ने उसकी ओर तिरछी नजरों से देखा। उसे देखकर उस कुत्ते ने दोनों पैरों को आगे बढ़ाकर पूँछ हिलाना शुरू कर दिया। लगता है, उसे और भी बिस्कुट की जरूरत है। किंतु अब उसने कुछ झुँझलाहट से उसे "दूर-दूर" कहा और बाहर सड़क पर आ गया। जब वह स्टेशनरी की दुकान के सामने पहुँचा तो उसे देखकर उस दुकानदार ने पूछा, "क्यों भाई! कुत्ता काटने के लिए तो नहीं दौड़ा ?"

एक अर्थगर्भित मुसकान फैलाते हुए जितेन ने कहा, "जानते हैं, एक नहीं, दो कुत्ते काटने दौड़े आए थे।"

"तो फिर काटा नहीं ?"

"नहीं, नहीं काट पाए। ज्योंही काटने दौड़े आए, त्यों ही आपके दिए हुए दो डालमिया बिस्कुट उसे खाने को देकर एक को वश में किया और दूसरे को अपने रिटायर पिता की पेंशन और ग्रैच्युटी का बड़ा भाग देने का वायदा करके शांत किया। इस प्रकार दोनों कुत्ते भलीभाँति वश में हो गए।"

इतनी बात कहकर जितेन मन के भीतर आनंद से जोर-जोर से ठठाकर हँसने लगा। उसकी बात कुछ समझकर और कुछ बिना समझे ही, समझ और नासमझ के बीच में पड़ा वह दुकानदार भी जितेन के स्वर में स्वर मिलाकर ठठाकर हँसने लगा।

□

एक टुकड़ा दुःख

—*इमरान शाह*

जमीला अभी-अभी आई है। उसके साथ चार वर्षीय बालक याकूब और डेढ़ वर्षीय शिशु हुसेन है। यद्यपि उनकी मुखश्री अत्यंत सुंदर है, किंतु भूख के मारे उनके चेहरे रुग्ण और सूखे से हो रहे हैं।

जमीला हमेशा नहीं आती। महीने में केवल दो बार ही इधर आती है या फिर कभी-कभी तीन बार। वह सदा एक ही स्थान पर नहीं जाती। घूमते-घूमते अनेक स्थानों और अनेक प्रकार के मनुष्यों से उसकी पहचान हो गई है। आज प्राय: तीन महीने बाद जमीला रजाअली आई है। रजाअली मुसलिम बस्ती का गाँव है। जमीला मुसलमान गाँवों को चुन-चुनकर उन्हीं में जाती है। खुद को भिखारनी के रूप में विचारते हुए अभी भी उसे अतिशय लाज लगती है। यद्यपि जीवन के अनुभव ने ही उसे सिखा दिया है कि भिक्षा के लिए धर्म से अधिक प्रशस्त, सुगम और सीधा रास्ता अन्य कोई नहीं है।

तीनों जब रजाअली गाँव के किनारे आ पहुँचे तो जमीला ने विचार किया कि आज वह किसके घर जाएगी? आज वह सप्लाई इंस्पेक्टर आबूसर अली, ठेकेदार हुरम्मत शाह, हाजी साहब मकसेंद अहमद और वृद्ध प्रोफेसर हकीक हुसेन के घर जाएगी। इन कुछ घरों में यदि समझ-बूझकर ठीक से बात कर सकी तो वह कम होने पर भी दस रुपया तो पाएगी ही। भिक्षा ने ही जमीला को अभिनय करना सिखा दिया है। सिखाया है खूब सुंदरता से बना-चीनाकर बात करना। एक समय की अत्यंत सीधी-सादी सरल कुमारी जमीला आवश्यकता पड़ने पर आज सहज ही छलनामयी बन सकती है। अपनी ही बात की सुधि आने पर उसे स्वयं ही हँसी आती है। तीन पेट और एक देह को बचा रखने के लिए जमीना को क्या-क्या कुछ नहीं करना पड़ा? हाय रे समाज! समाज में जीने के लिए तुमने समाज से ही

सावधान रहने को प्रेरित किया है। दो नन्हे शिशु–पेटों को भात जुटाने में समर्थ न हो पाने पर भी तुम समाज हो? अपने प्रति, मात्र अपने प्रति यदि स्वयं की ममता न होती तो इसी क्षण जमीला समाज धर्म, नीति इत्यादि सभी को दोनों हाथों के ठेंगे दिखा सकती थी, क्योंकि वह जानती है कि अभी भी उसमें यौवन विद्यमान है। यदि यौवन भी होता तो भी कोई आपत्ति नहीं थी, क्योंकि वह अतिशय सुंदरी भी है।

जमीला सप्लाई इंस्पेक्टर आबूसर अली के घर के फाटक पर आ पहुँची। प्राय: चालीस वर्षीय अली एक खानसामा लड़के को साथ ले अकेले ही यहाँ रहते हैं। लड़कों की पढ़ाई की सुविधा की वजह से अपनी पत्नी को साथ नहीं रखते।

सप्लाई में ही जब कुछ पा जाते हैं और कोई जाने या न जाने, किंतु यह बात जमीला जानती है। आबूसर अली की दोनों आँखों को वह खूब पहचानती है। उनकी बातें जमीला ने सुनी हैं। रसिकता का भाग पा चुकी है। अतएव वह थोड़ी सी सावधान रहने पर लाठी को टूटने से बचाते हुए भी साँप को मार सकती है। वह सावधानीपूर्वक सजग होकर ही भीतर गई।

“अरे, अरे यह तो जमीला को देख रहा हूँ! बैठो–बैठो। बहुत दिनों से तुम्हारा दर्शन नहीं कर सका।”

“हमारा और क्या है?” जमीना एक मोढ़े पर बैठ गई। “माँग–जाँचकर खानेवाले आदमी हैं हम। हमें क्या देखेंगे?”

जमीना इस प्रकार पहला वार बचा गई। फिर निर्विकार भाव से आँचल, जान बूझकर ही, गिराकर चोली ऊपर सरकाकर अपने सुगठित स्तनों को शिशु के मुख में लगा लिया। शुभ्र गोरे परिपुष्ठ बेलन के समान अत्यंत कड़े रूप में कसकते से बँधे हुए स्तन अबूसर अली की आँखों के आगे नाचते रहे।

बीतचीत करना भूलकर अबूसर उन्हीं की ओर अपलक निहारता रह गया। जमीना ने अन्यमनस्क भाव से छाती को और फुलाकर उभारते हुए पीठ खुजलाई। इसी प्रकार जिह्वा से होंठों को सहलाया।

तत्पश्चात् अबूसर की आँखों में आँखें डाल हठात् बोल उठी—“एक बड़ी विपत्ति में पड़ जाने से आई हूँ। यदि आपने न बचाया तो मर ही जाऊँगी। खुदा ने आपको बहुत दिया है। मुझे तो पाँच रुपया ही चाहिए। मझले को बहुत ज्वर है। दवा–दारू न खिलाने से मरने को आ गया है।”

बहुत दिनों से ही अबूसर जानता है कि जमीला की मात्र दो संतानें ही हैं। किंतु जमीला द्वारा चलाए गए प्रथम प्रहार से ही बुरी तरह घायल हो जाने के कारण वह बात उसके मन में याद नहीं आ सकी। पाँच रुपए लेकर बाहर जाने को उद्यत जमीला के प्रति, ओठ चाटते–चाटते वह मात्र इतना भर कह सका—“लौटते समय

मेरे यहाँ एक बार भीतर नहीं जा सकोगी क्या, जमीला?"

उसकी ओर देखे बिना ही जमीला ने हठात् कहा, "काम करने वाला लड़का रहेगा नहीं?"

"दोपहर बाद वह बाजार जाता है।"

जमीला चलने लगी। उसने सोचा, घर जा न सके तो भी रास्ते से तो जाना पड़ेगा। इस ओर से जाने में समर्थ नहीं हो पाएगी। यह आदमी निश्चय ही शाम के समय किताब पढ़ने का भाव दिखाते हुए अपने बरामदे में बैठा प्रतीक्षा करता रहेगा।

हुरमत शाह ठेकेदार के घर में भीतर जाकर सीधे वह ठेकेदार की बहू के पास गई। तत्पश्चात् हुरमत के पास। हुरमत शाह ने अनेक बार चाह भरी नजर से देखते हुए बार-बार उसके प्रति दया दिखलाई। जमीला का पति मनुष्य के रूप में कितना नेक और मुहरिर के रूप में कितना कुशल व्यक्ति था, इसका बखान किया। उसका सहकर्मी रजत ठेकेदार कितना बेईमान है, इसकी भी अनेक नजीरें उसने पेश कीं। रजत के कारण ही जमीला के पति को नोनियाँ के हाथों मरना पड़ा। ऐसी दशा में रजत ठेकेदार का हक था कि वह जमीला को जीवन भर खर्चा-पताई देता। किंतु उसने कुछ दिया नहीं। स्वयं के लिए मोटरगाड़ी खरीदी है। आदमी पीछे आठ आना पैसा उससे लेकर जमीला बाहर आ गई और हाजी साहब मकसेद अहमद के घर पहुँची।

घूँघट से मुख ढककर उसने हाजी साहब की सलाम (तसलीम) किया। बेटे का हाथ उठाकर उसे भी सलाम करवाया। हाजी साहब को पत्नी द्वारा दिए गए भात को खाया, फिर वहीं पर उसने सोहर (दोपहर) की नमाज पढ़ी। जमीला नमाज पढ़ना जानती है, किंतु पढ़ती नहीं। लगभग ढाई बज जाने पर वह पुनः तसलीम कर जाने को प्रस्तुत हुई।

"जमीला, अच्छी तरह हो?"

"अच्छी हूँ, अब्बाजान।"

"विपत्ति में पड़कर खुदा को भूल तो नहीं गई? नमाज-रोजा रखती हो?"

"खुदाई न रखने से यह विधवा कहाँ जाएगी, अब्बाजान!"

"मैं लिख दे रहा हूँ, तुम मेरे मुनीम के यहाँ ले जाना, वह कुछ एक रुपए देगा, लेती जाना।"

मुनीम से दस रुपए लेकर उसने प्रोफेसर हकीक के घर की खोज-खबर ली। हाजी साहब का लाखों रुपए का कारोबार है, दानी, उदार, परहेजगार आदमी हैं। प्रोफेसर हकीक बूढ़े हो गए हैं। शादी-विवाह न करनेवाले आदमी। पुस्तक, ईमान, शिक्षादान और कौम की कल्याण-कामना करते हुए समय काटते हैं।

"कौन जमीला? बैठो।"

"साहब, आपको अपना मेहरबान समझकर आई हूँ।" जमीला जानती है कि सबके लिए मुक्तहस्त प्रोफेसर भिक्षा-वृत्ति को घृणा करते हैं। वह भी अपने को घृणा करती है। किंतु स्वयं को घृणा करने मात्र से ही तो सभी समस्याओं का समाधान नहीं हो जाता।

"क्या सहायता चाहिए?"

"साहब, यह याकूब है। अब इसका नाम स्कूल में लिखा देना चाहती हूँ। कुछ सहायता करें, हुजूर।"

उन्होंने मोटे चश्मे के फाँक से याकूब की ओर देखा।

"क्या नाम है?"

"या···याकूब।"

"बगली कला···क्या है जानते हो?"

"ब···बगली तो—सफेद रंग है।"

"शाबाश! 'नहीं जानता' शब्द तो मुख में नहीं लाए। समझती हो जमीला। आजकल के लड़कों के मुचख में 'नहीं जानता' शब्द तो तसबीह की तरह है। अच्छा, इस लड़के को तुम मुझे क्यों नहीं दे देती? मैं उसे पढ़ा-लिखाकर मनुष्य बनाकर तुम्हारी अमानत तुम्हें वापस कर दूँगा।"

"वह तो हमारा भाग्य होगा हुजूर! किंतु यह दुखिया किसे लेकर रहेगी?" जमीला ने आँचल से अपनी रोती आँखें पोंछी।

"वाह! तुम तो रो पड़ी। ठीक है, अपने पास ही रखकर पढ़ाओ। जो खर्चा वगैरह हो, मेरे यहाँ से ले जाना। नाम लिखाने में कितना लगेगा?"

"मास्टर ने किताब-कॉपी में ही दस रुपए लग जाएँगे, ऐसा बताया है।"

"अच्छा, पंद्रह रुपए ले जाओ। उसे एक जोड़ा कपड़ा (पोशाक) भी तो लगेगा।"

रात को सोते-सोते याकूब ने पूछा, "माँ कुछ देर पहले उस आदमी ने तुम्हें लौटते हुए भीतर जाने को कहा था। क्यों नहीं गईं? शायद और पैसा दिया होता।"

"सोए रहो याकूब। देखते नहीं, देरी हो गई जो। घर पहुँचने में रात हो गई होती।"

"तुमने किसलिए धोखेबाजी की? हम दोनों भाइयों में से किसी को भी ज्वर हुआ नहीं। मेरा मन कह रहा था कि कहूँ कि माँ झूठ बोल रही है।"

बिना कुछ बोले जमीला ने जोर से अपने अधरों को दाँतों से काट दबाया।

थोड़ी देर बाद याकूब ने फिर पूछा, "किस स्कूल में मेरा नाम लिखा दोगी, माँ?"

जमीला कुछ भी बोल नहीं सकी। वह रो रही थी। उसकी आँखें मानो कह रही थीं—'तुम जहाँ भी रहते हो, हे खुदा, मैं तुम्हें सलाम करती हूँ। तुम स्वयं आकर याकूब के प्रश्नों का उत्तर दे जाओ। उसकी माँ होकर भी मैं उसे जहन्नुम तक ढकेले जा रही हूँ।'

"माँ-माँ, तुम सोई नहीं क्या माँ?"

याकूब सो गया। जमीला के मन में केवल हाजी साहब और प्रोफेसर की याद आ रही है। प्रयत्न करके भी वह ठेकेदार और इंस्पेक्टर के मुखों को मन से फेंक नहीं सकी।

उसकी आँखों में निद्रा नहीं है। अनुमान से जमीला हिसाब करना चाहती है कि रात पूरा होने में अभी कितना समय है!

□

अमल का मित्र, मैं

—महेंद्र बरठाकुर

कह नहीं सकता, जाने क्यों मेरा हृदय काँप रहा है! अपना पता बार-बार पढ़ रहा हूँ। लिफाफा खोलकर, चिट्‌ठी बाहर निकालकर फेंक सकता हूँ, किंतु जाने किस अज्ञात आशंकावश चिट्‌ठी खोलकर पढ़ नहीं पा रहा हूँ। विगत आठ वर्षों से मैं इस हाथ का लिखा हुआ कुछ नहीं देख सका हूँ। फिर भी यह किस हाथ की लिखावट है? बिना किसी भ्रम के विशुद्ध रूप में मैं बता सकता हूँ। अंततः कुरसी पर झुककर बैठा और पढ़ने के उद्‌देश्य से चिट्‌ठी को खोल लिया।

'परम प्रिय 'बू'

मुझे तुम 'बू' कहकर पुकारते थे, यह बात मैं अभी भी भूला नहीं हूँ। तुम्हारे मुख से 'बू' उच्चारण सुनकर मैं अतिशय प्रीत होता था। आज से डेढ़ वर्ष पूर्व नीता से भेंट हुई थी। मैंने लक्ष्य नहीं किया था, नीता ने ही मुझे पहले पहचाना था और लगभग चिल्लाकर बोली थी—ओ 'बूदा' (बू दादा), मुझे 'बूदा' कहकर पुकारना नीता ने तुमसे ही सीखा था। नीता इस समय काफी हृष्ट-पुष्ट हो गई है। एक महाविद्यालय में पढ़ाती है। डेढ़ वर्ष पूर्व यहाँ आई थी और अचानक ही हमारा साक्षात्कार हो गया था। मैंने उसे अपने घर चलने को कहा था, किंतु उसने बताया कि उसके पास इतना समय नहीं है, अतः नहीं जा सकेगी। मैंने विशेष रूप से लक्ष्य किया कि क्या उसकी माँग में सिंदूर है? किंतु नहीं, माँग सूनी थी। सोचता ही रहा कि उससे तुम्हारे विषय में कुछ पूछूँगा, किंतु इसका अवसर ही न पा सका। केवल चंद मिनटों तक अपनी ही तरफ से कुछ बातें करके नीता चली गई। उस दिन भी सारी रात तुम्हारी ही बात सोचता रहा। अब तक तुम्हारे बारे में जो कुछ भी समाचार पा सका हूँ, यह सब इस-उस मुख से सुनी हुई खबरों के आधार पर ही। विगत आठ वर्षों से तुम अपने बारे में बिना कुछ सूचित किए हुए पड़े हो। क्या यह उचित

था? तुम्हीं बताओ मैं किस विधि से तुम्हारा समाचार पाऊँगा? तुम कहाँ हो, किस प्रकार हो, क्या करते हो? यह सब मैं कैसे जान सकूँगा? फिर भी तुम्हें देखने के लिए मेरा मन आकुल-व्याकुल हो उठा है। इसके-उसके मुख से तुम्हारे संबंध में जितनी भी खबरें सुन चुका हूँ, उन खबरों ने मुझे रोमांचित कर दिया है। तुम्हारे प्रति मेरा अनुराग तीव्र हो उठता है।

निश्चय ही तुम अच्छी तरह हो।

मैं जिस प्रकार अच्छे-बुरे का विचार करता हूँ, तुम भी क्या उसी रूप में करते हो? हाथ में रुपया-पैसा रहने पर, इच्छानुयायी कार्य कर सकने पर, दुःख-दर्द न होने पर मैं अच्छा होना अनुभव करता हूँ। किंतु अच्छा होने की तुम्हारी धारणा मुझसे तो मिलती नहीं। डेढ़ हजार रुपए जैसा वेतन पाते थे, जिस सुंदर, सुसज्जित फ्लैट में रहते थे, वैसी शानदार नौकरी तूने छोड़ दी, विश्वविद्यालय का सर्टिफिकेट फाड़ फेंका और उसके बदले मनुष्य का कल्याण करने के उद्देश्य से अज्ञातवास करना आरंभ कर दिया। लगातार कई एक वेला बिना खाए-पिए काटते हुए, तीक्ष्ण धूप में, घनघोर वर्षा में, पहाड़ों में, जंगलों में तुम भटकने लगे। तुम्हारे माता-पिता तुम्हारा कुछ समाचार जानते नहीं, तुम्हारे इष्ट-मित्र जानते नहीं, तुम्हारे यौवन का सारा सपना, जिसे केंद्रीय लक्ष्य बनाकर सर्जित किया हुआ था, वह नीता भी तुम्हारा कोई समाचार जानती नहीं। कहाँ, मैं भी तो उन्हें छोड़ कुछ अलग अस्तित्व नहीं रख सका। माता-पिता, भाई-बहन सबके स्नेह और प्यार में मैं बंदी हूँ और बंदी हूँ रुन और मून को लेकर। रुन संबंधी समस्त क्रिया-कलाप तो तुम जानते ही हो। उसी रुन से मैंने विवाह किया है। रुन अब माँ बन गई है। मून हमारी (मेरी और रुन की) प्रिय संतान है। रुन-मून के अच्छी तरह रहने का मतलब है, मेरा अच्छी तरह रहना। किंतु तुम्हारे लिए अच्छी तरह रहने का मतलब क्या ऐसा ही है? लगभग डेढ़ हजार रुपए वेतन का पद पाकर भी तुम अच्छी प्रकार, आनंदपूर्वक रह सकते हो, यह बात तुम समझ ही नहीं सके। तुम लोगों की इच्छा के अनुरूप ही, तुम्हारे और नीता के, दोनों के ही घरों के उत्साह एवं उत्तेजनापूर्ण वातावरण में तुम्हारे विवाह का प्रबंध हुआ था, किंतु नीता का पाणिग्रहण करके ही तुम अच्छी तरह रह सकोगे, यह बात तुम सोच ही नहीं सके। बहुत दिन पहले एक दिन तुमने ही कहा था, "जानते हो, वास्तविक रूप में अब हम अच्छी तरह रह ही नहीं सकते। तुम या मैं, अच्छी तरह हैं, बस इतने से ही अच्छी तरह होना समझ नहीं पड़ता। यदि हम सभी लोग खाने पा रहे हो, रहने का स्थान पा रहे हो—वह भी अच्छी तरह रहना है और यदि हम सभी लोग खाने को कुछ न पाएँ, रास्ते, फुटपाथ पर पड़े हों—तो उस अवस्था को भी अच्छी तरह रहना कह सकते हैं। किंतु इस

समय जैसी स्थिति में हम हैं, उसे अच्छी तरह रहना नहीं कह सकते।" तुम्हारी ये कुछ बातें मुझे पूर्णत: स्मरण हैं। यदि इसी अर्थ में तुम मेरे अच्छी तरह रहने या न रहने की बात पूछी तो मैं उसका उत्तर नहीं दे पाऊँगा।

एक दिन काफी दूरी पर, कचहरी के सामने गुन फूफा को देखा था। एक बार उनके सामने जाने की अत्यंत उत्कट इच्छा हुई थी।

गुन फूफा की सारी खबरें क्या तूने पाई हैं? गुन फूफा अब पहले के गुन फूफा नहीं रहे रे! जो गुन फूफा अकेले ही एक पूरा का पूरा कटहल खा सकते थे, बिना दाव (बड़ा छुरा खुखरी जैसा) या कटारी की सहायता के ही एक पूरा नारियल खा सकते थे, चार बतखों का मांस अकेले ही खा सकते थे, केले के पत्ते पर पसरे ढाई सेर चावल का भात निमिष में ही खाकर समाप्त कर सकते थे, उसी गुन फूफा की दशा अब हाड़ोहाड़ (कंकालमात्र) हो गई है। बात करने का सुयोग पाते ही जो गुन फूफा अपनी आँखों देखे हुए मान—अत्याचार की घटना से लेकर मनिराम पियाली फूकन की फाँसी तक की घटना का वर्णन कर सकते थे, वे ही गुन फूफा इस समय कोई बात ही नहीं कर पाते रे! नदी के उस पार के वट वृक्ष और उसके नीचे के ढूह पर बैठे रहनेवाले वृद्ध व्यक्ति की बात तो लगता है, गुन फूफा पूरी तरह भूल ही गए हैं। इस गुन फूफा से ही बचपन में उस वृद्ध की बातें मैंने सुनी थीं। उस समय से ही सूर्यास्त के बाद तो उस दिशा में जा ही नहीं सकता हूँ, दिन के समय भी अकेले उधर जाने में डर लगता है। सुना था कि गुन फूफा आधी रात तक उसी वट वृक्ष के नीचे के ढूह पर बैठे रहते थे। गुन फूफा का छोटे बेटे बापू ने ओत राम शर्मा को कुदाल से मार डाला है। बापू राम शर्मा के घर का हलवाहा (खेत जोतनेवाला) था। राम शर्मा के मुख के बारे में तो जानते ही हो। बहुत बड़ा मुँहजोर व्यक्ति! मनुष्य को कभी मनुष्य समझ ही नहीं सकता। खेत को हल से जोतते समय राम शर्मा ने बापू को जाने कितनी सारी गालियाँ दी थीं। जवान लड़का। दिमाग का खून खौल उठा। हाथ में आई कुदाल उसने राम शर्मा के सर दे मारी। तदनंतर स्वयं ही थाने चला गया।

इसके कुछ दिन बाद ही फूफा की बड़ी लड़की भुनू की कलंकित-कथा सर्वत्र फैल गई। उसके चाचा या काका के लड़के के साथ जो भुनू से दस वर्ष छोटा था। उसे लेकर तो पूरा शोरगुल हुआ। मुहल्ले और पड़ोसियों ने फूफा को जाति बहिष्कृत कर दिया। तीस वर्ष वय तक की कन्या का विवाह न करके घर में बिठाए रखने के कारण फूफा-फूफी को ही सारे कलंक का उत्तरदायी ठहराया। एक दिन भुनू चुपचाप उस लड़के को लेकर पलायित हो गई। कहाँ गई? कोई नहीं जानता। भुनू के चले जाने के एक सप्ताह या दस दिन बाद ही फूफी ने गले

में फाँसी लगा ली। बापू अभी भी जेल में है, गुन फूफा घर की अवस्था इस समय कैसी है, इसकी कोई सूचना मुझे नहीं है। बहुत दिनों से मैं भी गाँव नहीं जा सका हूँ। इन लोगों (अपनी पत्नी और बच्चे) को गाँव के घर ले जाते ही ये बीमार पड़ जाते हैं। यहाँ इन्हें अकेला छोड़कर जा नहीं सकता। अतएव, नौकरी और परिवार लेकर इन्हीं में व्यस्त हूँ। बहुत दिन पहले निताई ने जमाई बाबू की विशृंखलित (विपत्तिग्रस्त) अवस्था देखकर कहा था, 'इस श्रेणी के ये मनुष्य युग-युगांतर से इसी प्रकार का जीवन बिता रहे हैं। यदि इसके लिए कुछ नहीं कर सका तो ये इसी दशा में रह जाएँगे।' आज भी संभवतः तुम कहोगे—"गुन फूफा कोई विशेष आदमी नहीं है, गुन फूफा अनेक हैं। एक गुन फूफा को अपनी आँखों के सामने देखकर घर जाकर उसके लिए मन खराब करने (चिंतित होने) से कोई लाभ नहीं, कोई लाभ नहीं, यह तो मैं भी समझता हूँ, किंतु कर ही क्या सकता हूँ?"

"तत्पश्चात् आजकल तुम भाषण वगैरह कैसा दे रहे हो?"

"भाषण! क्यों तुम मेरा उपहास कर रहे हो? मेरी चुटकी ले रहे हो? हाँ, विश्वविद्यालय में जब पढ़ता था, तभी जो छात्र नेता था, सो था। अनेक आंदोलनों का पुरस्कर्ता था। हड़ताल, जुलूस, शोभायात्रा, धरना इत्यादि अनेक आंदोलनों का सफलतापूर्वक संचालन मैंने किया है। किंतु तुम इन सब में तब कोई हिस्सा नहीं लेते थे। तुम केवल पुस्तक पढ़ते थे। फॉरेस्ट्फील्ड की उन विराट्-विराट् जन-सभाओं में वक्तृता देने के लिए कितनी ही बार मैंने तुमसे अनुरोध किया था। किंतु तब तुम माइक के सामने खड़े होना भी नहीं चाहते थे। एक दिन, केवल एक दिन तुमने भाषण दिया था। एक दिन ही तुम्हारा वाक्-कौशल मैंने देखा था। उस एक दिन ही तुमने मेरे विरुद्ध तीव्र प्रतिवाद किया था। संभवतः तुम्हें याद न हो, किंतु मुझे खूब अच्छी तरह याद है। हम लोगों ने पिछड़े वर्ग का वार्षिक सम्मेलन आयोजित किया था। प्रात:काल मैंने जो दो मील लंबी शोभायात्रा सफलतापूर्वक संचालित की थी, उस सफलता से ही मैं भाव-विभोर था। संध्या समय लगभग पाँच हजार जनता की जनसभा जुटी थी। उसमें मैं अत्यंत ऊँचे उत्तेजित कंठ से भाषण झाड़ रहा था। पिछड़े वर्ग के न्यायोचित अधिकारों को सरकार नहीं मानती, उनकी अवहेलना करती है। इस घोर अन्याय के लिए मैं अत्यंत कठोर शब्दों में सरकार की निंदा कर रहा था। (यद्यपि सरकार से दस हजार रुपया अनुदान के रूप में पा चुका था और सम्मेलन को संबोधित करने के लिए माननीय मुख्यमंत्री को आमंत्रित भी कर आया था) मेरे भाषण पर थोड़ी-थोड़ी देर पर तालियाँ बज रही थीं और वैसे-ही-वैसे मेरी उत्तेजना और बढ़ती जा रही थी।

मैं ऐसी वज्रमुष्टि का प्रदर्शन करता हुआ ऐसा उत्तेजक भाषण दे रहा था,

मानो उसी क्षण मैं उस सरकार को उखाड़ फेंक सकता था। ऐसे समय में अकस्मात् तुमने मेरे हाथों से माइक को जैसे छीन लिया, तुम्हारा मुख आश्चर्यजनक रूप से लाल हो गया था और दोनों आँखें आग के धधकते गोले की तरह जल रही थीं। तुमने कहा था—'इस प्रकार के सम्मेलनों के आयोजन से दरिद्र किसानों का पेट नहीं भरेगा और यदि सम्मेलन करना ही है तो इस सम्मेलन में यह प्रस्ताव पारित किया जाए कि हमारे जो पढ़े-लिखे बेकार भाई पड़े हैं, उनमें से पचास प्रतिशत को तुरंत नौकरी देनी होगी, हमारे लड़के-लड़कियों को शिक्षा का समुचित सुयोग देना होगा, उसके बाद भले ब्राह्मण सम्मेलन, कायस्थ सम्मेलन, कलिता, कैवर्त, मेस, बड़ी-बड़ी (और भी पिछड़े वर्ग की अनेक उपजातियों) के मुसलमान, ईसाई, सिख, जैन, असमीया भाषी, बांग्ला भाषी, हिंदी भाषियों आदि के अनेक सम्मेलन आयोजित हों। मध्यवित्त वर्ग के नेतृत्व को सुरक्षित करने का मार्ग ये लोग सुगम बना लें। प्रस्तावों के विप्लव को, हड़ताल, असहयोग और सत्यग्रहों के विप्लव को मैं यथार्थ विप्लव के विरोधी रूप में ही मानता हूँ।" तुम्हारी ऐसी बातें सुनकर एक मुहूर्त के लिए वह विशाल जनसमुद्र निस्तब्ध हो गया। उसमें मधु-गुंजार होने लगा।

तुमने जोर देकर फिर कहा, "समस्त पृथ्वी पर दो ही श्रेणियों के लोग बसते हैं—एक श्रेणी का नाम है विलासभोगी और दूसरी का श्रमिक। अर्धहारी। इनके बीच और कोई धर्म नहीं है।" संप्रदाय नहीं है। भाषा नहीं है और कुछ भी नहीं है। यह कहकर तुमने एक झटके से अपने ब्राह्मणत्व के प्रतीक यज्ञोपवीत को तोड़ फेंका और ठीक उसी क्षण तुम्हारे कपाल पर, सर पर ईंट-पत्थरों के कई टुकड़े आकर धड़ाम-धड़ाम लगे और तुमुल युद्ध सा होने लगा। एक सुसंगठित सभा को इस प्रकार विनष्ट करने के लिए केवल तुम्हें ही नहीं, अपितु तुम्हारी जाति-बिरादरी के अन्य लोगों पर भी दोषारोपण किया गया और इसे पूर्व-परिकल्पित योजना के रूप में माना गया। विशेषकर इस करण कि भाषण के जोश में तुमने कुछ अप्रासंगिक बातें भी कही थीं। इस घटना के बाद से ही तुम्हारी और मेरी मित्रता में फर्क पड़ गया था। सच कहने में संकोच क्या है, तब तो ऐसा सोचने का मन होता था, जैस तुम वस्तुतः मेरे शत्रु हो! एक दिन मेरे पास आकर तुमने कातर भाव से कहा था—"मेरे पिता-पितामहों की भूलों के लिए यदि तुम लोग मुझे दोषी ठहराते हो, तब तो मैं निश्चय ही असहाय बोध करता हूँ, कर ही क्या सकता हूँ? परंतु क्या यह जानते हो कि जब तक मनुष्य को मनुष्य के रूप में ग्रहण नहीं किया जाएगा, तब तक तुम लोगों में भी वांछित परिवर्तन आना असंभव है, आ ही नहीं सकता। मनुष्यों में—हमारे इन दाने-दाने को तरसते हुए मनुष्यों में—ब्राह्मण, अहोम, कलिता कैवर्त्य, हिंदू-मुसलमान, तपसिली उपजाति, पहाड़, समतल, जो

जहाँ जिस विधि है, बना रहे—प्रतिक्रियाशील शक्तियाँ अपने हाथ में नेतृत्व की क्षमता बनाए रख सकती हैं और यह जो तुम लोगों का आंदोलन है—बंद का आयोजन किया, उपवास किया—इस सबसे कौन सा परिवर्तन ला सकोगे?"

तुम्हारी ये सब बातें सुनकर मुझे मन-ही-मन बहुत क्रोध आ रहा था। तुम्हारा आग्रह, तुम्हारी एकाग्रता, तुम्हारी आंतरिकता—समझ पाने लायक मानसिक अवस्था उस समय मेरी नहीं थी। सच कहें तो इस घटना के बाद ही हमारे संबंध पूर्णतः विच्छिन्न हो गए। उसके पश्चात् मैं नौकरी में जुट गया। तुमने भी कुछ दिनों तक नौकरी की। मेरा विप्लवी कंठ अवरुद्ध हो गया और एक दिन सुना, तुम भी न जाने कहाँ लापता हो गए हो। केवल एक पत्र नीता को लिखकर, बस इतनी सी सूचना उसे तुमने दी थी कि "यदि संभव हुआ तो एक नए संसार में हमारा मिलन होगा।" नीता को लिख गए उस पत्र का यह वक्तव्य नीता के पिताजी ने ही मुझे बताया था। नीता संभवतः उसी नूतन संसार की खोज में अभी भी प्रतीक्षारत है। अभी तक वह माँग में सिंदूर नहीं भर सकी है। तुम्हारी प्रतिश्रुति का पूरी तरह पालन करती जा रही है। तुम सर्वात्मक (परिपूर्ण) विप्लव चाहते हो और मैं ऑफिस के फाटक के सामने कुछ पिकेटिंग करनेवालों को देखकर ही संतुष्ट हो गया हूँ। तुम जिसे परिवर्तन का विरोधी कहते हो, मैं वहाँ कुछ न हो पाने की जगह यही सब होता रहे, यही अच्छा समझता हूँ। तुमने जो पथ निश्चित किया था, उसी पथ पर बढ़े जा रहे हो। मैं रास्ता खोजते हुए रास्ते पर लग गया हूँ, लक्ष्य निर्धारित करके नहीं। गुन फूफा के लिए मैं केवल दुःखी ही होता हूँ, भुनू को आश्रय नहीं दे सकता।

अमल! तुम्हारे कपाल के घाव का निशान क्या अभी भी उसी प्रकार बना हुआ है? तुम्हारी बातें अभी याद आती हैं, तभी उस दिन तुम्हारे कपाल पर पड़े ईंट-पत्थर के टुकड़ों के आघातों की याद हो आती है। उस दिन क्या तुम्हारे माथे में खून चढ़ गया था? यज्ञोपवीत तोड़कर फेंकने के कारण तुम्हारे घरवालों ने तुम्हारा परित्याग कर दिया। तुम्हें घर से निकाल दिया। तुम्हारे बड़े भाई ने अपनी अश्रुपूरित आँखों को पोंछते हुए मुझसे कहा था—"भाई मर गया। यह समझकर हाँड़ी-मटुकी सब फेंक आया हूँ।" ऐसा कहते हुए तुम्हारे भाई की भाव-विह्वल आँखों की ओर देख, उस दिन मेरी भी आँखें छलछला आई थीं।

"अच्छा अब प्रकृत (असली) बात पर आऊँ। तुम्हारे पास मेरी एक चीज है…"

"चीज? कौन सी चीज? मेरे पास तुम्हारी कौन सी चीज रह गई है? नीता की लिखी कुछ चिट्ठियाँ? वही, जब विश्वविद्यालय में पढ़ता था, उस समय की

चिट्ठियाँ। रुन के पास उन्हें मैंने रख दिया है। किंतु उन सबसे तुम्हारा क्या प्रयोजन? नीता के साथ अपने संपर्कों की बातें आज भी मन में सँजोए हुए हो क्या? यदि सचमुच उनकी स्मृति बनाए हुए हो तो फिर इस प्रकार वनों-जंगलों में चक्कर लगाते क्यों भटक रहे हो? अथवा अपने चित्र के बारे में कह रहे हो? संभव है, ऐसा लगता है, तुम अपने चित्र की बात ही लिखे हो! किंतु उस चित्र का अब तुम्हें क्या प्रयोजन? क्या पुलिस तुम्हारा पीछा कर रही है? यदि ऐसा हो तो फिर?"

"मैं जिस किसी एक दिन-रात में तुम्हारे घर आ जाऊँगा। निश्चय ही एक रात भर के लिए घर में ठहरने दोगे? अधिक नहीं, मात्र एक रात के लिए। क्यों रे, रहने दोगे तो?"

"क्यों नहीं ठहरने दूँगा, भला तुम्हीं बताओ? तुम्हें देखने के लिए, तुम्हारा संग पाने के लिए, तुमसे बातें करने के लिए मैं कितनी आतुरता से अपेक्षा कर रहा हूँ! तुम समझ भी कैसे सकोगे, अमल! तुम्हारे माथे की चोट की याद आते ही आज भी सारा शरीर सिहर उठता है। मन करता है, तुम्हारे माथे की चोट का वह निशान मैं पोंछकर साफ कर दूँ। वस्तुतः मैं प्रकृत्या तुम्हें बहुत-बहुत प्यार करता हूँ, यह बात संभवतः तुम जानते भी नहीं। तुम्हारे सापीप्य से दूर रहते जितने ही दिन अधिक बीतते जा रहे हैं, मेरे लिए तुम उतने ही अधिक परिमाण में उज्ज्वल से उज्ज्वलतर होते जा रहे हो। केवल एक रात ही के लिए क्यों, सदा के लिए मैं अपनी समस्त सेवा और सर्वतोभावेन आतिथ्य-सत्कार से, हर प्रकार के यत्न से, तुम्हें अपने यहाँ रखने को प्रस्तुत हूँ। विश्वास करो अमल! केवल मैं ही नहीं, रुन भी तुम्हारे प्रति श्रद्धा करती है। तुम आना अमल, तुम अवश्य आना…। किंतु तुम भागे-भागे क्यों फिरते हो? क्या सच में पुलिस तुम्हारा पीछा कर रही है? मेरे घर भी यदि पुलिस तुम्हारा पीछा करती हुई आ जाए? मुझसे कुछ कैफियत चाहे? मेरी नौकरी के संबंध में कोई गड़बड़ी पैदा हो जाए? मेरी नौकरी में प्रोन्नति का समय बिल्कुल सन्निकट है।…अमल! तुम राजनैतिक शत्रु के रूप में यहाँ मत आना। पहले मैं भी भारी-भारी भाषण देकर विप्लव लाना चाहता था, किंतु आजकल नहीं चाहता। नौकरी न रही तो रुन को क्या खिलाऊँगा? पिताजी की बीमारी की चिकित्सा कैसे करवाऊँगा, बहन का विवाह क्या देकर कर पाऊँगा? मैं नहीं सँभाल पाऊँगा, अमल! मैं नहीं कर सकूँगा। मैं अत्यंत भीरू हूँ। मैं उसी सुविधावादी मध्यवित्त वर्ग का प्रतिनिधि हूँ। मेरी खींचा-खाँची किए बगैर तुम सब जिस रूप में परिवर्तन लाना चाहो, अपनी मरजी मुताबिक परिवर्तन ले आओ, किंतु मुझे क्षमा करो। तुम मत आना अमल! तुम्हारे सामने मुँह ढकनेवाला चेहरा खोलकर फेंकते समय मैं अत्यंत लज्जित हो जाऊँगा, ग्लानि से गड़ जाऊँगा।

बिना इसके मेरे लिए और कोई उपाय नहीं। विप्लव मैं आज भी करता हूँ—जैसे वेतन बढ़ाने के लिए विप्लव। पदोन्नति हेतु विप्लव, अधिकाधिक सुविधा प्राप्त कर लेने के लिए विप्लव! इस प्रकार के विप्लव मैं कर सकता हूँ, किंतु मनुष्य को बचाए रखने, जीवित रखने के मार्ग सुनिश्चित करने के लिए किए जाने वाले विप्लव से मैं डरता हूँ। हाँ, मैं भीषण भय पाता हूँ। मुझे क्षमा करो, मुझे क्षमा कर दो, अमल!

□

मँगलू महाजन

—*नगेंद्रनाथ बरुआ*

मँगलू महाजन, दरअसल कोई महाजन नहीं था, बल्कि हमारे इलाके का एक मशहूर चोर था। वैसे मँगलू भले ही चोर था, लेकिन उसका अपना खुद का बनाया हुआ कुछ नियम-विचार था, जिसका वह कड़ाई से पालन करता था। जैसे कि चोरी तो उसकी जीविका का साधन थी ही, अतः चोरी तो करता ही रहता था, परंतु वह कभी भी गरीब आदमी के घर चोरी नहीं करता था। दुःखी-पीड़ित गरीबों के लिए उसके मन में सहज सहृदयता थी और वह विपत्ति पड़ने पर अपनी शक्ति भर उनकी सहायता किया करता था। इसी से वही सारे लोग उसे चोर न कहकर बड़े प्यार से 'महाजन' कहकर पुकारते थे।

जब मैं अभी बच्चा था तो मेरी भेंट कभी-कभार मँगलू से हो जाया करती थी, विशेषकर तब, जब वह जेल की सजा से छूटकर आया होता। तब का मँगलू का व्यक्तित्व, हाथ की कई उँगलियों में बेसकीमती अँगूठियाँ, बदन पर रेशमी कुरता, मशहूर सेनगुप्ता कंपनी की लहराती धोती, हाथ की उँगलियों के बीच दबी दामी सिगरेट और पैरों में चमचमाता काला पंप-जूता। ऐसे आदमी को भला कौन चोर समझ सकता है? परंतु हम जाननेवाले सभी जानते थे। कभी-कभी भेंट हो जाने पर उससे मैं पूछ बैठता—"महाजन दादा! इधर किस ओर जा रहे हो?" महाजन कहते—"अरे इसी फुलुंगू की ओरः मेरे कुछ रुपए उधार दिए पड़े हुए हैं, उसे ही वसूलने जा रहा हूँ।"

फिर मैं और कुछ नहीं पूछता। बहुत संभव है कि साथ-साथ की गई किसी चोरी के कारनामे की हिस्सेदारी के ही रुपए हों।

जब कभी मँगलू मौज-मस्ती की तरंग में होता तो वह बैठे-बैठे हम लोगों को अपनी साहसिक घटनाओं की कहानियाँ सुनाता रहता।

मँगलू का उस्ताद घासीराम था। वैसे घासीराम बिहार का मूल निवासी था।

जीविका की खोज में इधर आ गया था और हमारे गाँव में एक लोहसाय (लोहे के कृषि यंत्रों के बनाने और मरम्मत करने की दुकान) उसने बैठा ली थी। मगर यह दुकान तो बस ऊपरी दिखावे की थी। वास्तविक रूप से तो घासीराम का काम चोरी करना, छोटी-मोटी डकैतियाँ डालना और अगर किसी को अकेले में पा गया तो उसका सबकुछ लूट लेना था, यहाँ तक कि जरूरत पड़ने पर खून-कत्ल कर देना भी।

शुरू-शुरू में जब अभी मँगलू बारह वर्ष का बच्चा था, तब घासीराम ने उसे अपनी दुकान में एक बाल मजदूर के रूप में रखा। मगर शीघ्र ही उसे अपने असली काम में भी लगा दिया। शुरुआत में तो घासीराम ने उसे दीवार में सेंध काटने, सेंध से होकर मकान के अंदर घुसने और फिर भीतर से बंद दरवाजों की सिटकिनी (किल्ली) खोल देने के काम में लगाया। यह धंधा जाड़े के पूस-माघ महीनों में अधिक कारगर होता। पूस की कड़कड़ाती सर्दी में केवल एक अँगोछा और बनियान पहनकर ही काम पूरा करने में मँगलू को भयंकर ठिठुरन से बहुत कष्ट होता था, इसी से उसने भाँग खाना, बीड़ी पीना सीख लिया। जाड़े की रातों में दो गोला भाँग का चढ़ा लेने पर जाड़ा कम लगता है। ऐसे में ही एक बार एक दुर्घटना हो गई। उस दफा मँगलू सेंध के अंदर नहीं घुसा था बल्कि खुद घासीराम ही अंदर दाखिल हुआ था। मँगलू दरवाजे के सामने एक कोने में गुट्टी-मुट्टी मारकर सटा सिकुड़ा बैठा था। इसी बीच क्या देखता है कि अँधेरे-अँधेरे में ही सदर दरवाजा खुल गया। उस खुले दरवाजे से बाहर निकलकर एक आदमी बरामदे में आ बैठा और फिर उसने पीने के लिए बीड़ी सुलगाई। मँगलू ने समझा, निश्चय ही घासीराम ही अंदर से बाहर निकला है। सो वह करीब गया और बोला, "अगर एक बीड़ी और हो तो जरा मुझे भी देना। बहुत ठंड लग रही है।"

इतना सुनते ही वह आदमी चिल्ला पड़ा, "तू कौन है रे? अरे चोर, चोर, चोर!" अब तो भागने के अलावा मँगलू को और कोई चारा ही नहीं था। भागते-भागते बहुत दूर निकल आने पर एक बड़े वट वृक्ष की छाया में बैठा काँपता रहा। इधर घासीराम भी दौड़ता-भागता हाँफता-हाँफता वहाँ आ पहुँचा। उसे देख मँगलू ने पूछा, "उस्ताद! आखिर यह सब हुआ कैसे?"

"अरे कुछ मत पूछो।" घासीराम ने कहा, "आज तो बस हम दोनों मार ही डाले गए होते। अरे, वह मैं नहीं था। वह तो खुद घर का मालिक था।"

"अरे वाह! भला मालिक को इस तरह अँधेरे में चोर की तरह दरवाजा खोलना चाहिए?"

"यही तो समझने की चीज है।" घासीराम ने बतलाया—"संभवतः उसने सोचा कि घर के सभी बाल-बच्चे सो रहे हैं, अगर जोर से दरवाजा खोलूँगा तो उसकी आवाज से उनकी नींद उचट जाएगी। खैर, लेकिन इस तरह करने से ही क्या उससे बीड़ी माँगने जा सकते हो?"

"अब इस घुप्प अँधेरे में भला में कैसे समझूँगा कि कोई चोर है या खुद मालिक?"

मँगलू और घासीराम के दिन मौज-मस्ती में ही बीत रहे थे। मगर महाविपत्ति तो तब आ पड़ी, जब वे गाँव के ही मुखिया के घर चोरी करने गए। और वह भी मुखिया के मझले बेटे की ठीक शादी के बाद ही दूसरी रात को। यह घटना मँगलू के जीवन में एक घातक चोट मार गई। विशेषतः इस कारण कि मुखिया के इसी मझले बेटे वीरेंद्र के साथ एक ही पाठशाला में, एक ही कक्षा में वह साथ-साथ बैठकर पढ़ा हुआ था। उस बार तय यह हुआ था कि विवाह के दूसरे दिन की आधी रात में सेंध लगाकर वीरेंद्र के घर में घुसा जाएगा और सबकुछ लूट लिया जाएगा। ठीक आधी रात को जब सभी लोग सो गए, तभी घासीराम नव-विवाहित वर-कन्या के घर में घुसा। मँगलू उधर पहले से ही पलंग के नीचे छिपा बैठा ही था। सो मौका देखकर उसने अपने गुरु के लिए दरवाजा खोल दिया।

सारा अभियान ठीक-ठाक ढंग से चल रहा था। अब बस सबकुछ पूरा होने को ही था कि लगभग अंतिम घड़ी में बड़े कटोरे से किसी का पैर टकरा गया और कटोरा झनझनाता हुआ नीचे गिर पड़ा। दूल्हा-दुलहन दोनों जाग गए। दूल्हे ने घासीराम को पहचानते ही शोर करना शुरू कर दिया—"अरे तू तो घासीराम ही है न? साला चोर कहीं का! पकड़ो-पकड़ो, चोर-चोर।" बचने का कोई और उपाय न देखकर घासीराम ने अपने हाथ की मोटी लाठी की एक भयानक चोट वीरेंद्र के सर पर दे मारी। एक भयातुर चीख के साथ वीरेंद्र धरती पर लुढ़क गया और इसी मौके का फायदा उठाते हुए वे दोनों ही भाग गए।

मगर बात यहीं खत्म नहीं हो गई। पुलिस आई। गुप्तचर भी लगे। घासीराम गिरफ्तार हो गया। गिरफ्तारी का काम थाने के दरोगा पाहीराम ने ही पूरा किया। लूट-डकैती और हत्या के अभियोग में पुलिस ने घासीराम और मँगलू का चालान कर दिया।

लगभग दो वर्षों तक मुकदमा चल चुकने के बाद प्रमाण के अभाव में मँगलू छूट गया। मगर घासीराम को फाँसी की सजा हो गई। इस घटना का वर्णन करते-करते मँगलू अपनी उम्र के अंतिम दिनों तक आँसू बहाया करता

था। कहता था—"वीरेंद्र की युवती विधवा की खाली माँग देखकर मेरा कलेजा फटने लगता है। उसका मुँह बिल्कुल मेरी बड़ी बिटिया जैसा ही तो है; बेचारी!"

फाँसी दिए जाने के एक दिन पहले शायद जेलर ने घासीराम से पूछा था कि अब इस अंतिम घड़ी में तुम्हारा मन कौन सी चीज खाने को करता है? उत्तर में उसने कहा था—"इस समय मेरा मन पाहीराम दरोगा का कलेजा खाने को बहुत लालायित हो रहा है।" मगर पाहीराम दरोगा का कलेजा खाए बगैर ही घासीराम फाँसी के फंदे पर झूल गया।

इस घटना से मँगलू को ऐसा झटका लगा कि उसने फिर बहुत दिनों तक डकैती तो क्या, चोरी भी नहीं की। मगर अफसोस कि फिर नाना प्रकार के अभावों ने उसे इस ओर खींच लिया।

मेरे पिताजी ने उसे कक्षा छह तक पाठशाला में पढ़ाया था। एक बार उसने मेरे ही घर में सेंध मार दी। उस चोरी की खानतलाशी में पुलिस को कुछ टूटे-फूटे बरतन मिले, जिनमें से एक पर मेरे पिताजी का नाम खुदा देखकर पुलिस पिताजी को माल की पहचान करने के लिए थाने बुला ले गई। थाने में मेरे पिताजी को देखकर उसे बड़ी लज्जा महसूस हुई। पिताजी ने भी अपने शिष्य की ऐसी गुरुदक्षिणा देखकर पूछा, "अरे! क्या मैंने तुम्हें पढ़ाया नहीं था? तूने मेरे घर में ही सेंध लगाकर चोरी कर डाली?"

"क्या करता गुरुजी?" मँगलू ने उत्तर दिया, "बड़ी मुश्किलों में दिन गुजार रहा था, दाने-दाने को मोहताज हो गया था। नहीं तो मेरी आप के घर चोरी करने जाने को बिल्कुल ही इच्छा नहीं थी।"

मँगलू चोर भले था, फिर भी उसमें बड़ी सज्जनता थी। गाँव में जब कहीं चोरी होती तो प्राय: ही लोग मँगलू को जा पकड़ते। यदि उस चोरी में सचमुच ही उसका हाथ न होता तो वह साफ-साफ बता देता—"अरे बाबा! मैं तो पिछले एक हफ्ते से कमर के दर्द से इतना परेशान हूँ कि घर से बाहर ही नहीं निकल सका। मैं इस लफड़े में नहीं हूँ, जाओ। फुलूंगु के देवेन के यहाँ जाकर पता करो। मुझे जान पड़ता है कि इसके पीछे वही है।"

उस बार अतुल की दुकान में चोरी हुई। अतुल ने मँगलू को जा पकड़ा। मँगलू ने साफ-साफ बता दिया—"हाँ भाई। लेकिन मैं ज्यादा कुछ तो लाया नहीं। बस एक पलड़ा चावल, थोड़ी सी दाल और दो कंबल। बस इतना ही। दरअसल इस जाड़े में बड़ी कड़की में पड़ गया था।"

एक दिन रात बीतते-न-बीतते बड़े सवेरे ही मेरे दरवाजे मँगलू हाजिर! पिताजी ने पूछा, "क्या है रे मँगलू? क्या विचारकर इतने तड़के आया है?"

"गुरुजी! आप यह रात-रात भर जग-जगकर सुरती मलने और खाने की आदत अब छोड़ भी दें।"

"क्यों बेटे? क्यों?"

"क्या बताऊँ गुरुजी? कल रात मैंने तीन बार आपके घर में घुसने की कोशिश की। मगर देखता क्या हूँ—तीनों बार ही आप बैठे-बैठे सुरती मल रहे हैं।"

चोर होते हुए भी मँगलू गाँव के लिए एक हितकारक व्यक्ति था। गाँव के दुःखी-दरिद्र-असहाय लोगों की सहायता वह अपनी चोरी से बटोरी संपत्ति से भी करता रहता था। एक समय की बात है। घन बाबा की भतीजी की शादी तय हो गई थी। घन बाबा एक दिन जा पहुँचे मँगलू की शरण में।

"अरे बाबा! इतने सवेरे-सवेरे ही! कहिए, आखिर बात क्या है?"

"क्या बताऊँ बेटे? भतीजी की शादी करने जा रहा हूँ और पास में फूटी कौड़ी भी नहीं है। अब तुम्हीं बताओ क्या करूँ?"

"लेकिन शादी होनी कब है?"

"माघ महीने की दसवीं तिथि को।"

"अच्छा जाइए। संक्रांति के दिन आ जाइएगा। जो कुछ भी तब तक पाऊँगा, सब आपको दे दूँगा।"

और मँगलू ने अपना वचन निभाया था। हाँ, यह जरूर है कि घन बाबा इस बात को कभी भी स्वीकार करने को तैयार नहीं हुए।

और एक बार तो वह पड़ोस के ही लड़के लक्ष्य के कमरे में घुस गया। इस बार लक्ष्य की हाईस्कूल परीक्षा पास करने की यह सातवीं कोशिश थी। उसने सिगरेट के टिन के बहुत सारे डिब्बे इकट्ठे कर लिये थे और उनमें संस्कृत, भूगोल, गणित, इतिहास आदि विषयों के अलग-अलग नोटों के चिरकुट तैयार कर भर लिये थे; उन्हें खूब अच्छी तरह सजाकर रख लिया था और फिर इन तमाम छोटे डिब्बों को एक बक्से में जमा-जमाकर भर दिया था। रात को इसी बक्से को सिर के नीचे रखकर लक्ष्य सोता था। ऐसे में ही एक रात मँगलू उसके कमरे में घुस गया। सिरहाने रखे बक्से में बहुत सारा सोना-चाँदी रुपया वगैरह मिलने की संभावना देख उसने बड़ी सावधानी से बक्सा वहाँ से सरका लिया, फिर भागा-भागा गाँव के बाहर मैदान में ले जाकर खोल दिया। बक्से में सजे टिन डिब्बों में से एक निकालकर उसे खोलकर देखा—एक मुट्ठी कागज, जिस किसी डिब्बे को खोले—बस एक मुट्ठी कागज!

इधर बहुत तड़के सवेरे ही उठने पर लक्ष्य ने बक्से की चिंता में इधर-उधर

ढूँढ़ते-भटकते, खेत-खलिहान ढूँढ़ते मैदान में एक जगह जाकर देखा तो बक्सा तो है, मगर एकदम खुला हुआ। कागज भी छितराए हुए। सभी के सभी रातभर की ओस में भीगे हुए।

कुछ दिनों बाद जब लक्ष्य से भेंट हुई तो मैंने पूछा, "कहो भाई लक्ष्य, परीक्षा की क्या खबर है?"

" नहीं हो सकी, समझे भाई। सारी तैयारी तो चोर ले गया।" फिर लक्ष्य ने ही सारा हाल विस्तार से सुनाया। उस बार भी लक्ष्य का हाईस्कूल परीक्षा देना नहीं हो सका।

वृद्धावस्था में मँगलू की सारी शक्ति क्षीण हो गई। इसी से अब उसने एक नैया ले ली थी और उसी से लोगों को इस पार-उस पार उतारकर पेट की क्षुधा शांत करने का जुगाड़ करने लगा था। चूँकि मैं रात्रिकालीन कॉलेज में पढ़ने जाता था, अतः अंतिम कक्षा कर लेने के बाद मँगलू की नैया से ही इस पार से उस पार जाता था, मेरे साथ होते थे प्रेस में काम करनेवाला गोविंद, फल बेचनेवाला शरत, सिनेमा हॉल की मशीन चलानेवाला भवानी। प्रायः ही मँगलू नाव की डाँड़ मारता, पतवार खेता, मैं अथवा भवानी उसके पैरों की करीब के जगह पर बैठते। नाव खेते-खेते सारा समय मँगलू अपनी जवानी की साहसिक कहानियाँ कहते-कहते समय पार कर देता।

उसी प्रकार की एक साँझ की बात है। 'बचाओ, बचाओ' की आवाज लगाता एक नवयुवक-नवयुवती का जोड़ा मँगलू के पास पहुँचा और नैया से उस पार कर देने का आग्रह करने लगा। नहीं तो जो लोग उनका पीछा करते आ रहे हैं, यदि वे उन्हें पकड़ लेंगे तो जिंदा नहीं छोड़ेंगे। पहले तो मँगलू टाल-मटोल करने की कोशिश करता रहा, क्योंकि इसी प्रकार की एक और मदद करने पर वह पुलिस के चक्कर में फँस गया था और उसे भारी मुसीबत उठानी पड़ी थी। मँगलू के मन की बातों को नवयुवती तुरंत ताड़ गई और अंततः उसके पैरों पर जा गिरी। वह गिड़गिड़ाकर बोली, "पिताजी! आज से सचमुच ही आप मेरे पिता ही हुए, कृपया हमें जल्दी पार लगा दें, नहीं तो हम पर भारी विपत्ति आ पड़ेगी।"

"क्या करता छोटे बाबू? हो सकता है, उन्हें पार करने से मुझे पाप भी लगा हो, लेकिन उनकी वैसी परेशान दशा देखकर मैं अपने को और रोक नहीं रख सका।"

मगर मँगलू ने अपने जीवन का सबसे बड़ी, गंभीर और उस पर सबसे अधिक प्रभाव डालने वाली घटना के बारे में सबसे अंत में, यानी मरने के ठीक पहले बताया।

उस समय संभवतः पूस का जाड़ों का महीना था। रविवार का दिन। यात्रियों का आना-जाना नहीं। यात्रियों को न पाने के कारण मँगलू सिर गाड़े नाव के कोने में बैठा था। वेला साँझ की, ढलती-ढलती, कुछ-कुछ उजाला, कुछ अँधेरा। इसी समय एक नेपाली प्रौढ़ा स्त्री पार जाने के लिए पास आई। उसी स्त्री की नाक में और कानों में खाँटी सोने के भारी गहने देखते ही मँगलू की लालची आँखें उस अँधेरे में ही खूनी चीते के समान चमक उठीं। उसने उस स्त्री को नैया में चढ़ाया और नाव खोल दी।

बीच नदी में पहुँच जाने पर उसने उस स्त्री का गला दबाकर उसकी हत्या कर दी। फिर नाक-कान के गहनों को झटक लिया और उसके शव को पानी में नीचे फेंक दिया। फिर तो उस रात उसे बड़े आनंद की गहरी नींद आई। दूसरे दिन रात छँटते-छँटते ही वह गहनों की पोटली लिये सुनार के घर जा हाजिर हुआ। मगर उन गहनों की ठीक से परीक्षा-निरीक्षा कर लेने के बाद सुनार ने जो कहा, उसे सुनकर तो उसकी आँखें ही जड़ हो गईं। उसे जैसे काठ मार गया? सुनार ने बताया कि ये गहने सोने के नहीं हैं, एकदम पीतल के हैं।

तब से पूरी जिंदगी, मरते दम तक, यह घटना मँगलू के मन पर बराबर चोट पहुँचाती रही। जीवन की अंतिम घड़ियों में जब वह जाने क्या-क्या अनाप-शनाप बकता जाता था, उस बीच भी रह-रहकर बार-बार चीख उठता था—"हाय, हाय मैंने एक मुट्ठी पीतल के लिए उस बेचारी अबला के प्राण ले लिये!"

□

विवाहोत्सव वाला घर

—प्रसाद फूकन

मंडप भीड़ के कलरव से गुंजायमान है। टेप रिकॉर्डर से हवा में तैरती आ रही गानों की स्वरलहरी, युवक-युवतियों की कलोल भरी हँसी की किलकारियाँ, लोगों की नाना प्रकार की बातों के शब्द, कुरसियों के इधर-उधर खींचने से उठती ध्वनियाँ, बीच-बीच में शिशुओं के रुदन की आवाज, काम में अतिशय व्यस्त हो भागमभाग करनेवाले आदमियों के कदमों से उठने वाली नानाविध शब्द ध्वनियाँ सबका मिला-जुला एक मिश्रित कोलाहल। विवाह की शुभ घड़ी होने के कारण लोगों के इधर-उधर आने-जाने से, रिक्शों के आने, ठहरने, पटापट चले जाने से और बड़ी सूक्ष्म सरसराहट उठाती सुंदर मोटरकारों की ध्वनियों से यह सँकरी गली इस समय मुखरित हो उठी है।

रिनू के ठीक आगे-आगे एक बूढ़ा आदमी लाठी ठकठकाता उसी के सहारे आगे बढ़ रहा है। उस बूढ़े के भी आगे बीसवीं शती की शिक्षिता महिलाओं को, पुरुषों के ऊन बुनने को सिलाई की तरह मुट्ठी में रखने की टेक्निक बतानेवाली कुछ प्रवीण महिला नेताओं के गंभीर मुखमंडल दिखाई दे रहे हैं और उनके आगे सिगरेट के लंबे-लंबे कश खींचकर धुआँ उगलते हुए हाथ-पैर झटकते सर हिलाते चल रहे हैं इस युग के प्रतिनिधि कुछ नवयुवक, पाउडर स्नो और सेंटों की खुशबू से हवा को सुकोमल बनाती हुई नवयुवतियाँ। कोट-पैंट और टाई से सजे-धजे, रिक्शे पर बैठे एक नवयुवक के रिक्शे के पीछे-पीछे एक धूसर-विवर्ण कुत्ता भी चला जा रहा है, जिसे वह नवयुवकों के झुंड के आगे-आगे खींचता ले जा रहा है।

उस विवाह उत्सव मनाने वाले घर की ओर निस्पृह भाव से देखते हुए, विभिन्न रंग-ढंग के आदमियों को देखकर उसने सोचा—'कौन कहेगा कि यह पृथ्वी मनुष्य के लिए एक अद्भुत निर्मल सुख का स्थान नहीं है?' बिजली की

अत्यंत सुंदर रोशनी में घर के बरामदों के रंग-बिरंगी परदे और भी चमक रहे हैं। जैसे-जैसे वह आगे बढ़ती जा रही थी, वैसे-वैसे नीले, हरे, सफेद और लाल रंगों के सुंदर-सुंदर मकान हो क्रमशः उसके सामने आते जा रहे थे, मानो सर हिला-हिलाकर उसकी ओर देखकर पूछ रहे थे—'इस विवाह के शुभ पर्व पर तुम कुछ देरी से आई हो?' चालिहा के घर के सामने स्थित तेज लाल रंगों वाले गुलमोहर के फूल ने उसकी ओर मुसकराते हुए देखकर मानो कहा, 'मेरी तरह जरा एक बार तुम भी मुसकराओ।'

उस विशाल मंडप में लटकी हुई नाना रंगों की बिजली की बत्तियाँ एक बार जल उठीं, फिर बुझ गईं। फिर जलीं, फिर बुझीं। कतार की कतार, वंदनवार सी सीधी रेखाओं में लटकी हुई उन प्रदीप मालाओं के बीच से गुजरती हुई वह चाची के पीछे-पीछे चलकर मंडप के पीछे की ओर पहुँच गई। चाची के पास ही, एक बेल-बूटा कढ़े मूढ़े (गोल कुरसी) पर बैठ गई। ऊपर घूमते छत के पंखे की हवा से उसके सिर के आगे के कुछ बाल जब उड़ने लगे, तब उसे महसूस हुआ कि घर के अंदर का वातावरण गरमी भरा है। टेपरिकार्डर से उठ-उठकर फैलने वाले गानों की तरंगों से वातावरण मुखरित है। पास में बैठी हुई महिलाओं में से कुछ प्रौढ़ाएँ बात करने की कोशिश करती हुई पान-सुपारी चबा रही हैं। बाईं तरफ की एक कुरसी पर बैठने और न बैठने की बीच की भंगिमा में अपनी देह को वलयित करते हुए एक नवयौवना लड़की उस भीड़ के बीच में किलकारी मारकर हँस रही है। टेपरिकार्डर अचानक जोर से बज उठा, जिससे क्षण भर के लिए ही सही, उसने उसके शोकाभिभूत मन को आंदोलित कर दिया। पंडाल के एक कोने से एक कच्ची उम्र की लड़की एक मेज पर चढ़कर गाने की ताल पर अपने अंगों को हिला-डुला रही है। उसने उस ओर से नजरें हटा लीं। एक ओर एक अधेड़ उम्र की औरत, एक मैली-कुचैली साड़ी में सिमटी हुई बैठकर सुपारी काट रही थी, उसे देखते ही उसे अपनी माँ की याद आ गई। उसकी माँ भी लोगों के यहाँ विवाहोत्सव या हरिकीर्तन सभाओं आदि के अवसर पर जाकर सुपारी काटती है, बरतन-बासन माजती है।

उस याद के साथ-ही-साथ सिनेमा के चलचित्रों की भाँति ही उसके मन में माँ का करुण मुख झलक उठा। हजारों रेखाओं से भरा, झुर्रियों युक्त सूखा चेहरा! दिन भर प्रायः भूख से तड़पा हुआ, विवाह, कीर्तन सभा आदि की भनक पाते ही चाहे कोई बुलाए या न बुलाए, एक दिन पहले की एक वेला में कोई कुछ खाकर किसी तरह समय बिता रही माँ का भूख से आतुर चेहरा उसके मन के आइने में स्पष्ट दिखाई पड़ने लगा। उस बार जब वह गाँव गई थी, तब माँ ने अपनी उभरी

नसों वाले सूखे हाथों से मुँह ढककर, आह भरकर कहा था कि अपने दूर संपर्क की मामी के घर काम करने गई हुई उसकी बहन मीनू बताती है कि केवल किसी तरह दो वेला खाना खाने के बदले ही उसे बच्चे का टट्टी-पेशाब फेंकने से लेकर बरतन-बासन, गंदे कपड़े धोने आदि के तमाम काम करने पड़ते हैं। काम करते-करते वह काली पड़ गई है। इस तरह मीनू की तुलना में तो वह अच्छी ही है। सुख से ही है। धीरे-धीरे माँ का चेहरा उसकी दृष्टि से दूर हो गया। उसकी जगह बहन मीनू का चेहरा उभर आया। बचपन में दोनों बहनें साथ-साथ बढ़ी थीं, पली थीं, आपस में झगड़ी थीं और साथ ही इधर-उधर दौड़-धूप की थी। कुछ समय बाद माँ ने महीने में छह-सात रुपयों के बदले उसे बहला-फुसलाकर ग्राम प्रधान भाई के घर काम करने के लिए शहर में भेज दिया। वैसे ग्राम प्रधान की पत्नी ने माँ को समझाया था कि 'अरे वहाँ तो कोई काम-काज है ही नहीं, करना ही क्या है, उसे तो बस अपनी चाची अर्थात् हमारे भाई की बहू के पास रहना भर है।'

कुछ दिनों बाद ही माँ ने एक दूसरे बड़े आदमी के छोटे बच्चे की देखभाल करने के लिए कुछ रुपए महीने पाने की शर्त पर एक दूसरी जगह भेज दिया। जिस समय उसे माँ के यहाँ से फुसला-बहलाकर अनजानी-अनपहचानी मामी-चाची लोग ले आई थीं, उस समय तो माहवारी मजूरी की शर्त पर काम करने की बात वह समझती ही नहीं थी। माँ ने जब उस सात वर्ष की उम्र वाली बहन मीनू को दूसरे के बच्चे की देखभाल के लिए, नाम से न सही, पर काम से तो नौकरानी के रूप में दूसरे के घर भेजा था तो क्या एक बार के लिए भी कभी सोचा था कि दूसरों के चार-पाँच वर्ष के बच्चे को सात वर्ष की मीनू सँभालेगी तो फिर इस मीनू को कौन सँभालेगा ? एकदम बच्ची मीनू की खेल की सखी कौन होगी ? कभी-कभार जब वह अभिमान करेगी, हठ करेगी, रूठेगी तो उसे कौन मनाएगा ? उसे लगा जैसे उसकी माँ बड़ी ही स्वार्थी और निर्दयी है। अब की बार फिर उसके मन के परदे पर माँ का मुख झलक उठा। मारे क्रोध और घृणा से, अनजाने ही माँ के उस मुख की ओर वह देखती रही।

इस समय विवाहोत्सव के उस घर के रिकार्ड प्लेयर पर करुण दुःखानुभूति जगाने वाला स्वर बजने लगा है। कुछ वयोवृद्ध महिलाओं द्वारा गाए जाने वाले विवाह मंडप गीत में वह सुन रही है, उस करुण-प्रसंग का हृदय-विदारक प्रसंग, जब निपट बचपन से क्रमशः बड़ी होने के अनंतर अपने उस प्राणों से प्यारे घर के सारे मोह-बंधन को तोड़कर पिता के घर का त्यागकर पति के घर जाने के क्षणों में जो अतिशय मर्मस्पर्शी दुःख होता है, उसका और भी दुःख कातर निवेदन! उस सद्यः परिणीता युवती की माँ की रुलाई बंद ही नहीं हो पा रही है। एक-एक रुपया,

एक-एक पैसा बड़े हिसाब से खर्च करनेवाले उसके पिता भी धोती के खूँट से आँसू पोंछ रहे हैं। उस कन्या का दुर्दांत चरित्रवाला कठोर हृदय भाई भी बहन को सदा-सर्वदा के लिए खो देने के दुःख में कुरसी पर जड़ीभूत होकर बैठा व्याकुल हो रहा है। इस कन्या के ब्याह देने का उपयुक्त समय तो कभी का बीत गया था। उसका ब्याह यथाशीघ्र कर देने की चिंता में घर के सभी लोग कब से परेशान थे। उपयुक्त वर की खोज में दिन बड़ी ही कठिनाई में बीत रहे थे। वह बेचारी कन्या स्वयं भी कम चिंतित नहीं थी। एक ओर जैसे स्नो-पाउडर के प्रलेप से अपने ढलते यौवन को पकड़े रखने की सतत चेष्टा कर रही थी तो दूसरी ओर नाना प्रकार के ग्रहदोषों से मुक्ति पाने के लिए उँगलियों में नाना प्रकार के रतनों की अँगूठी पहनती जा रही थी। कुछ दिन पहले तक मठ-मंदिर में दीप प्रज्वलित करते समय सोमवार को शिवमूर्ति पर दूध चढ़ाते हुए, ज्योतिषियों को हाथ दिखाते समय, उसकी आँखों में बराबर एक ही प्रश्न प्रकाशित होता रहता था—'विवाह कब संपन्न होगा?' और अब जब वह चिर आकांक्षित लग्न की अंतिम वेला आ उपस्थित हुई है तो सभी मारे दुःख के लगातार आँसू बहा रहे हैं! दरअसल, माँ-बाप, भाई, यहाँ तक कि कन्या ने भी, ऐसे क्षण में रोने को सोचा था, सो अब सभी रो रहे थे।

जिस समय उसकी माँ ने दस वर्ष की उम्रवाली उसको और मात्र सात वर्षीय मीनू को नाम से न सही, काम से दूसरों की नौकरानी बनाकर आने घर से दूसरों के घर भेज दिया था तो क्या उस समय माँ की आँखों में आँसू छलके थे? रात में भोजन करते समय क्या माँ को उनकी याद आई थी? झंझा-तूफान के गंभीर बादलों की गड़गड़ाहट होने पर क्या कभी माँ को भूल से भी दूसरों के घर भेज दी गई सात वर्षीय बच्ची मीनू को झपटकर गोद में चिपका लेने का मन हुआ था? दुःख और शोक की भारी अनुभूति से उसकी धुकधुकाती छाती जैसे फटने-फटने को हो गई।

अचानक करेंट चले जाने के कारण बिजली की सारी बत्तियाँ बुझ गईं। कोई आदमी चिल्ला-चिल्लाकर बिजली विभाग को गाली देने लगा। दो मिनट बाद ही फिर सारी बत्तियाँ जल उठीं। पंखे घूमने लगे। 'बिजली विभाग को दी गई गालियाँ अब लौटा लो भाई।' किसी ने जैसे किसी के शरीर पर चिकोटी सी काटी।

वह है प्राफेसरानी बकुला बहनजी के घर काम करनेवाली भानू! भानू अपने से बस दो वर्ष छोटे बकुला बहनजी के मोटे-तगड़े मांसल लड़के को हाँफते-हाँफते किसी तरह सँभालने की कोशिश करते-करते थक जाने पर, उसे थोड़ी देर के लिए कुरसी पर बैठा देने की कोशिश कर रही है, परंतुबकुला बहन का ढीठ लड़का रंतू कुरसी पर बैठना न चाहते हुए भानू के गाल पर जोर का तमाचा जड़

देता है। भानू यदि नौकरानी न होकर रंतू की बड़ी बहन होती तो उसने भी रंतू को एक झटका दिया होता! परंतु इस समय तो वह मार खाकर रो भी नहीं सकती, रंतू को गोद से उतार भी नहीं सकती। बकुला बहन प्राय: कहती ही रहती हैं—"अरे, भानू की उम्र बहुत हो गई है। कटाई लग गई है। छोटे-छोटे बीज देखे हो, बीज, जो अगहन में पड़ते हैं।"

इस मुहल्ले के प्रत्येक घर में दस रुपए-पंद्रह रुपए महीने की बंधकी पर काम करनेवाले लड़के-लड़कियाँ नौकर हैं ही। घरेलू कामकाज करनेवाले लड़के- लड़कियाँ यदि लोगों के घरों में न हों तो बिना डॉक्टरी पढ़े डॉक्टरनी, बिना पढ़ाए ही प्रोफेसरनी कोई हो पाएँगी क्या?

रिनू अपनी बात सोचने लगी। उसके पक्ष में इस तरह की कठिनाइयाँ नहीं हैं। उसके मालिक-मालकिन भी काफी सहृदय हैं। उसे गाली-गलौज भी ज्यादा नहीं सुननी पड़तीं। केवल एक ही दिन उसे भयंकर रूप से गाली सुननी पड़ी थी। उस दिन उसकी मालकिन चाची महिला समिति में भाषण देने के लिए, मालिक प्रिंसपल साहब द्वारा लिखकर दिए हुए—'श्रम की मर्यादा' विषय पर भाषण को कमरे का दरवाजा बंद कर रट-रटकर याद कर रही थीं। उसी समय उसका हाल-चाल लेने के लिए उनसे गाँव से आए हुए चाचा धनवर काइटि को उसने ड्राइंग रूम में सोफे पर बैठा दिया था और अपने गाँव का समाचार सुन-समझ रही थी। उधर भाषण रटते-रटते मालकिन को जब थकान सी आने लगी तो उन्होंने 'श्रम की मर्यादा' पर भाषण रटना छोड़ दिया और किसी ओर से घूमकर उधर ही दरवाजा खोलकर आ खड़ी हुईं। धनवर काइटि को ड्राइंग रूम के सोफे पर बैठा देखकर उन्होंने इतनी जोर से चीखना-चिल्लाना और डाँटना-डपटना शुरू कर दिया कि धनवर काइटि तो सोफे से कूदकर दौड़ता सड़क पर ही पहुँच गया।

प्रिंसिपल साहब हर स्तर के मनुष्यों को सोफे पर बैठने नहीं देते। कुछ आदमी ऐसे हैं, जिनके आने पर बड़ी श्रद्धा से उन्हें सोफे पर बैठाते हैं, कुछ को सामने के बरामदे में रखी बैंच पर बैठने देते हैं और कुछ को तो परदे की आड़ से किसी-न-किसी तरह बात खत्म करके चले जाने देते हैं। अब तो वह आदमी को देखकर ही समझ सकती हैं कि किसे सोफे पर और किसे कुरसी पर बैठाना उचित है और किन को बाहर खड़ा करके ही भीतर साहब को जाकर खबर देनी होती है कि "कोई आदमी आया है।" उसी 'श्रम की मर्यादा' वाले दिन के बाद से ही वह लुका-छिपाकर भी सोफे पर नहीं बैठती। यहाँ भी इस विवाह रचाने वाले घर में मालकिन के साथ आने पर भी मालकिन साहिबा तो कुरसी पर बैठी हैं, परंतु वह कुरसी पर न बैठकर मोढ़े पर ही बैठी है।

'ऐ रिनू इधर आ।' कहकर किसी एक महिला ने उसके हाथ पर एक झटका मारा। किसी प्रौढ़ा महिला के निर्देशानुसार वह दूसरी अनेक लड़कियों के साथ पिछले बरामदे में लगी बैंचों-डेस्कों पर खाना खाने बैठी। पूड़ी-सब्जी खाते समय उसने लक्ष्य किया कि उसके अलावा दूसरी सारी लड़कियाँ खूब सज-धजकर आई हैं। वह स्वयं सज-सँवरकर नहीं आई है। यह बात मन में आते ही उसका मन जैसे भारी-भारी सा हो गया। खाना खा लेने के बाद, खाना खाने की उस जगह पर ही एक खंभे को पकड़कर उदास-चिंतित मुद्रा में वह किंकर्तव्यविमूढ़ सी खड़ी हो गई। विवाह मंडप और पंडाल में मनुष्यों का आवागमन बढ़ रहा है। चारों ओर जैसे हड़बड़ी सी मची है। बड़ा-बूढ़ा पानी ढोनेवाला कहार उसके पास से ही किसी न किसी तरह पानी का एक हंडा ढोकर ले गया। उधर लोगों के खाना खा लेने के बाद जूठे पत्तलों को उठा-उठाकर बाहर ले जाकर फेंकनेवाले कई मजदूर 'कुछ भी खाने को नहीं मिला' कह-कहकर बड़बड़ा रहे हैं। उसके पास ही बस एक खिड़की के अंतराल पर एक युवक और एक युवती जाने किसी वार्त्तालाप में मशगूल हैं।

कुछ समय के लिए उसके मन में उस विवाहोत्सव के घर की समूची उज्ज्वलता, समूचा अंधकार मिलकर मानो आँख-मिचौली खेलने लगे। कुछ मुहूर्त उभर आए, कुछ चित्र उद्भासित हो उठे।

उम्र की उठान ने जिस समय से देह में खून और मांस के फूल को चुनना शुरू कर दिया था, तभी से वह 'कितना सुंदर लगना चाहिए' जैसी बातों पर विशेष ध्यान देती आ रही थी। गालों पर नीबू रगड़ती थी। रंगीन फोटो लूँ या काली-सफेद फोटो लूँ, कुछ भी निर्णय नहीं कर पा रही थी। मालकिन के आदमकद माप के बड़े आईने के सामने खड़ी होकर वह अपने शरीर को देख-देखकर जानना चाहती थी कि वह कितनी सुंदर है! मालकिन के साथ कभी-कभी सिनेमा देखने जाने पर, सिनेमा देखते-देखते वह सोचती थी—उसे सुंदर लगना चाहिए! इतना सुंदर कि उसके रूप-सौंदर्य पर उसके सपनों का राजकुमार प्रलुब्ध हो जाए। सबकुछ भूल जाए। उसके सपनों का राजकुमार ऐसा होगा, वैसा होगा। स्नानघर में वह गुनगुनाकर गाती थी—'तुम जिस समय आओगे मेरे दरवाजे पर, तब कदंब फूल प्रस्फुटित हो उठेगा।' अपने गाल पर के तिल को या मस्से को छू-छूकर वह बहुत दिनों से सोचती आ रही थी—'लोग कहते हैं कि जिसके गाल पर तिल होता है, वह बहुत संपत्तिशाली होता है।' और यदि वह संपत्तिशाली हुई तो अकेले नहीं रहेगी। माँ को भी गाँव से लिवा ले आएगी।

जैसे-जैसे उसकी उम्र बढ़ती गई, उसके सपनों के राजकुमार में अपेक्षित गुणवत्ता में वैसे-वैसे कमी आती गई। शुरू में जो बहुत सारे गुणों की खान वाले

राजकुमार की मूर्ति थी, उसमें एक-एक कर गुणों का ह्रास होने लगा अब तो मालकिन साहिबा कि जिस लड़की को गोद में खिलाकर, पाल-पोसकर उसने बड़ा किया था, वही जब दो लड़के-लड़कियों की माँ हो चुकी है। पर अभी भी उसने आशा नहीं छोड़ी है। किसी प्रकार से खा-पी सकनेवाला कोई लड़का होने पर भी वह उसे पा सकेगी ? अभी भी एक क्षीण आशा वह पोसे जा रही है—'क्या जाने अगहन में बैसाख बिहू हो ही!'

मालकिन साहिबा कहती हैं—'रिनू को किस बात की तकलीफ है ? खा-पी रही है, घूम-फिर रही है। सिनेमा देख रही है। उसे भला कौन सा दु:ख है ?'

□

हृदय के भीतर घर

—बिरंचि कुमार मेधि

पुरंदर चाचा को देख मैं अचानक ही काँप उठा। कितने दिनों पहले मैंने पुरंदर चाचा को देखा था—बारह वर्ष या कि बीस वर्ष? आज दिन-क्षण का हिसाब मेरी स्मृति में गड्डमड्ड हो गया है। जबकि मुझे अच्छी तरह स्मरण है कि उन दिनों पुरंदर चाचा अतिशय परिपुष्ट, स्वास्थ्यवान पुरुष थे। उनका सुंदर स्वास्थ्य देखते ही बनता था। शरीर का रंग थोड़ा काला जरूर था, परंतु पुरंदर चाचा की हँसी उषाकालीन सूर्य रश्मियों सदृश रक्ताभ थी। उस समय तो मुझे ऐसा लगता था जैसे चाचा की दोनों ओर की दंत-पंक्तियों के भीतर स्थित उनकी हँसी हर समय किसी-न-किसी रूप में बाहर आने का उपाय ढूँढ़ती रहती थी, जैसे सरोवर के प्रशांत जल में कोई किसी ईंट-पत्थर या भारी वस्तु को फेंक दे तो जिस प्रकार एक पर एक तरंगें उठ-उठ, गिर-गिरकर एक के पीछे एक, एक ऐसे वलय की सृष्टि कर देती हैं कि समूचे सरोवर में लहरों के घेरे फैल जाते हैं, ठीक उसी प्रकार पुरंदर चाचा की हँसी भी अगणित वलयों की सृष्टि करती हुई, समूची देह में परिव्याप्त हो जाती थी। अत्यंत साफ-सुथरे, दुग्ध धवल धोती-कुरता पहने, बात-बात में वेद-उपनिषद् के श्लोकों को दृष्टांत में उच्चरित करनेवाले, ऊर्जस्वित प्राणोंवाले निरंतर प्रसन्न वदन रहनेवाले पुरंदर चाचा की ऐसी दशा कैसे हो गई?

हिलती-डुलती पुरानी कुरसी में हाथ-पाँव सिकोड़कर बैठे हुए पुरंदर चाचा को देखकर मुझे ऐसा लगा, जैसे किसी निर्जन प्रदेश के स्टेशन पर अर्धरात्रि की ट्रेन की प्रतीक्षा में अनंतकाल से चुपचाप बैठा हुआ कोई असहाय, निरुपाय, साथी-संगी विहीन कोई यात्री हो!

जबकि वही पुरंदर चाचा मेरे शैशव एवं किशोरवय के आदर्श पुरुष थे। वे विद्युत् वेग से कार्य संपादन करनेवाले नौजवान थे। पुत्र-कन्या मिलाकर कुल

छह संतानों के पिता थे और माध्यमिक अंग्रेजी विद्यालय के प्रतिष्ठाता प्राचार्य। पुरंदर चाचा के बातचीत करने का ढंग ऐसा आकर्षक था कि यदि कोई व्यक्ति बहुत थोड़े समय के लिए भी उनके संपर्क में आता तो वह भी अपने अंतर में उनकी स्मृति को सँजोए रखने को बाध्य हो जाता था।

वैसे मैं व्यक्तिगत रूप से उन लोगों के वर्ग में नहीं हूँ, जो बहुत कम समय के लिए ही चाचा के संपर्क में आए। बचपन, किशोरावस्था और यौवनकाल की अनेक स्मरणीय बातों ने पुरंदर चाचा को जैसे धर-बाँधकर मेरे मन के भीतर बंदी बना रखा था। कोई एक सदा याद करने योग्य, निस्संकोच भाव से यह कहने योग्य कि इन्हें 'मैं' प्यार करता हूँ, श्रद्धा करता हूँ, ऐसे लोगों के नामों की कोई एक तालिका मन-ही-मन कौंध उठती है! मेरे मन की वैसी ही अति गोपनीय छोटी सी तालिका के सबसे ऊपर शीर्ष पर बहुत पहले से ही पुरंदर चाचा का नाम खुद चुका था।

मेरे गाँव की सीमा के छोर पर ही पुरंदर चाचा का घर था। बापन, तपन, दीपन, माकू, जोनमनि और जोनाकी—इन छह संतानों की बातचीत, कथा-वार्त्ता से पुरंदर चाचा का घर बराबर गुंजायमान रहता था और हमारा? मेरे जन्म के बाद ही पिताजी की मृत्यु हो गई। एक ही तो बहन थी, उसकी भी बहुत पहले ही शादी कर दी गई, अब तो उसका लड़का (मेरा भानजा) ही मेरे बराबर था। अतः अब घर में आदमी गिनने को बस हम दो ही थे, मैं और मेरी माँ। बचपन में जब मेरे विशाल घर पर वज्रपात हुआ तो मेरे घर के सामने के विशाल वृक्ष पर नाना प्रकार के पंछी-पखेरु जो पूरी दोपहरी कलरव करते रहते थे तो भी मुझे ऐसा लगता था, जैसे कि समूची धरती पर कहीं कोई शब्द शेष नहीं है, मानो किसी कुत्सित हृदयवाले जादूगर ने अपनी सम्मोहनी बंसी की ध्वनियों को सम्मोहित कर शांत कर दिया हो और मैं अपने घर की चौहद्दी के बाहर की फिसलन भरी भीगी जमीन पर बैठा युग-युगांतर से कुछ शब्दों की खोज में असहाय हो, बैठा हुआ हूँ।

चाचा का घर-संसार कितना सुंदर था! स्नेह-वात्सल्य की भावना ने ही उनके नानाविध अभावों-असुविधाओं को ढक रखा था। उनके लड़के-लड़कियों का स्वास्थ्य और सुगठित सौंदर्य हमारे गाँव में आश्चर्य का विषय था। सैकड़ों प्रकार के रोगों और कुआदतों से भरे गाँव के लोगों के बीच रहकर भी चाचा के लड़के- लड़कियाँ सबसे एकदम भिन्न प्रकृति के थे। बापन-तपन जैसे जेठे भाइयों के शरीर का रंग पकी हुई सुनहली नारंगी की तरह था, नाक-आँख की

बनावट भी बड़े सुडौल ढंग से तराशे हुए हीरों सी थी। बड़ी बहनें भी अत्यंत दीप्तिमती सुंदरी थीं, इसी से उनके विवाह इत्यादि करने में चाचा को जूतों के तल्ले घिसने की आवश्यकता नहीं पड़ी। पूरे गाँव में चाचा के पुत्र-पुत्रियाँ ही पढ़ने में सबसे प्रखर थे। इसी से पढ़ाई-लिखाई पूरी करके चाचा के सभी लड़के एक-एक कर अच्छी-से-अच्छी नौकरियों में लगते जा रहे थे, जिससे लोगों में उनसे ईर्ष्या पैदा हो रही थी।

पुरंदर चाचा के पुत्र-पुत्रियों के जन्म से लेकर उनकी नौकरी-चाकरी लगने तक की दीर्घकाल की कहानी मैंने जिस तरह अति संक्षेप में कह दी, पुरंदर चाचा के लिए उनके खाने-पीने, ओढ़ने-पहनने, शिक्षा-दीक्षा इत्यादि के नाना प्रकार के प्रयोजनों के लिए सामान जुटाने, व्यवस्था करने और इस तरह छह संतानों को बड़ा करने का कार्य इतना सहज-सरल कार्य नहीं था। वस्तुत: उनका अभाव भरा, बराबर एक-न-एक वस्तु की कमी बनाए रखनेवाला घर-परिवार था। वैसे उनकी अपनी चार बीघे खेती की जमीन थी, परंतु नदी में जब बाढ़ आई तो उसमें ऐसा बालू पड़ गया कि फिर उसके बाद वह सारी जमीन खेती करने लायक नहीं रही। उसमें कुछ भी नहीं होता था। इस तरह घर में कमानेवाला व्यक्ति बस एक ही था, जबकि खाने वाले झुंड-के-झुंड। नौकरी से जो वेतन मिलता था, उससे कभी महीने के आधे दिन किसी तरह निपट जाते, कभी वह भी नहीं। ऐसे दुर्भाग्य के समय भी चाचा अपने बाल-बच्चों के मुँह की ओर देखते हुए संसार की धानी रात-दिन हँसी-खुशी से खींचते चले जा रहे थे।

बचपन से ही चाचा को देखते ही मेरे गले में नाना प्रकार के प्रश्न निकलने को ठेला-ठेली करते रहते थे। माँ से तो कुछ भी पूछने का कोई उपाय नहीं था। उनका स्वभाव बच्चे को खोई हुई शेरनी सा था। चाहे अकाल-वैधव्य के कारण हो या बड़ी बहन को वैधव्य की यंत्रणा भोगते हुए अनेकानेक कष्ट सहनकर पालने-पोसने और विवाह करने के असह्य दु:खों के सहन करने के परिणाम से ही हो अथवा घर के बाहर हाथ के जाल के भीतर तेरह हाथ के छेद सदृश मुझको कमाने-खाने लायक, अपने पाँव पर खड़ा होने लायक बनाने की चिंता के कारण ही हो, माँ का दिमाग हर समय अस्थिर और उबलता-उफनता रहता था। क्रोध आते ही जलाने की लकड़ी, चहला, बाँस, सील-लोदा, चौका-बेलना कौन सी चीज कब मेरी पीठ पर आ पड़ेगी, इसका कोई ठिकाना नहीं था। सामान्य से कारण पर भी माँ उत्तेजित हो उठती थी और तब पूरे दिन भर किसी को शाप देती, गाली-गलौज करते-करते जब तक थक नहीं जाती थी, तब तक माँ का मुँह बंद ही नहीं होता था।

चाचा-चाची दोनों का ही स्वभाव माँ के स्वभाव से एकदम उलटा था। जिस तरह चाची के गौर मुखमंडल पर अधन्नी पैसे जितना बड़ा लाल सिंदूर का टीका ललाट पर चमकता रहता था, उसी प्रकार हर समय उनके मुँह पर एक अलौकिक हँसी जगमगाती रहती थी। मोटे कपड़े की मेखला (असमीया स्त्रियों द्वारा पहने जाने वाला एक विशेष प्रकार की पेटीकोट) पहने, चादर के एक कोने के आँचल से मुँह ढके रात-दिन एक-पर-एक काम करती जाती चाची के मुँह से कभी भी किसी भी प्रकार के अभाव-अभियोग संबंधी कोई भी शब्द नहीं निकलता था। धुर बचपन से ही माँ ने समझा था कि जीने के लिए मनुष्य को धन-धान्य की आवश्यकता पड़ती है। जिस घर में धन-संपत्ति का अभाव होता है, वह घर परस्पर कटु वचनों और दुर्व्यवहारों से भरा रहता है। मेरा घर तो ऐसी कटुतापूर्ण बातों से भरा ही था। जबकि चाचा का घर एकदम साफ-सुथरा, बात-व्यवहार, सभी दृष्टि से परिच्छन्न था, बिल्कुल सपने में देखी मायापुरी जैसा सुंदर, मोहक! पढ़ना-लिखना छोड़कर बॉल खेलने जाते हुए बापन भैया को लक्ष्य कर चाचा ने कहा, "क्यों जी विश्ववरेण्य! पढ़ना-लिखना छोड़कर बस गेंद पर लात मारते रहने से ही क्या ताल के पेड़ पर गुच्छे-के-गुच्छे फल लगेंगे?" बहुत देर तक सोने के बाद बिस्तरा छोड़ना चाहने वाले तपन भैया को एक दिन चाचीजी ने रसोईघर से ही पुकारकर कहा, "कहो भाई! मेरे भीष्मक—भगदत्त की सुख निद्रा क्या कभी नहीं टूटेगीं?" वे सब बातें भी क्या गाली हैं? जबकि मेरी माँ के मुँह के सामने काँव-काँव करते कौवे की बोलती भी बंद हो जाती थी। चाचा-चाची की गाली की भाषा थी—विख्यात, वरेण्य, गुणनिधि, राजर्षि बहुत ज्यादा हुआ तो अजमिल, रतनाकर।

मैंने एक दिन चाचा से पूछा था—"चाचाजी, आपके पास कितना धन है?"

अपनी बड़ी-बड़ी आँखें फैलाकर क्रोध से मेरी ओर देखते हुए चाचा ने मुझसे ही पूछा, "क्या?"

मैंने कहा, "रुपया-पैसा न हो तो संभवतः आदमी सुखी नहीं रह सकता, क्यों चाचा?"

चाचा हँस पड़े, फिर बोले, "अरे वाह! यह देखो, यह तो जन्माष्टमी के दिन ही (अर्थात् जन्म के समय ही) गोवर्धन पहाड़ उठा लेना चाहता है।" फिर कुछ क्षण चुप रहकर, बात करने का सुर बदलकर मुझसे नहीं, मानो हवा से ही कह रहे हों, इस अंदाज में चाचा कहने लगे—"धन-ऐश्वर्य मनुष्य को सुखी नहीं कर सकते। सुख की चिंता में मनुष्य जो रात-दिन निरंतर खोज किए जा रहा है, इसका तो कोई अंत नहीं है। मेरे पास जो है, उसी को लेकर मैं सुखी हूँ।"

चाचा का घर एक-दो कोठरी का घास-फूँस के छप्पर का लिपा-पुता, साफ-सुथरा घर था। घर की चहारदीवारी के किनारे गुल दुपहरिया और स्वर्णचंपा की कतारें थीं। दरवाजे पर बेदाना का पेड़ और उसके पास तुलसी का चौरा। चाचा ने एक अच्छा घर बनाने का आयोजन ठान रखा था। लकड़ी के लट्ठे, चौड़े तख्ते, खुले दरवाजे पर कमल और चिड़ियों आदि के नक्काशी करे खंभे, टिन की छाजन आदि से बना घर। उस घर के तख्तों पर चढ़कर मैंने अनेक दिन उछल-कूद की है। मिस्त्री लोग कान में पेंसिल और आधी पी हुई जली बीड़ी खोंसकर जब लकड़ी चीरते थे, रंदा मारते थे तो वह सब दृश्य मैं बहुत-बहुत देर तक देखता रहा हूँ। उन दिनों मेरे लिए हँसी-खुशी आमोद-प्रमोद से समय बिताने के लिए यह सब काम ही 'उत्तम' उपाय थे। मछली मारने वालों को मछली मारते देखना, इसके-उसके घर घूम-फिरकर खट्टे संतरे, ताल फल आदि इकट्ठा करना, उछलती-छलकती लालुकी मछली को झपट्टा मारकर पकड़ ले जाती माछारांगा चिड़िया को देखना, कतार की कतार बनाए उड़ती बगुलों की पंक्तियों को देखना अथवा फिर घर आए अतिथियों के मुँह से उन लोगों के गाँवों के नाटक, हरिकीर्तन, दंगा-फसाद की बातें सुनना इत्यादि क्रिया व्यापार ही मेरे प्रफुल्लित चित्त से समय बिताने के प्रधान साधन थे।

चाचा ने बापन भैया के अन्नप्राशन के समय के बाद से ही इस घर को बनाना आरंभ किया था, परंतुउस घर का काम कभी समाप्त ही नहीं होता था। एक-एक करके छह संतानों के पिता बन गए, किंतु घर के काम का अंत नहीं हुआ। एक महीने में खिड़की के लिए लकड़ी, तख्ते, दो माह बाद फिर एक जोड़ा खूटियाँ, फिर छह महीने या वर्ष भर बाद एक बंडल टिन की शीटें इकट्ठी हो रही थीं। इसी प्रकार चाचा के घर के निर्माण का कार्य अत्यंत मंथर गति से चल रहा था। इतने धीमे-धीमे घर का काम होने से क्या होगा, चाचा घर के संबंध में बहुत तीव्र गति से सोच-विचार कर रहे थे। चारों लड़कों के लिए चार अलग-अलग कोठरियाँ, अतिथि-अभ्यागतों के लिए एक अलग, बेटी-दामाद के आने पर उन्हें ठहराने के लिए एक और, दोनों ओर दो बरामदे, फाटक की सीढ़ियों के दोनों ओर दीवार पर दो दंतैल हाथियों के सिर आदि-आदि कल्पनाएँ चाचा के सपनों के घर को मनमोहक बनाए हुए थीं। मैंने प्राइमरी स्कूल पास किया, हाई स्कूल में भरती हुआ, उसे भी लाँघकर कॉलेज में आया। कॉलेज जीवन भी पूर्ण हुआ, किंतु चाचा के घर का काम नहीं बंद हुआ। और जाने क्या-क्या होने से ही घर होगा? घर के सामने एक छोटी पोखरी, पोखरी के किनारों को पक्का कराना, दरवाजे के फाटक पर लकड़ीला लंबा-चौड़ा गेट और गेट पर

ही गेटकीपर का एक घर, फाटक की छाजन आदि-आदि घर बनाने में कितने सारे आनुषंगिक काम नहीं होते!

बहुत दिनों तक तो मैं पाठ्यपुस्तकों में पढ़े गए प्रासाद, अट्टालिका इत्यादि शब्दों के अनुरूप मन-ही-मन चाचा के अर्ध समाप्त घर के विषय में सोचता था। एक दिन मैंने चाचा से पूछा, "और कितने दिन चाचा? तुम्हारा घर तो पूर्ण ही नहीं हो रहा?"

चाचा ने कहा था, "अरे! हिरण्यकश्यपु को देखो तो, लाठी मारकर ही खंभे से नृसिंह को बाहर करना चाहता है।" फिर उसके बाद कहने का लहजा बदलकर चाचा ने कहा, "होगा भाई! एक दिन घर पूरा हो जाएगा। और फिर मेरे हृदय के भीतर तो एक घर है ही और वह घर अत्यंत रमणीय है। उस घर को मैंने कितने कालों से सजा रखा है।"

आश्चर्यचकित होकर मैंने पूछा, "मनुष्य के हृदय के भीतर क्या घर हो सकता है?"

"हो सकता है, क्यों नहीं हो सकता?" चाचा ने सर को थोड़ा सा झटका देते हुए कहा, "प्रत्येक मनुष्य के हृदय के भीतर एक घर होता है।

मैंने पूछा, "तो क्या मेरे हृदय के भीतर भी है?"

"हाँ, है। केवल तुम उसके होने का अहसास नहीं कर पाते हो। थोड़ा और बड़े हो जाओगे तो उसका अनुभव कर सकोगे।"

मैं उस अनबूझ पहेली सी बातों को सुनकर प्रसन्न नहीं हुआ। मैने कहा, "चाचा, तुम अपने इस घर में बापन, तपन भाई साहबों के लिए तो अलग-अलग कोठरियाँ बनवा रहे हो, मेरे लिए भी एक क्यों नहीं बनवाते?"

मुसकराते हुए चाचा ने कहा, "जरा यह देखो, जोर-जबरदस्ती से सबकुछ हथिया लेना चाहता है।" फिर कुछ क्षण चुप रहकर पुनः बड़ी गंभीरता से पुरंदर चाचा ने कहा, "मेरे हृदय के भीतरवाले घर में तुम्हारे लिए एक बहुत सुंदर कोठरी है।"

"हृदय के भीतर घर? कितनी विचित्र बात है! मुझे हृदय के भीतर की कोठरी की कोई जरूरत नहीं। यह बाहर का अधबना घर ही इतना सुंदर है। उसमें ही एक छोटी-मोटी कोठरी मुझे रहने के लिए दें तो बहुत है।"

उसके बाद बहुत दिन बीत गए। चाचा का घर बनना पूर्ण नहीं हुआ, बल्कि घर-संसार ही टूट-फूटकर बिखर गया। चाचीजी का स्वर्गवास हो गया। बहनों का शादी-विवाह हो गया। भाई लोगों को नौकरी की वजह से इधर-उधर दूर-दूर छिटक जाना पड़ा, फिर चाचा से बिना पूछे-जाँचे ही सभी ने एक-एक

नवयुवतियों से विवाह रचा लिया। भाई लोगों के मन में संभवतः भीतर-ही-भीतर यह शंका थी कि उनके द्वारा पसंद की गई युवतियों को, उनकी स्त्री के रूप में अपनी पुत्रवधू के रूप में शायद चाचा पसंद न करें। पुरंदर चाचा ही शायद घर नष्ट करनेवाले हैं, इन नाचनेवाली युवतियों को देखते ही अपनी कुटिल भृकुटि के संचालन मात्र से ही वे सबकुछ को नामंजूर कर देंगे।

इसी बीच मैं भी एक अच्छी नौकरी पा गया। बहुत अच्छे वेतन और सरकारी क्वार्टर पाने वाली अच्छी सी नौकरी। शादी-ब्याह भी किया, दो संतानों का पिता भी बन गया। माँ ने मरने के बाद गाँव की जगह-जमीन बेचकर गौहाटी शहर में एक मकान भी बनवा लिया, तीन मंजिला मकान। अंतिम अवस्था में माँ बड़े कष्ट भोगकर मरी। मेरी पत्नी गाँव जाने को प्रस्तुत नहीं थी, क्योंकि गाँव में बिजली नहीं है, पंखा नहीं है, सिनेमा नहीं, क्लब नहीं। ऐसी जगह पर भला आदमी कैसे रह सकता है? मरने के कुछ क्षणों पहले माँ ने मुझे समझाया था—"मैंने सारा जीवन बड़े कष्ट में बिताया। अब हमारा दुःख-दर्द मेरी मृत्यु से सदा के लिए समाप्त हो जाएगा। तुम लोग सुखी रहो। तुमने हाथी खरीदा है। अच्छा महावत होने से ही हाथी को अच्छी तरह चला सकेगा। उसे खूब अच्छी तरह समझा-बुझा लेना। घर तोड़ना तो बहुत आसान काम है, लेकिन घर का निर्माण करना अत्यंत कठिन है।"

सभी लोग आज सोचते हैं, कुछ कहते भी हैं कि मैं एक बहुत सुखी मनुष्य हूँ। अच्छा घर-द्वार, रुपया-पैसा, सुंदर पत्नी, स्वास्थ्यवान संतान, सभी कुछ तो मेरे पास है, परंतुमैं किसे, कैसे समझाऊँ कि वस्तुतः मैं एक सर्वथा रिक्त, शून्य मनुष्य हूँ। सच बताऊँ तो मेरा कोई अपना नहीं है। यहाँ तक कि पत्नी-बच्चे सभी मेरे लिए नितांत ही पराए हैं। घर? घर किसे कहे? केवल ईंट-पत्थर, माटी-बालू, कल-कब्जे, कुरसी-मेज, बरतन-बासन से ही क्या घर होता है? घर गढ़ने के लिए मोह-ममता, अनुकंपा-उपलब्धि, त्याग-सेवा आदि की क्या कोई आवश्यकता नहीं पड़ती? किसे कहूँ? और फिर सुनेगा भी कौन? समय की अत्यंत तेज रफ्तार के साथ ताल मिलाकर न चल पाने के कारण मेरे आत्मीय स्वजन, साथी, सहचर आदि मुझसे छिटककर दूर हो गए हैं, अथवा मैं ही अपनी अकर्मण्यता, डरपोकपन, असमर्थता आदि की वजह से सबके बीच से छिटककर बाहर आ गया हूँ। अपने अत्यधिक निकट समझे जानेवाले व्यक्ति को दूर से देखने का जो कष्ट है, उसकी अनुभूति की बात पृथ्वी के कितने आदमी समझ पाते हैं?

मेरी पत्नी स्वभाव से अत्यंत जिद्दी, लालची, लोभी, स्वार्थी, दूसरों को वैभव देखकर जलनेवाली और बड़ी ही झगड़ालू है। छोटी-छोटी बातों पर भी

चीख-चिल्लाकर वह ऐसी कटु परिस्थिति पैदा कर देती है कि मुझे अपने जीवन के प्रति ही वितृष्णा हो उठती है। ऐसी ही दुर्भाग्यपूर्ण असहाय स्थितियों में मुझे अपनी आजीवन दु:खिनी माँ की याद आती है। हँसी भी आती है माँ की बातों पर। हाथी, महावत! अरे हाथी हो, तब न महावत का प्रश्न उठता है। एक फणिधर साँप के सामने महावत की क्या बिसात?

फिर भी मैं हँसता रहता हूँ और हँसते समय मैं स्वयं को अत्यंत बेवकूफ, अत्यंत हीन, अस्तित्वहीन समझता हूँ। बाहरी परिवेश को सहज बनाए रखने के लिए मैं किस प्रकार अपने हृदय को खंड-खंड करके, टूक-टूक करके बिखरा देने को बाध्य हुआ हूँ, इस बात को इस धरती पर कोई आदमी नहीं जानता। कभी-कभी मन में आता है कि कहीं पर सर छुपाकर या दोनों हाथ हृदय पर रखकर कुछ समय के लिए खूब जोर-जोर से फफक-फफककर रो लूँ।

अचानक ही मुझे पुरंदर चाचा की बड़ी याद आई। उस परम स्वास्थ्यवान, स्नेहशील, ज्ञानीपुरुष के समीप जाकर कुछ क्षण शांति से बिताने के लिए, प्यार के लिए तड़पते मेरे हृदय में हाहाकार मचने लगा। फिर मैं अपनी मोटरकार से एक दिन गाँव पहुँचा। कार एकदम पुरंदर चाचा के दरवाजे के सामने ले जाकर खड़ी की, परंतुयह क्या? चाचा के घर का यह कैसा जरा-जीर्ण रूप है? उसे देख मेरे हृदय में स्थित हाहाकार मानो बाहर होने के लिए तड़फड़ा उठा। चाचा के घर के दरवाजे के फाटक की जितनी सुंदर चमत्कारपूर्ण सज्जा की बात थी, प्रवेशद्वार को भव्य बनाने की परिकल्पना थी, वहाँ एक सामान्य सा छड़ का लकड़ी का पल्ला भी नहीं है। चारों ओर मनमाने ढंग से उग आए बनैले वृक्ष एवं लताओं ने ऐसा घेरा कर रखा है कि दिन में ही अंधकार छा गया है। दिन दोपहर में ही वहाँ असंख्य मच्छरों की घनघनाहट भरी है। चाचा का घर बनना पूर्ण नहीं हुआ। घर के दरवाजे-खिड़कियाँ अपनी जगह से सरक गए हैं। घर के खंभों-काठ के तख्तों-पटरों पर बानर केका लता खूब उग-बढ़कर फल-फूल रही है। हाथी की सूँड़ों से सुसज्जित की जाने वाली प्रवेशद्वार की सीढ़ी का तदनुसार निर्माण नहीं हो सका, उसकी जगह सफेद चींटों ने नीचे मिट्टी उठाकर बाल्मीकि का भारी ढूह बना दिया है।

अत्यंत दीन-मलिन असहाय मुद्रा में पुरंदर चाचा एक टूटी-फूटी कुरसी पर बैठे हुए थे। चाचा से कहने के लिए मेरे हृदय में जाने कितनी बातें जमा थीं, परंतुउस क्षण विशेष में मैं मानो सबकुछ भूल गया। ऐसा लगा, पुरंदर चाचा भी एक बहुत दूर के आदमी हैं, जिनसे मेरा कोई संपर्क नहीं। जैसे कोई व्यक्ति अपने घोर शत्रु को भी यात्राक्रम में रास्ते में मिल जाने पर अपना मित्र बताकर

परिचय दे, उसी तरह मैंने मात्र सौजन्य बनाए रखने के भाव से चाचा से पूछा, "कहिए, चाचाजी, अच्छी तरह हैं न?"

चाचा ने अपनी धुँधलाई आँखों को मेरे ऊपर से हटाकर आकाश की ओर करते हुए कहा, "अच्छा होना, अरे मैं एक सूखा ठूठ पेड़ हूँ, किस क्षण गिर पड़ूँगा, इसका क्या कोई ठिकाना है?"

चाचा की बातों से मुझे झटका लगा। मैंने फिर पूछा, "और चाचा तुम्हारा घर?"

चाचा हँस पड़े। हँसी भी इतनी व्यथा-कातर करुण हो सकती है, यह मैंने उस दिन ही समझा।

रुदन से भी अधिक मर्मस्पर्शी-हृदय विदारक थी वह हँसी। एक-एक कर शब्द निकाल-निकालकर चाचा ने कहा, "केवल यह बाहर का घर ही नहीं भाई, मेरे हृदय के भीतर का घर भी जल-फुँककर राख हो गया है।"

चाचा फिर हँसे। कितनी विषादमयी थी वह हँसी! चाचा की उस खाली-खाली शून्य, विह्वल, जर्जर, बिखरी-बिखरी हँसी ने मानो पृथ्वी की समूची व्यथा-वेदना और दुःसहानुभूति को लाकर मेरे हृदय में स्तूपाकार इकट्ठा कर दिया और मैं क्या पूछूँ? और मैं ही कौन सा समाचार सुनाऊँ? मैं तो एकदम स्तब्ध हो गया। मेरी वाक् शक्ति ही जैसे लुप्त हो गई।

हँसते-हँसते ही चाचा ने—"राजा, अब तुम बताओ? अपने घर की बातें कहो और अपने हृदय के भीतर के घर की बात भी बताओ।"

उनकी उन बातों में कौन सा अमोघ मंत्र छिपा हुआ था, कौन जाने? मेरा मेरुदंड ही क्रमशः झुक गया, मेरी दोनों आँखें क्रमशः आँसुओं से भर गईं, हृदय के भीतर हजारों पंखहीन पक्षी आर्तनाद कर उठे। किसी प्रकार मैंने कहा, "मेरे हृदय के भीतर कोई घर नहीं है, चाचा। या कि मेरे पास हृदय ही नहीं है, चाचा। मैं एकदम शून्य मनुष्य हूँ, भीतर से एकदम खाली, मैं बिल्कुल अक्षम, असमर्थ निरुपाय आदमी हूँ।" और फिर अपने सिर को चाचा की गोद में रखकर पृथ्वी के सारे अभागे मनुष्यों की तरह मैं चुप-चुप ही निःशब्द रुदन करने लगा।

□

खरा-सच

—होमेन बरगोहाँई

माघ महीने की अमावस्या (कृष्णपक्ष की सबसे अँधियारी) की रात। सूखे गोबर के कंडों से जलनेवाला कौड़ा (अलाव) भी धीरे-धीरे बुझने लगा था। घर के बाहर जैसा अँधेरा पसरा था, घर के भीतर भी वैसा ही घुप्प अँधियारा था। उस घर के चारों तरफ जो खुला मैदान था, उसमें जाड़े की ठंडी हवा एक झुंड जंगली हिंस्र जानवरों की तरह हरहराती हुई बह रही थी। बीच-बीच में रह-रहकर हवा का एक-एक झोंका दीवार के छेदों से अंदर आ-आकर परान शेख और अमीना के कपड़े-लत्ते से हीन खाली बदन को काटे खाए जा रहा था। अरे हवा क्या थी मानो चाकू की धार हो! उसकी चोट के घाव से उनके हाड़-गोड़, पाँव-सर सब ऐसे सिकुड़-सिकुड़ जा रहे थे कि सिमटते-सिमटते वे दोनों एक विचित्र कुंडली से बनते जा रहे थे।

माघ के महीने का महाभीषण जाड़ा। चूल्हे के लिए लवना-गोइंठा, खरपतवार तक नहीं, कपड़ा नहीं और पेट में रखने को एक दाना नहीं। सारे-के-सारे दिन निराहार, भूखे-दूखे। कटखने जाड़े और भूख की मार से उनका शरीर ही नहीं, बल्कि सोचने-समझने की ताकत भी जवाब दे रही थी। धीरे-धीरे दुःख और पीड़ा को समझने की उनकी क्षमता की समाप्त हुई जा रही थी। जाड़े की ठिठुरन के समय जैसे गाँव में पड़े दो साँप परस्पर कुंडली मारकर एक-दूसरे से चिपक पड़े हों, उसी तरह एक अस्पष्ट गूँगी यंत्रणा से घिसे-पिसे वे दोनों कुंडली मारे बैठे थे।

अचानक ही एक बार परान शेख ने अमीना को अचरज में जैसे अवाक् कर देते हुए एक अद्‌भुत सवाल पूछ दिया—"तू क्या सोच रही है?"

पहले तो अमीना परान की बात कुछ समझ ही नहीं सकी, उसने बस बमुश्किल धीरे-धीरे अपनी आँखों की पलकें खोलीं और देखा—महाभीषण

अंधकार। फिर उसकी पलकें अपने आप ही बंद हो गईं।

परान शेख खुद भी आश्चर्यचकित हो गया। क्या सोचकर, कैसे तो वह उस तरह का सवाल कर सका! वह खुद ही कह नहीं सकता। वे शब्द उसके मुँह से अपने आप ही निकल पड़े थे। अपनी देह को थोड़ा इधर-उधर हिला-डुलाकर वह फिर कुछ सीधा होकर बैठ गया। हाथ फैलाकर उसने अमीना को छूने की कोशिश की। उसकी हड्डी-पसली निकली खाली पीठ पर उसका हाथ पड़ा। फिर एक छुपी हुई घृणा और असंतोष से उसने अपने हाथ तुरंत ही वापस खींच लिये। वासना और घृणा की इस मौन-भाषा को महसूसते हुए अमीना और भी सिकुड़ गई।

अमीना आशा कर रही थी कि परान कोई बात कहेगा। संभव है, कोई बहुत भयंकर, दहला देनेवाली बात। सो वह कान खोले जोहती रही। किसी एक भयावह घटना के लिए वह प्रतीक्षा करती रही। दरअसल इसके पहले के बीते समय में इस तरह की अनुभूति उसे कई बार हो चुकी है। भूख की तड़पन से परान अचानक ही रात में बिछौने पर से उठ बैठता है। यद्यपि घर के अँधेरे में कुछ भी दिखाई नहीं पड़ता, फिर भी अमीना बिल्कुल साफ-साफ अनुभव करती है कि एक निष्फल आक्रोश से, ऐसे क्रोध से, जिससे कुछ भी होना-जाना नहीं, परान की दोनों आँखें अँगीठी के कोयले की तरह धधक रही हैं। दुबले-पलते रोगी कुत्ते की तरह उसका मुँह फूहड़ सा होकर काँप-काँप जा रहा है। थोड़ी देर बाद ही उसकी पीठ पर आ पड़ता है एक प्रचंड थप्पड़ या फिर जोर की पैरों की एड़ी और उसके साथ-ही-साथ एक सवाल कि "तू क्या सोचती है?"

मगर आज शुरू से ही परान का आचरण एकदम अलग तरह का है—अद्भुत! जैसा कभी सोचा भी नहीं। सचमुच ही अमीना बहुत आश्चर्यचकित हुई। परान के मुँह की ओर देखने के लिए उसका मन आकुल हो गया, मगर उसका तो कोई उपाय नहीं। मन-ही-मन उसकी बड़ी इच्छा हुई कि परान कुछ बातें करे, यहाँ तक कि पहले की तरह उसे मारे-पीटे ही; क्योंकि वह जानती है कि उसकी यह मार-पीट, यह लात-घूँसा भी एक प्रकार की भाषा ही है और सामान्य भाषा की अपेक्षा यह बहुत अर्थपूर्ण भाषा है। मगर वह जैसी उम्मीद कर रही थी, परान ने वैसा कुछ भी नहीं किया। वह तो जैसे पूरी तरह से बुझ गया। अब तो ऐसा हुआ कि अमीना को इस बात का भी पता नहीं चल रहा है कि वह आदमी आस-पास में है भी या नहीं। आज तो उन दोनों के बीच भयानक अँधेरा पसरा है। उन दोनों और बाहर की पृथ्वी के बीच भीषण अंधकार छाया है।

काफी देर बीत जाने पर अमीना ने पूछा, "तुम सो गए क्या?"

"हाँ!" ऐसा लगा, जैसे परान ने अपनी देह को इधर-उधर ऐंठा-पैंठा, जैसे

कि अब तक वह इसी बात का इंतजार करता रहा हो कि अमीना कुछ कहे। एक बार खाँसकर, गला साफ कर उसने कहा, "सुनो अमीना! मुझे अभी, इसी समय एक जगह जाना पड़ेगा। वैसे रात बीतने के पहले लौट भी आ सकता हूँ।"

अमीना तो जैसे अपने ही कानों पर विश्वास नहीं कर सकी! 'अभी एक जगह जाना पड़ेगा? और इस रात में ही?' परान की बहुत सारी पगलाहट अमीना ने देखी है। मगर उसका आज का व्यवहार तो कल्पना के भी परे है। फिर अंत में वह पूछ ही बैठी—"क्या कहा तुमने?"

"मुझे एक जगह जाना पड़ेगा अभी-अभी।" परान ने ऐसे साफ-सुथरे स्पष्ट शब्दों में कहा, जिससे जरा भी संदेह न रहे। अमीना को ऐसा लगा, जैसे अँधेरे में ही हाथ बढ़ा-बढ़ाकर टाटी की दीवार में से कोई एक चीज वह टटोल-टटोलकर खोज रहा है। वह ताड़ गई कि वह अपना दाव (लोहे की बड़ी सी कटार, जो प्राय: बाँस, लकड़ी वगैरह काटने के काम आती है) ढूँढ़ रहा है।

"कहाँ जाना चाहते हो, खोलकर साफ-साफ बताते क्यों नहीं? भला इस रात में तुम्हारा कहाँ, क्या काम अटका है?" अमीना जैसे किसी भयानक आशंका से दहलती हुई पूछ बैठी।

"कहाँ जाना चाह रहा हूँ? उसे जानने की तुम्हें कोई जरूरत नहीं। बस यही बात तुमसे कहे जाता हूँ कि कल से हमें और भूख से पेट सुखा-सुखाकर मरने की जरूरत नहीं पड़ेगी। कल से हम रोज पेट भरकर खाना खा सकेंगे।"

यह सारी घटना की असली गंभीरता को अब जाकर अमीना समझ पाई। चाहे पगलाया हो या स्वस्थ चित्त हो, जो भी हो, आज वह एक असाधारण काम करने जा रहा है, यह बात वह निश्चयपूर्वक समझ गई, कुछ भी संदेह नहीं रहा। क्षण भर के अंदर ही उसके मन में नाना प्रकार की बुरी चिंताएँ उभर आईं। परान के उठ खड़े होने के साथ-ही-साथ वह भी उठ खड़ी हुई।

"तुम कहाँ जाने के लिए बाहर निकलना चाहते हो? यह बात मुझे बताए बगैर तुम हरगिज नहीं जा सकते।" यह बात कहते-कहते अनजाने ही अमीना दरवाजे पर जाकर रास्ता रोककर खड़ी हो गई।

जाने क्या सोचकर परान थोड़ी देर तक चुप्पी साधे रहा। उसके बाद उसने धीरे-धीरे अपनी आवाज में कुछ नाटकीयता लाने की कोशिश करके कहा, "आज रातोरात ही मुझे एक आदमी का एक काम पूरा कर देना बहुत जरूरी है। वैसे आज से बहुत दिन पहले से ही वह यह काम कर देने के लिए मुझसे कहता आ रहा है, मगर अब तक मैं खुद ही अपने मन को एक निश्चय पर स्थिर नहीं कर पा रहा था। आज मेरा मन एक निश्चय पर दृढ़ हो गया।" इतना कहकर परान

फिर कुछ क्षणों के लिए चुप हो गया। फिर उसने बहुत सहज भाव से बताया, "यह काम पूरा हो जाने पर मुझे दो सौ रुपए मिल जाएँगे।"

"दो सौ रुपए?" अमीना का सारा शरीर एक विचित्र किस्म की सिहरन से काँपकर फिर जड़-सा निस्पंद हो गया। कुछ समय के लिए तो उसकी सोचने-समझने की शक्ति ही जैसे गायब हो गई, विजड़ित हो गई। पर फिर धीरे-धीरे उसने अपने को सँभाल लिया।

"परंतु वह काम है क्या?" उसने बलपूर्वक पूछा।

कुछ उत्तर देने को तत्पर होकर भी परान एकाएक थम गया। फिर कुछ आगा-पीछा सोचने के बाद बोला, "देखो! मेरे रास्ते से हट जाओ। मुझे बहुत देरी हो रही है।"

"मगर काम है कौन सा?" अबकी अमीना की आवाज में घर की मालकिन जैसा काठिन्य था।

"अरे, बहुत मामूली काम है। बस एक आदमी का खून करके कुछ ऐसी जगह दफना देना है कि कहीं निशान बाकी न रहे।"

उसके बाद का कुछ वक्त किस प्रकार बीता, अमीना कुछ बता नहीं सकती। पहले तो उसने सोचा कि जोर से चिल्ला पड़े। उसने कोशिश भी की, मगर आवाज छाती से चलकर भी मानो गले में आकर अटक गई। उसी तरह कुछ देर बाद उसने अचानक ही परान के सामने से दौड़कर भाग जाने की कोशिश की, मगर जैसे सपना देखता हुआ आदमी सपने में दौड़ने-भागने की हजार चेष्टा करने पर भी अपनी जगह से जरा भी हिल-डुल नहीं सकता, उसी तरह अमीना भी तनिक भी हिल-डुल नहीं पाई। उस घुप्प अँधेरे में वह परान का मुँह तो नहीं देख पा रही थी, फिर भी उसे ऐसा आभास हुआ कि वह उसकी ओर किसी भयानक जानवर की खूनी नजरों से एकटक देख रहा है। अगर इसी क्रम में वह अपने तेज दाव की एक भयानक चोट उसी के सिर पर मार बैठे तो यह भी कोई असंभव नहीं। इसी तरह की किसी खतरनाक अनहोनी हो जाने की प्रतीक्षा में वह असहाय हो कुछ देर तक खड़ी रही।

अबकी बड़े ठंडे मिजाज से गंभीर और उदास आवाज में परान ने कहा, "मुझे देरी हुई जा रही है, अब परे हट, जाने दे।"

परान की ऐसी शांत-गंभीर आवाज सुनकर अमीना मानो अपनी स्वाभाविक चेतना में लौट आई। वह स्वचालित यंत्र की तरह अपने आप एक कदम परान की ओर आगे बढ़ आई। फिर उसका एक हाथ थामकर बड़े कातर स्वर में उसने विनती करते हुए कहा, "अब इस रात में तुम यह क्या पागलपन कर रहे हो?

जाओ पैर फैलाकर सो जाओ।"

"सो जाऊँ? जाड़ों की रातों में हम कभी सोए हैं? है तुम्हें कुछ याद ?"

परान के इस सवाल का कुछ जवाब देते नहीं बना अमीना को। वह चुप रह गई। जवाब देने को उसके पास कुछ था भी नहीं। शरीर पर पहनने-ओढ़ने के लिए कपड़ा-लत्ता नहीं, कौड़ में जलाने के लिए खर-पात नहीं, सोना उनके भाग्य में क्या खाक जुटेगा? उनकी जाड़ों की सारी रातें तो, लाठी-डंडे से पिटे हुए मरियल कुत्ते की तरह काँय-काँय करते हुए ही कटती रही हैं!

"ठीक है, सोने की कोई जरूरत नहीं। जैसे हमेशा सारी-की-सी रात बैठे-बैठे बिता देते रहे हैं, आज की रात भी उसी तरह चलो बैठे-बैठे बिता दें।" इतना कहकर उसने परान का हाथ पकड़कर खींच ले चलने की कोशिश की।

"मगर दो सौ रुपए इकट्ठे पा जाने के बाद हमें ऐसे जाड़ों में और नहीं मरना पड़ेगा, इस बात पर तू गौर क्यों नहीं करती? दो दिनों तक हम पूरा भरपेट खाना खा पाएँगे।"

"परंतु दो सौ रुपए तुम पाओगे किस तरह ?"

"अरे, तुमको अभी बताया तो, बस एक क्षण का तो काम है, अभी जाकर एक आदमी को काटकर गाड़ आने पर ही मैं दो सौ रुपए पा जाऊँगा।"

"मगर एक आदमी को काट देने से ही तुम दो सौ रुपए क्यों पा जाओगे?"

"बशीर दीवान की अतर शेख से खूब दुश्मनी हो गई है। अगर अतर शेख को जान से मारकर खत्म कर सका तो बशीर मुझे पक्के दो सौ रुपए देगा।"

"या अल्लाह! बस दो सौ रुपए के लिए तुम एक भले मानुष का खून कर दोगे? क्या तुम्हें पाप लगने का भी डर नहीं रह गया ?"

"पाप? पाप?" परान यक-ब-यक हो-हो कर हँसने लगा। "ओह पाप! हाँ, पाप लगने का डर इतने दिनों से आज तक जरूर था। मगर अब नहीं रहा। पाप करने से आखिर होगा क्या? जहन्नुम (नरक) में जाना पड़ेगा! मगर इस दुनिया से दोजख क्या वैसी तकलीफदेह भयानक जगह है? और फिर आदमी को मारने से ही पाप लग जाता है, यह बात तुमसे बताई किसने? तुमने खुद चार बच्चे जने। आज उन चारों में से कोई जिंदा नहीं है। पेट में रखने को दाना न पाकर, भूखे-भूखे रहकर वे सभी तिल-तिलकर मर गए। उन दुधमुँहे बच्चों के मुँह में एक कौर भात डाल देने में आदमियों की ताकत कोई खत्म नहीं हो गई थी। मगर क्या किसी ने दिया एक मुट्ठी अन्न? मानिकजान की बीमारी की हालत में तू डॉक्टर के पैरों में लोट गई थी, पैर से लिपट-लिपटकर कितना रोई थी। मगर 'जब तक रुपए नहीं दोगी, तुम्हारे बीमार बेटे को देखने नहीं जाऊँगा' कहकर अंत में उसने

पैर की ठोकर मारकर तुम्हें भगा दिया था। इस तरह बिना दवा-दारू के बेचारा मर ही गया। आदमी का मरना पाप है तो डॉक्टर को पाप क्यों नहीं लगता? हम दोनों भी क्या कुछ भी खाने को न मिल पाने से क्या तिल-तिलकर मौत के मुँह में नहीं घुसते जा रहे हैं? तू जानती है, मैं चोरी करना नहीं चाहता, डकैती करना नहीं चाहता, भीख भी नहीं माँगना चाहता, मैं तो मेहनत-मशक्कत का काम करके खाना चाहता हूँ। मगर कौन सा काम करके मैं खाऊँ? मेरे पास जगह-जमीन नहीं है, गाय-बैल नहीं हैं, पढ़ी-लिखी विद्या नहीं है, किसी दिन इनमें से कुछ होगा भी, इसकी भी कोई उम्मीद नहीं है। मेरे बाप के पास भी कुछ नहीं था, बाप के बाप के पास भी कुछ नहीं था। मैं भूखे-प्यासे मारे-मारे फिरता हूँ, एक दिन उसी तरह सूख-सूखकर मर जाऊँगा। हमेशा-हमेशा से हम लोगों की यही जिंदगी है। इस तरह देखने-सुनने में आदमी जैसी शक्ल होते हुए भी दरअसल हम लोग आदमी हैं ही नहीं। हम दुःख से, पीड़ा से, यंत्रणा से चीखते-चिल्लाते हैं, भूख से छटपटा-छटपटाकर बिलखते हैं मगर हमारी इस चीख से, इस रोने-कलपने से किसी भी आदमी का दिल तनिक नहीं गलता। आदमी लोगों का समाज हमारी कोई खोज-खबर नहीं लेता, जरूरत ही नहीं समझता हमारी खबर रखने की। ऐसी हालत में आदमियों के समाज की, पाप-पुण्य की धारणा को मानकर हम क्यों चलें?"

अतिशय भावावेश में आकर परान एक ही साँस में इतनी सारी बातें कह गया, मगर फिर कुछ देर के लिए ठिठक गया। उधर अमीना तो अवाक् होकर उस अँधेरे में परान के चेहरे की ओर देखने की कोशिश करने लगी। परान के मुँह से एक साथ, एक ही सुर में, इतनी सारी बातें उसने कभी सुनी नहीं थीं। आज जैसे किसी और आदमी की बातें रट आया हो और एक ही धुन में उगल गया हो! दुःख, परेशानी और लगातार बिना खाए-पिए दिन गुजारते रहने के कारण बेचारे इस आदमी का दिमाग भी तो ठीक नहीं रह गया है। अमीना का दिल परान के प्रति भारी हमदर्दी और करुणा से विचलित सा हो उठा। उसकी आँखों से आँसुओं की बरसात सी झड़ने लगी।

परान ने फिर आवाज दी—"देखो अमीना! अब समय ज्यादा नहीं रह गया। मैं चलूँ।"

परान को अपने निश्चय पर इस तरह अड़ा हुआ देखकर अमीना को तो जैसे काठ मार गया; क्योंकि अब तक तो शायद वह उसकी इन बातों पर विश्वास ही नहीं कर सकी थी, मगर अब तो उसकी सारी बुद्धि ही गड़बड़ा गई। हड़बड़ाहट में वह बस इतना ही पूछ सकी—

"आदमी का क़त्ल करना क्या इतना आसान काम है?"

"हाँ, आदमी को मारना ही सबसे अधिक आसान और सहज काम है। अगर ऐसी बात न होती तो तमाम सारे आदमियों की आँखों के सामने हमारे जैसे लाखों-लाखों आदमी केवल भोजन न पा पाने के कारण मरते जा रहे हैं, इसके लिए किसी को तनिक भी विचलित होते क्यों नहीं देखा जाता? आदमी की भूख से उठती चीख-चिल्लाहट को अगर और आदमी बहुत सहज रूप में न लेते तो इस दुनिया में एक भी भूखा आदमी नहीं होता, एक आदमी भी भूख से नहीं मरा होता।"

परान की बातें सुन लेने पर अमीना हर बार चुप हो जाती है। उसके साथ तर्क करने की सामर्थ्य अब उसके पास नहीं रही। मगर सबसे बड़ी बात तो यह कि उसकी बातें कोई झूठी भी नहीं हैं, परंतुबस इसी वजह से वह बिना कोई दोष किए हुए आदमी का कत्ल कर देगा? निश्चय ही परान वगैरह के दुर्भाग्य के लिए वह बेचारा आदमी किसी भी प्रकार से जिम्मेदार नहीं है। इसमें उसका तो कोई दोष नहीं है। परान से कुछ पूछने के बाद जो नई बातें अमीना सुन पर रही थी, वह उसे बहुत अच्छी लगीं। इस तरह की बातें करते-करते ही अगर उसे कुछ समय तक और रोके रख पाती?

"मगर तुम उस बेचारे आदमी को उसके किस गुनाह की वजह से मारोगे? तुम्हें खाने को कुछ नहीं मिल पाता तो इसके लिए वह आदमी तो निश्चय ही कोई जिम्मेदार नहीं है।"

"अरे, उस आदमी के दोष-गुण से मुझे क्या मतलब? उसे कत्ल कर देने से मैं रुपए पाऊँगा, बस इसी वजह से उसका कत्ल करूँगा। मैं जितना जान सका हूँ, इस धरती पर एक आदमी को जिंदा रहने के लिए, दूसरे किसी एक आदमी को मारना पड़ेगा ही। जैसे उसे धन-संपत्तिवाले धनी-मानी और बुद्धिमान लोग इस तरह तिल-तिलकर, तड़पा-तड़पाकर मारते हैं कि कहीं से जरा भी वे धर-पकड़ में न आ सकें, उसी तरह जो गरीब और बेवकूफ हैं, वे क्रोध से पागल होकर खुले रूप में सामना-सामनी मारते हैं। उस दिन बाजार में एक सभा हो रही थी, उसमें शहर से एक बड़े भारी नामी-गरामी आदमी आए थे। उनके भाषण में मैंने सुना था—वैसे उनकी बातें मुझे बिल्कुल ठीक-ठीक याद नहीं हैं कि धनी और शक्तिशाली लोग युगों-युगों से गरीब दुःखी लोगों को तिल-तिल कर मारते चले आ रहे हैं, मगर इस सफाई से कि उनका यह हत्याकांड आदमी की आँखों के आगे साफ-साफ नहीं दिखाई पड़ता। किसी-किसी देश में इन गरीब-दुखियों ने भी क्रांति की है और एक दिन में युगों-युगों के अत्याचार का बदला ले लिया है, परंतु ऐसी काररवाई को ये धनी-क्षमताशाली आदमी बहुत निष्ठुर और हैवानियत की काररवाई कहकर अभी भी उसकी निंदा करते हैं, परंतु असलियत में इनमें से कौन

सा कार्य अधिक निष्ठुर और हैवानियत भरा है, इसका फैसला कौन करेगा?"

"अरे बाप, रे बाप! आज तो तुम किस तरह की बातें करते जा रहे हो? इतनी बड़ी-बड़ी बातें तुमने सीखीं कहाँ से?" परान को बातों में उलझाए रखने के उद्देश्य से अमीना ने अपनी बात में कुछ बनावटी खुशी का भाव भी डाल दिया।

"दरअसल आज एक आदमी का खून करने जा रहा हूँ न, लगता है, इसी वजह से मन को एक नई ताकत मिल गई है।" कहते हुए परान दरवाजे की ओर बढ़ गया।

अमीना के पास और कोई नई बात कहने का धैर्य नहीं रहा। इसकी ताकत भी नहीं रही। सो अबकी बार वह केवल जोर से चिल्ला उठी—"तुम जा नहीं सकते, नहीं, तुम कतई नहीं जा सकते। अरे, छिह-छिह! किसी आदमी का खून करके पैसे कमाने से तो खुद मर जाना ही बेहतर है।"

"क्या बेहतर है और क्या बदतर है, इस बात पर सोच-विचारकर फैसला कौन करेगा? अच्छा-बुरा, पाप-पुण्य का विचार जो बड़े आदमी लोग करते हैं—अगर वे मेरी तरह महीने के बाद दूसरे महीने, साल-दर-साल भूखे-दुखे रह जाने को विवश होते, घास-पूस की ठिठुरन भरी जाड़े की ऋतु में मेरी ही तरह कपड़े-लत्ते के अभाव में खाली बदन काँप-काँपकर मरने-मरने को होते रहते, मेरी ही तरह अपनी कोख की संतान को खाने के बगैर मरते हुए देख सके होते तो उनकी भी भले-बुरे, पाप-पुण्य की धारणा अब तक एकदम उलट गई होती, बिल्कुल दूसरी हो गई होती। तब तो वे भी अबतक मान लिये होते कि भरे पेट और खाली पेट में जो अलगाव है, अंतर है, वही भले-बुरे का असली फैसला करता है। जीवन का सबसे महान् सत्य है—दोनों वक्त मिलने वाला दो कौर भोजन। जब तक इस धरती पर रहनेवाले सभी आदमियों को दोनों जून दो मुट्ठी अन्न खाने को नहीं मिलने लगेगा, तब तक भले-बुरे, पाप-पुण्य का अर्थ सबके लिए एक समान हो ही नहीं सकता, परंतुसबसे बड़ी बात क्या है, जानती हो? दो मुट्ठी भोजन ही जिंदगी की असली बात है, यह बात, जो लोग हर समय, हमेशा भरपेट खाने को पाते रहे हैं, वे इसे समझ ही नहीं सकते, परंतु मैं तो सौ दफे कहूँगा, हजार बार कहूँगा कि खाली-भूखा पेट सबसे पहले दो मुट्ठी भोजन की बात ही समझ पाता है। बाकी सारी चीजें, सब-की-सब झूठी हैं।"

अमीना को जोर का धक्का मारकर, अपने सामने से हटाकर उसने द्वार खोलने के लिए दरवाजे पर हाथ रखा।

अमीना ने भी सहसा महसूस कर लिया कि परान को बाधा देकर रोके रखने की शक्ति अब उसमें नहीं है। यदि क्षणिक उत्तेजना के आवेश में आकर उसने इस

भयानक काम को करने का निर्णय लिया हुआ होता तो अबतक उत्तेजना के शांत हो जाने के साथ-ही-साथ वह इस खतरनाक निर्णय से अलग हो गया होता। मगर अब यह साफ हो गया है कि सारी बात पर खूब गौर से सोच-विचारकर, पक्ष-विपक्ष की सारी बातें समझ-बूझ लेने के बाद ही उसने किसी आदमी की हत्या करने जैसे काम की ओर बढ़ने का निश्चय किया है। लगता है कि उसके दिमाग में कोई शैतान घुस गया है। (अतः अब तो कुछ कहना-सुनना बेकार है) फिर भी उसने अंतिम कोशिश के रूप में कहा, "तुम चाहे जितना भी, जो कुछ भी कहो, परंतु मैं यह कभी भी नहीं मान सकती कि आदमी की हत्या कर देने पर भी कोई पाप नहीं होता। अगर तुम्हारी इस तरकीब को मानकर सारे आदमी चलने लगें, तब तो आदमी और जानवर में कोई फर्क ही नहीं रह जाएगा।"

परान के मन में तो जैसे उसके इस सवाल का जवाब पहले से ही तैयार था, उसने तुरंत उत्तर दिया—"आदमी और जानवर में अभी भी कोई फर्क नहीं है, अमीना! आदमियों के इस समाज में अभी भी जानवर के जंगल का कानून ही चलता है। जिस तरह जानवर एक-दूसरे को मार खाते हैं, अपने शरीर की ताकत के भरोसे, उसी तरह आदमी दूसरे आदमी को मारकर खाते हैं, अपनी दिमागी तिकड़म, कल-बल-छल से, युक्ति से, तर्क से।"

"हाय अल्ला! आज जरूर कोई शैतान तुम्हारी बुद्धि को चला रहा है। अरे, तुम्हारे मन में क्या रत्ती भर मोह-माया, दया-ममता-रहम नहीं रह गया है? इतने शांत, ठंडे मिजाज से तुम एक निरपराध आदमी को मारने को उतारू हो गए हो? ठीक है, अगर तुम जाना ही चाहते हो तो जाओ। मगर एक बात मैं भी तुम्हें कहे दे रही हूँ। अंततः तुम किसी आदमी का कत्ल नहीं ही कर सकोगे। अंतिम घड़ी में तुम्हें खुद ही यह काम बुरा जान पड़ेगा, तुम्हें खुद ही डर लगेगा।"

"चुप रहो, बेसी बक-बक मत करो।" कुत्ते की तरह भौंकते हुए परान ने धमकाया—"तू मुझे कोई नपुंसक आदमी या औरत समझती है क्या? (एक आदमी का कत्ल नहीं कर पाऊँगा, हँह) दो सौ रुपए के लिए तो मैं एक आदमी क्या, दो आदमियों का खून कर सकता हूँ। अरे, बहुत दिनों तक मैंने पेट की आग के कारण धीरज धरे रखा। अपने नन्हे मासूम बच्चों के मुँह में एक कौर भात नहीं डाल सका, उनके तिल-तिलकर मरने का दृश्य भी मैं खूब धैर्य धारण कर चुपचाप देखता रहा। भले रास्ते से चलकर इज्जत, ईमानदारी से एक मुट्ठी अन्न जुटाने की कोई भी कोशिश मैंने बाकी नहीं रखी। मगर इसके परिणामस्वरूप मैंने आखिर पाया क्या? जन्म से लेकर आज तक कभी एक दिन भी भरपेट खाना खाया हो, आदमी की तरह का जीवन जिया हो, मुझे तो याद नहीं पड़ता। अगर मैं आज अपने

देश की सरकार के सामने, समाज के बड़े आदमियों के सामने खड़ा होकर—उनसे प्रार्थना करूँ—मैं हूँ परान शेख, मेरे पास खेत-खलिहान, बाग-बगीचा, हल-बैल कुछ भी नहीं है। बहुत कोशिश की, बहुत ढूँढ़ा, मगर कहीं कोई काम नहीं जुटा पाया, खाना न मिल पाने से भूखा रहते-रहते मरा जा रहा हूँ, इस भयंकर जाड़े में भी तन ढकने को एक टुकड़ा कपड़ा नहीं है, अपनी औरत की शर्म ढकने के लिए एक फटी चिथड़ी भी मेरे पास नहीं है—आप लोग दया करके मेरे जिंदा रहने का कोई उपाय कर दें, कोई सहारा दे दें—तो क्या वे मुझे कुछ दे देंगे? अरे, मुझे एक कुत्ता समझकर उसी तरह छिह-छिह करके दुर-दुराकर भगा देंगे।

मेरी करुणा भरी दुःख-दर्द की बात सुनने का धीरज भी किसी को नहीं होगा। उनके पास तो मेरे जैसे लाखों-लाखों आदमियों की जिंदगी का कोई दाम नहीं है। दस रुपए खर्च कर वे मेरे घर को तो सँभाल नहीं सकते, मगर मेरे जैसे आदमियों को पागल कुत्ते की तरह बाँधे रखने के लिए लाखों-लाखों रुपए खर्च कर जेलखाना बनवाते हैं और हमें पागल भी वही बनाते हैं। खाने-पहनने को न पाने से हम चोरी-डकैती करते हैं। अतः हम लोगों पर नजर रखने के लिए करोड़ों-करोड़ों रुपए खर्च करके वे पुलिस रखते हैं, मगर अच्छे-भले रास्ते पर रहते हुए हम नंगे-भूखे रहकर अन्न-वस्त्र के अभाव में तिल-तिल जलकर, खून की उलटियाँ कर-करके कैसे मरते रहते हैं, उसे देखने के लिए तो एक भी आदमी की ड्यूटी नहीं लगी है। अमीना, तू बिल्कुल ठीक ही कह रही है, आज मुझे शैतान ही बुद्धि दे रहा है। रुपया ही असली सत्य है और रुपया पैदा करने का इतना सहज उपाय मैंने आज तक कहीं और पाया नहीं। मैं अब जाऊँ! बस आज की रात तू और धीरज रख। कल से रोज एक वेला भरपेट खाना खाने को पाओगी।"

अकस्मात् अमीना ने महसूस किया कि परान वहाँ नहीं है। तो सचमुच ही वह चला गया! बाहर घनघोर अंधकार फैला है। चारों ओर से खुले मैदान में ठंडी हवा के तूफानी झोंके हू-हू करके बह रहे हैं। एक बार तो उसका मन हुआ कि परान के पीछे-पीछे दौड़ी जाए, मगर शरीर में जैसे जरा भी ताकत ही नहीं रही। किसी-किसी तरह अपने शक्तिहीन पैरों को एक कदम-दो कदम बढ़ाते हुए वह बिस्तरे की ओर घिसट चली। फिर तो वह बिस्तरे पर धड़ाम से गिर पड़ी।

उसने हरसंभव कोशिश की कि कुछ भी न सोचे-विचारे, सबकुछ भूल जाए, परंतुरह-रहकर बार-बार उसकी आँखों के सामने, उस घनीभूत अँधेरे में हाथ में दाव लिये दौड़ते जाते परान की मूर्ति चमक-चमक उठती थी। थोड़ी देर बाद ही वह अपने निशाने की जगह पर पहुँच जाएगा।...एक आदमी एकदम निश्चिंत हो आराम से सो रहा है, बगल में हो सकता है उसकी औरत भी लेटी हो और बच्चा

भी। बस एक दाव की चोट, फिर सबकुछ आर-पार, सब समाप्त।

अमीना को बहुत अचंभा हुआ। इस हृदय-विदारक डरावने दृश्य की कल्पना उसने कितने सहज और आसान तरीके से कर ली।

आदमी मरता है, चाहे जैसे भी हो सके, आदमी की मौत होती है, वह मरता ही है। इससे आसान चीज, इससे सरल बात इस धरती पर क्या है ?

असाधारण और आश्चर्यजनक चीज है तो जीवन जीते रहना, भरपेट भोजन कर पाना।

दो सौ रुपए अगर हाथ में आ जाएँ तो कई दिनों तक भरपेट खाना खाने का मौका मिल जाएगा, दो नई साड़ी खरीदी जा सकेंगी और एक रजाई, रजाई के नीचे जाड़े की रात, ओह कितना आराम, वाह··· !

एक कोमल रजाई में लिपटे होने की मधुर-मादक गरमी का सपना देखते-देखते अमीना गाढ़ी नींद में डूब गई।

□

उन्हें जगा दीजिए

—अरुण गोस्वामी

वोट देने के अनंतर वे सब बाहर आ खुले मैदान में इकट्ठे हुए थे—गुड़ की ढेली पर जमा हुई चींटियों की तरह। बचे हुए लोगों के क्रिया-कलाप देखकर वे आपस में चुनाव में खड़े हुए प्रत्याशियों के बारे में नाना प्रकार के मत व्यक्त कर रहे थे। इसी समय न जाने कहाँ से स्वराज काका आ गए।

स्वराज काका का असली नाम क्या है, इस विषय में आजकल के लड़के-लड़कियाँ कुछ भी नहीं जानते। निर्बाध भाव से अनर्गल प्रलाप करनेवाले इस मध्य वयस्क व्यक्ति को सभी लोग 'स्वराज काका' के नाम से ही जानते हैं, क्योंकि उनके समवयस्क अथवा उनसे ज्येष्ठ लोग भी उन्हें इसी नाम से पुकारते हैं। इसका अर्थ यह नहीं है कि स्वराज काका का कोई निजी परिचय ही नहीं है। एक समय में स्वराज काका हाईस्कूल में अध्यापन करते थे और वे उन दिनों के इंटरमीडिएट पास व्यक्ति हैं। किंतु नौकरी करने के उन दिनों में ही स्वराज काका के सिर पर भूत सवार हुआ। मूल कारण यह था कि उन दिनों देश को स्वाधीन कराने की प्रचंड तूफानी हवा उनके देह-मन में समा गई थी। तत्पश्चात् उन्होंने नौकरी को तिलांजलि दे दी और स्वतंत्रता आंदोलन में कूद गए तथा इस आंदोलन में ऐसे रमे कि भूल ही गए कि उनका अपना भी एक कुल-परिवार है। इस आंदोलन के स्रोत में प्रवाहित होने से उन्हें तनिक भी समय इधर-उधर भटकने के लिए नहीं मिला। मात्र एक लक्ष्य में वे पूर्णतः लिप्त थे। धर्मपत्नी स्वर्गवासी हो गई। छोटे-छोटे कई बच्चे-बच्चियाँ भर बचे रह गए। तब भी स्वराज काका लौटकर घर नहीं आए। अनेक बार पुलिस की लाठी, थप्पड़, घूँसा खाकर, चार-पाँच बार जेल की कठोर यातना भोगकर अंततः स्वाधीन देश में वे लौटकर आए।

देश स्वतंत्र हुआ। स्वतंत्र देश में बाध्य होकर स्वराज काका ने अपने घर में प्रवेश किया तो देखा कि उनके लड़के-लड़कियाँ स्कूल-कॉलेज की बात भुलाकर कोई मामा के घर (ननिहाल में), कोई चाचा के घर तो कोई गाँव के मुखिया के घर रहना आरंभ कर चुके हैं। उन घरों में वे नौकरों का काम करते हैं या पढ़ते-लिखते हैं—इस विषय में स्वराज काका कुछ भी समझ नहीं सके। कहा नहीं जा सकता कि किन कारणों से स्वराज काका बहुत दिनों तक गूँगे की भाँति एकदम मौन हो गए और जब कई वर्ष इसी प्रकार बीत गए तो जब उन्होंने बोलने के लिए मुँह खोला तो उनका मुँह बंद करना ही असंभव हो गया। बातें, बातें, केवल बातें। संभवत: इसी कारण लोगों ने स्वराज काका को पागल कहना शुरू कर दिया। यद्यपि बहुत अधिक बातें करने की आदत के अतिरिक्त उनमें पागलपन का कोई अन्य लक्षण लोग बहुत ढूँढ़कर भी नहीं पा सके।

वे पुराने अखबारों का एक बंडल हाथ में लेकर निकलते हैं। सुनने लायक आदमी पाने पर स्वराज काका कभी इस बंडल को खोलकर कुछ पढ़कर सुनाते हैं। उनके वक्तव्य के विषय होते हैं—देश-संबंधी बातें, स्वतंत्रता संग्राम की बातें, गांधीजी की बातें, ब्रिटिश-शासकों की बातें, स्वाधीनता की बातें और अंत में स्वाधीनता देश की दुर्दशा तथा सरकार एवं नेता लोगों की बातें कहकर वे दु:ख प्रकट करते हैं। कभी-कभी तो देश की वर्तमान दुर्गति और नेताओं की दुर्नीति की बात करते-करते स्वराज काका बच्चों जैसे भों-भों कर रो पड़ते हैं। केवल मात्र इतने ही से उन्हें लोग पागल कहते हैं। अनेक लोग तो यह भी कहते हैं कि आंदोलन में पुलिस ने लोहे की छड़ से पीट-पीटकर उनका माथा फाड़ दिया और मस्तिष्क बाहर निकाल दिया था। इसी कारण अब उनका मस्तिष्क विकृत हो गया है।

स्वराज काका उस जनसमूह की ओर बढ़ आए। आते ही उनसे किसी व्यक्ति ने प्रश्न किया, "वोट देने के लिए आए हैं क्या?"

"वोट! बंदरों के झुंड को देश चलाने की सुविधा मैं जुटा दूँगा, ऐसा सोचिएगा भी नहीं। वोट के लिए उपयुक्त व्यक्ति कोई भी नहीं है।" स्वराज काका ने हँसते हुए कहा।

"अच्छा ठहरो, बंदरों को जब वोट दे ही आए हो, तब मैं एक कहानी कहता हूँ। सुनिए। बैठें, सभी लोग बैठ जाएँ।"

सभी लोग बैठ गए। स्वराज काका ने सबकी ओर एक बार ध्यान से देखा और फिर कहा, "हाँ, एक कहानी कहने जा रहा हूँ। सुनेंगे तो?"

"सुनेंगे, सुनेंगे, कहिए" की आवाज लगाकर लोगों ने अपनी सम्मति प्रकट

की। सभी लोग यह अच्छी तरह जानते हैं कि जब स्वराज काका किंचित् खिन्न हो जाते हैं तो उनके मुँह से अद्भुत प्रकार की कहानी सुनाई पड़ती है।

—तभी देश के निवासियों की अवस्था अत्यंत हृदय-विदारक हो उठी। चारों दिशाओं, सर्वत्र आदमी-ही-आदमी दिखाई पड़ते थे। देश में तब राजा, मंत्री, उपमंत्री, राज्याधिकारी, कर्मचारी, उपदेशक के रूप में बहुत बड़े-बड़े लोग थे। उनके मुँह का रंग पकी हुई नारंगी के समान था। शरीर के अवयव पके हुए केले के समान और उनके पेट थे स्वास्थ्यवती पूर्ण-गर्भा स्त्री के पेट के समान। वे अपनी नीची श्रेणी के कर्मचारियों द्वारा परिवेष्टित रहकर अत्यंत अभेद्य दुर्ग जैसे महलों में रहते थे। उन सबका निवासस्थल या राजधानी धरती के एक ऐसे अंश पर थी, जिस पर उस भयंकर बाढ़ में भी, संपूर्ण देश के बाढ़ में डूब जाने पर भी, पानी की एक बूँद भी नहीं पड़ती थी। साधारण जन नीचे से आकाश की ओर ऊपर निहारते रहकर भी उस स्थान को नहीं देख पाते थे। अतएव लोगों ने उस स्थान का नाम 'अमरावती' रख दिया था। उस स्थान पर राजा, मंत्री, उपमंत्री और उच्चस्तरीय कर्मचारी ही रहते थे। किंतु देश की प्रजा की दशा अत्यंत खराब हो गई थी। कहीं कुछ खाने को नहीं, चारों ओर हाहाकार था, त्राहि-त्राहि मची थी। कहावत है कि मनुष्य बिना कुछ खाए जब नहीं रह पाता तो मरे हुए पशुओं-बकरों आदि को खोज-खोजकर खाने में भी कुंठित नहीं होता। जिस नन्हे शिशु के मुँह से माँ का स्तन बरबस हटा लिया गया हो, उस शिशु की भाँति वे निस्सहाय चीत्कार करने लगते। उनका यह रोदन दूसरे देश के निवासी समवेत संगीत की भाँति कान लगाकर सुनते। किंतु ऐसी दशा में भी बहुत से लोग ऐसे थे, जिन्हें भूख की पीड़ा नहीं सताती थी, क्योंकि वे अनेक उपायों से राज के कृपा-पात्र बन गए थे। राजप्रासाद की ऊँची-ऊँची नौकरियाँ उनके पेटों को भरा-पूरा रखती थीं।

राजप्रासाद के ऊँचे पदों पर काम करने के कारण अधिकांश लोग उनसे डरते रहते थे। आवश्यकतानुसार लुक-छिपकर लोग उनकी सहायता भी करते थे। जो लोग कुछ भी खाने को नहीं पा रहे थे, उनकी आँखों की ज्योति धीरे-धीरे कम होने लगी। वे अंधे होने लगे, अपने पैरों पर चलने की शक्ति वे गँवा बैठे और धीरे-धीरे वे जहाँ बैठे थे, वहीं सो गए। उस समय केवल कुछ ऐसे युवक थे, जो क्षुधातुर सिंह की भाँति गर्जन करते हुए देश में चारों दिशाओं की ओर देखने लगे। उन्होंने ध्यान से देखा तो पाया कि वस्तुत: देश में किसी चीज का अभाव नहीं है। आज जो लोग सोए पड़े हैं, उन्होंने ही सोने के पहले जितना परिश्रम किया था, उसके परिणामस्वरूप उत्पन्न धन से देश पटा हुआ है, वह

धन विशेष प्रकार के लोगों के गोदामों में जमा है और चूँकि परिश्रम करनेवाले वे साधारण लोग सोए हुए हैं, अतः अवसर का लाभ उठाते हुए और अधिकाधिक लाभ की आशा से वे उन वस्तुओं को अन्य देशों को निर्यात कर रहे हैं। ये जवान फिर कुछ भी नहीं कर सके। वे पिंजड़े के बाघों की भाँति रह-रहकर गरजने लगे। इससे राजा, मंत्री, उपमंत्री और ऊँचे-ऊँचे अधिकारियों के कलेजे काँप उठे। झटपट संगीत साधना और साथ-ही-साथ सम्मोहिनी जादू-टोना आदि साधनाओं के व्रती होकर वे विश्वामित्र की भाँति तपस्या करने लगे। तत्पश्चात् उन क्रुद्ध युवकों और क्षुधार्त लोगों के बीच में आकर उन्होंने मोहिनी-नृत्य आरंभ कर दिया। उन्होंने अच्छी-अच्छी मोहे कहानियाँ सुनाईं, छत्तीस रागों में मधुर संगीत सुनाया और मोहिनी वेश धारण कर नृत्य दिखाया। प्रचंड गर्जन करते हुए उन लड़कों ने जब उनका नृत्य देखा तो पूर्ण परितृप्त शिशुओं की भाँति ओठ टेढ़ा कर खिल-खिलाकर हँसना शुरू कर दिया और बच्चों को लुभाने वाले उन गानों को सुनकर बच्चों की भाँति ही वे भी सो गए। इस बीच जो लेगा जमीन पर सोए पड़े थे, उन्होंने भी राजा, मंत्री, उपमंत्री एवं अधिकारियों की कहानियाँ और गाना सुनकर अपनी सारी शक्ति बटोरकर एक बार ताली बजाकर उनका जयघोष किया। तदंतर फिर सभी धीरे-धीरे घोर निद्रा में सो गए।

आधी रात के अँधेरे में पूर्ण शांत पड़े हुए गाँव की तरह पूरा-का-पूरा देश नींद के नशे में आच्छन्न पड़ा रहा। देश में शांति स्थापित हुई। राजा, मंत्री, उपमंत्री एवं राज्याधिकारी वृंद अपनी-अपनी जगह लौट गए। देश में केवल उल्लू, काल-उल्लू (मरखउकिया), चूहे, चुहिया और खून चूसने वाली पतली जोंकें ही जगी रह गईं। इन जीवों ने सोई हुई जनता की सारी संपत्ति लूटकर चुपचाप अपने उदर-भंडार में अथवा चोरी के गोदामों में चुपचाप भर ली। उनके आनंद-उत्सव को देखे भी कौन? राजा, मंत्री, उपमंत्री एवं उच्चाधिकारी वर्ग जब युद्ध के आनंद में मदमत्त हो नाच-गान करने में ही मशगूल थे, ठीक तभी एक बड़ी घटना घटित हुई। हो सकता है कि राजा, मंत्रियों आदि के आनंद-उल्लास के कोलाहल से अथवा चूहों, उल्लुओं के काटने या झपट्टा मारने से नन्हे बच्चे भयभीत हो आर्तनाद कर उठें। उनके चीखने-चिल्लाने से वयस्क लोगों की नींद भी उचट गई। तब उन्होंने देखा कि नन्हे बच्चों के शरीर क्षत-विक्षत हैं। जगह-जगह घावों से भरे हैं। उनकी देहों पर असंख्य जोंकें चिपटी हैं। झटके से उठकर कूद-कूदकर वे पहले सोए युवकों को पुकारने लगे। वे उठ बैठे। आँखें खोल-खोलकर चारों ओर गौर से देखा तो पाया कि राजा, मंत्री, उपमंत्री,

उच्चाधिकारी अत्यंत आनंदमग्न हो, उत्सव मनानेवाले लड़के-लड़कियों की तरह गाते हुए, चक्कर लगा-लगाकर नाचते जा रहे हैं। उनके हाथों और होंठों पर खून के लाल निशान पड़े हैं। कुछ देर तक सोचने-विचारने के बाद वे समझ गए कि उल्लुओं, चूहों के दल अपना स्वार्थ सुरक्षित बनाए रखने के लिए देश की जनता का खून गिलास-गिलास, घड़े-घड़े जुटाकर इन शक्तिशाली लोगों के मुख में डाल रहे हैं। इन युवा लड़कों की आँखें पकी हुई मिर्चों की तरह लाल हो उठीं और उन आँखों से आग निकलने लगी। वही आग लाखों-लाखों टुकड़ों में बँटकर सर्वत्र फैल गई। वह चारों दिशाओं से राजा, मंत्री, उपमंत्री, शासकीय कर्मचारी और गिद्ध, उल्लू सभी को घेरकर पकड़ने के लिए आने लगी। किंतु वे सब तब भी गाना गाते-नाचते जा रहे थे। अचानक जब अग्नि-ज्वाला के ताप से उनके शरीर झुलसने लगे, तब उन्हें कुछ चेत हुआ। तुरंत ही उन्होंने पहले अपनी-अपनी आँखों के पानी से उस आग को बुझाने की चेष्टा की। तदनंतर गाना सुनाया, नाच दिखाया, कहानियाँ कहीं, साष्टांग प्रणिपात किया। पर कोई उपकार नहीं हुआ। इतने पर भी आग बढ़ती ही आ रही थी। रक्षा का कोई और उपाय न देखकर वे संहारक बारूद फेंकने लगे। किंतु कितना आश्चर्य है कि इससे आग ठंडी नहीं हुई, बल्कि घी पड़ी हुई आग की भाँति और भी दुगनी शक्ति से धधक उठी। तब तो राजा, मंत्री, उपमंत्री, परिषद्, कर्मचारी, उल्लू, काल-उल्लू, गिद्ध, चूहे ये सभी उस आग में क्रमशः उसी प्रकार पड़कर फूटने लगे, जैसे भाड़ में धान का लावा फूटता है। सब जल जाने के बाद देश में अब तक दम साधे जो जंजाल बचे पड़े थे, वे सब भी उसी आग में जलने लगे। उसके बाद एक दिन ऐसा आया कि सारा देश राख हो गया और क्षुधातुर जनता की आँखों के पानी ने इस सारी राख को धो-पोंछकर बहा दिया।

कुछ दिनों के बाद देश में नई वनस्पतियाँ अंकुरित होने लगीं। किंतु इन वृक्षों के साथ पुनः वे वृक्ष न अंकुरित हो पाए, जो दूसरे वृक्षों का खाद्य-शोषण कर उन्हीं पर चढ़ फैलते हैं। उनके अवरोध के लिए इस बार प्रत्येक व्यक्ति सचेत था। अभी भी कई ऐसे राजकर्मचारी और रक्त चूसनेवाले जीव बचे हुए थे, जो उस प्रलयंकारी आग में भी जल नहीं सके थे। ऐसे रक्त शोषकों का गला पकड़कर, रस्सी से बाँधकर, मुँह-पीठ पर चूना लगाकर, जनता उन्हें गली-गली घुमाने लगी और अंत में एक नए चिड़ियाखाने का निर्माण कर उन्हें उसी में रखा गया, ताकि आनेवाली पीढ़ी उन्हें देख-समझ सके।

वे सोए हुए लोग ही तब दिन में खेती करने लगे। रात में देश के शासन

की देख-रेख करने लगे या करने का दायित्व लेने लगे। तब न जाने किस गायक ने गाना प्रारंभ कर दिया—'एक हाथ से पकड़ता हूँ, हल की मुठिया और अन्य हाथ से धरता हूँ शासन-चक्र।' सभी समवेत स्वर में यही गीत गाने लगे। किंतु कितना आश्चर्य है कि (ऐसी अवस्था में) एक अदना व्यक्ति को भी भूखा सोने के लिए विवश नहीं होना पड़ा।

यहाँ तक कहकर स्वराज काका रुके। अब तक सभी लोग बिना कोई शब्द किए एकदम शांत भाव से यह कहानी सुन रहे थे। उन सबको एकदम अवाक् देखकर स्वराज काका ने उठकर चारों ओर ध्यान से देखा—नौजवान लड़के उसी कहानी के चीत्कार करते शिथिल पड़े नन्हे शिशुओं की तरह सो गए हैं। इस समय वे अत्यंत गंभीर निद्रा में हैं।

थोड़ा सा मुसकराते हुए स्वराज काका ने वृद्धजनों की ओर देखकर कहा, "लड़कों के पेट में संभवतः कुछ पड़ा नहीं है। उनका मुँह एकदम सूखा-सूखा है। वोट देनेवाले ये बेचारे भूख से व्याकुल कहानी सुनते-सुनते ही सो गए हैं। उन्हें जगा दीजिए, नहीं तो वोट के बक्सों में निवास करनेवाला व्यक्ति उन सबकी देहों को रौंदता हुआ, इन्हें मसलता हुआ इनके ऊपर से निकल जाएगा।"

वृद्ध लोगों ने तब उन नौजवान लड़कों को धीरे-धीरे हिलाना प्रारंभ कर दिया।

□

उत्प्रेरक

—भूपेंद्र नारायण भट्टाचार्य

बाँस के खूँटे में रंगीन डोरे से लटकाया हुआ कलेंडर तेज हवा के झोंके से फड़फड़ा उठा तो तारा की दृष्टि उधर आकृष्ट हुई। इकरा (बाँस की कइन सी लंबी पहली सींकें) के बेड़े की दीवार पर लगाई हुई मिट्टी का लेप खिसक गया था, जिससे पड़ी दरारों से हवा के झोंके आवाज उठाते हुए बह रहे थे, फिर भी उस आवाज पर कान न देकर वह एकांत दृष्टि से कलेंडर की ओर ही देख रही थी। वह अभी भी यह नहीं समझ पाई थी कि सदा रंगीन दिखाई पड़नेवाला कलेंडर अचानक सफेद कैसे हो गया। कलेंडर पर चित्रित मुसकराते हुए शिशु का चित्र अब क्यों नहीं दिखाई पड़ रहा है? काफी देर बाद वह अचानक बिस्तरे से उछलकर कूद पड़ी और कलेंडर के पास जाकर उसे उलट दिया। अब केवल सफेद रंग की पृष्ठभूमि की जगह कलेंडर की रंगीन तसवीर साफ नजर आने लगी।

(ऐसी स्थिति में) तारा का चेहरा ऐसा लगने लगा, जैसे वह किसी पर क्रुद्ध हो गई हो। कलेंडर जैसे उसे बार-बार याद दिला रहा था कि जाने किस मोहवश उसने उसे फेरीवाले से माँग लिया था। उसी समय उसने उसे उलट देने की बात क्यों नहीं सोची? थोड़ी देर बाद इसी कारण वह उस पर और भी क्रुद्ध तथा हिंस्र हो उठी। अब क्या सदा-सर्वदा के लिए अश्विनी उसे इसी भाँति उलटा करके रखना चाहता है। एक प्रकार से बलपूर्वक ही उसे दबाकर उसने उसे अपना बना लिया था और अब तक उसकी समस्त आशा-आकांक्षा का मर्दन करते हुए प्रतिबंधक के रूप में उस पर जाकर बैठा है। पति की इस प्रकार की कुत्सित मनोवृत्ति, सदा-सर्वदा कष्टप्रद गाली-गलौज, धमकी और भर्त्सना सहना अब संभव नहीं है। कुछ समय तक ऐसी ही दशा में वह पड़ी रही और सबकुछ को एक उपेक्षा भरी दृष्टि से देखती रही। तारा ने अनुभव किया कि सड़क पर आवाज करती हुई कोई घोड़ागाड़ी (इक्का) इधर ही आ रही है। घोड़े के गले में बँधे हुए पीतल के घुंघरुओं की

आवाज हवा की मद्धिम आवाज को दबाते हुए स्पष्टतर होती जा रही है।

उसके बाद फिर कोई आवाज नहीं, जैसे कि घोड़ा-गाड़ी यहीं-कहीं रुक गई है। घोड़े के गले के घुँघरू रह-रहकर बज उठते हैं। ऐसा लगता है, जैसे घोड़ा अब घास खा रहा है, इसी से रह-रहकर घुँघरू झनझना उठते हैं।

इकरे के बेड़े के बाहर उचककर देखने का साहस उसने नहीं किया। बाहर आँधी चल रही है। कौन जाने हवा में उड़ती हुई धूल के कण आँखों में पड़ जाएँ और फिर कुछ भी देखना संभव न रह जाए।

सिरहाने के पास की बाँस की फट्टी से बनी खिड़की को जरा सा टेढ़ा करके उसने सामने सड़क की ओर देखा। पड़ोस का घर बहुत दिनों से यों पड़ा था। इस समय संभवत: कोई व्यक्ति उसमें आया हुआ है। अच्छा ही हुआ।

इक्के से सामान उतारते समय रामस्वरूप चिल्ला उठा—'रुको, रुको! पहले हारमोनियम उतारने दो। उसके बाद यह सब उतारना।' उसने वैसा ही किया और सावधानी से हारमोनियम उतारकर कंधे पर रखकर जब घर में प्रवेश कर गया, तब उसके बाद इक्केवाले कुरंगी ने देगची, हाँड़ी, चारपाई, मिट्टी के तेल के डिब्बे आदि से लेकर हल्दी रखने के टिन के डिब्बे तक को नीचे उतारा।

थोड़ी देर में उसने खिड़की खोल दी और पास के मूढ़े को रखकर निश्चित भाव से उस पर बैठ गई। कलेंडर पर हँसते हुए शिशु का चित्र फिर उसकी आँखों में कौंधने लगा। अब वह यह अच्छी तरह समझ गई कि किस कारण से अश्विनी ने कलेंडर को उलट रखा था।

इस विशेष परिवेश में क्या मेरा कुछ कर्तव्य नहीं है? क्या मैं कुछ भी कह नहीं सकती? पड़ोस के सुबूरी ने ठीक ही कहा था—मुझे लोगों की बातें सुननी ही पड़ेंगी और विगत सात वर्षों से सुनती ही रही हूँ। गत सात वर्षों से गृहिणी बनकर इस नीच प्रकृति के सुविधावादी आदमी की मारपीट खाते-खाते मेरी हड्डियाँ जर्जर हो गई हैं, अब और बाकी है ही क्या?

तारा को लगा कि वर्तमान समय में उसके अत्यंत निकट का और अत्यंत घृणा का पात्र वह आदमी दरवाजा ठेलकर अंदर चला आ रहा है।

आए न, आ जाने से क्या हुआ?

"यह देखो, यह किसकी तसवीर है? बहुत पहले इसे ले आया था। इस समय नहीं लगेगी, कल मेरे कार्यालय चले जाने के बाद कुछ बाँसों की सीकें (शलाका) बना लेना और कागजों को ढक देना।"

इस पर भी जब कोई उत्तर नहीं मिला तो अश्विनी उत्तेजित हो उठा, फिर भी क्रोध दबाते हुए वहाँ से हटकर कागज के बंडल को बिस्तरे में दबाकर अंदाजा

लगाने की चेष्टा की—वस्तुत: किस दुश्चिंतावश वह उस प्रकार से घुटने पर होंठ लगाए हाथ-पाँव समेटकर बैठी है ? उसने क्या जानबूझकर कलेंडर को उस प्रकार रखा है ? वह तारा के उद्देश्य को पूर्ण नहीं कर सकता और इस जीवन में वह कभी भी तारा की आशा को अच्छी तरह पूरी नहीं कर सकेगा। चेष्टा करके देखने के उपरांत इसका संपूर्ण दोष उसी के ऊपर थोपने की चेष्टा की है, यद्यपि इस संदर्भ में तारा का अंशमात्र भी दोष नहीं है। किंतु झूठ-मूठ में यही बात प्रमाणित करने की चेष्टा करता रहा हूँ कि कलेंडर के मुसकराते हुए बच्चे के समान एक बच्चे का अभाव हमारे जीवन में एकमात्र तारा की वजह से ही बना हुआ है।

बात बिल्कुल झूठ है। मैं सबकुछ अच्छी तरह जानता हूँ। मैंने भी हाई-स्कूल की दो कक्षाओं तक शिक्षा ग्रहण की है। कौन किस क्रिया-कलाप में लगा है, क्या मैं नहीं समझता ? उस फोटो को ढककर मैं क्या करना चाहता हूँ ? क्या होगा उस फोटो को ढककर ?

गोबर-मिट्टी से लिपा-पुता बेड़ा (दीवार) सुशोभित हो उठेगा। घर कुछ चमकता हुआ लगने लगेगा। मनुष्य में परिष्कृत रुचि जैसी वस्तु अभी भी है।

वे सब चीजें कहाँ से ले आया है ? कुछ कटे-फटे कागजों को लाकर चालू किस्म की बातें करके मेरा मन मोहने का उपाय ढूँढ़ रहा है। बिना किसी दोष-अपराध के मार खाते-खाते पीठ काली पड़ गई और अब मुझे सुशोभित करने आया है ? इन सब चीजों की मुझे कोई आवश्यकता नहीं।

अश्विनी ने यांत्रिक भाव से तारा की ओर देखा और उसके मुख से निकली बातें समझते हुए उसका विचार बदलने की चेष्टा करते हुए वह मानो पहले से भी अधिक तिक्त हो उठा। कार्यालय से घर तक आते हुए रास्ते में इस पूरे भाग तक वह सोचता आया था कि क्या-क्या कहूँगा और यहाँ हुआ क्या ?

कहना चाहता था, गुप्त बाबू की बेटी हीरा का परसों ही पति को छोड़ जाने का दुखद समाचार और रोमहर्षक बातें और कहानियाँ। गत सप्ताह में मुकालमुवा सेंसामुख हाजो, मरोवा में किस प्रकार किसानों और पुलिस के बीच कैसे-कैसे रोमांचक संघर्ष हुए और किस प्रकार किसी दुर्वृत्त ने पेट में से बच्चा निकाल देने की भाँति रातोरात उनकी आँखों में धूल झोंककर फले हुए धान के दो खेतों को कैसे काट लिया था। उसी दिन अश्विनी का भाई और तारा का देवर हर्षवर्धन सबेरा होते ही हाथ-मुँह धोकर एक झोले में से एक पूरा नारियल और चूना समेत पान-सुपारी निकालकर खाते हुए धान काट ले जाने का समाचार पाकर कैसे माथे पर हाथ रखकर खेत के बीचोबीच बैठ गया था—ये सारी बातें वह कहना चाहता था, किंतु कहना संभव न हो सका।

दरअसल उसने गलती की है। फेरीवाले से लिये हुए उस कलेंडर को उसी दिन, जिस दिन तारा ने फोटो को हटाकर रख दिया था, वहाँ से ले जाकर यदि आग में डाल दिया होता तो कोई क्षति नहीं हुई होती। उसके बदले इस मुहल्ले के सिनेमाहॉल के पोस्टरों को चिपकाने वाले नूर हुसैन को कहकर ड्रीमगर्ल, नौजवान वाली तसवीरों को यहाँ लगा दिया होता।

"जरा अच्छी तरह बात पर विचारकर देखें, मूलतः सच्चाई क्या है, क्या समझते हो, मैं नहीं जानती? मैं स्वय आज रजनी डॉक्टर के पास जाकर पूछ आई थी।"

"यदि ऐसी बात है तो तुमने झूठ सुना है। उसने जो कहा है, वह बात कुत्सित झूठ है। जैसे-जैसे ये डॉक्टर साब हैं। सच को झूठ और झूठ को सच करना चाहते हैं। अपनी बात हम जानते हैं, वे सब क्या जानें?" बिजली की तरह वह वहाँ से चला जाता है।

अश्विनी कुछ उद्विग्न दिखाई पड़ा, यद्यपि कुछ देर बाद तारा के समीप जाकर उसने तारा को ही दोषी साबित करने की हरसंभव चेष्टा की। पपीते के पेड़ पर बंध्या फूल फूले हैं। इन फूलों के फूलने पर फल नहीं लगते। यह क्या अमंगल की निशानी नहीं है? उसने उसे दिग्भ्रमित करने की यथाशक्ति कोशिश की।

सा रे गा, रे गामा-गा-मा-पा

इस प्रकार की आवाज इस मुहल्ले में कभी सुनी गई हो, ऐसा तो याद नहीं पड़ता। (इस मुहल्ले में आवाजें जो सुनाई पड़ती हैं, उनमें साधारणतः याद आती है, घिसुआ की पत्नी की रोने की आवाज, बरकटकी के घर मोजाइक का काम करनेवाली मशीन की थरथराहट) फिर वैसी आवाज आज अचानक उसने कैसे सुनी? आज अचानक हारमोनियम की आवाज उसने कैसे सुनी, यह जानने के लिए उसने इधर-उधर देखना आरंभ किया। बैंगन की पौध बुरी तरह दब गई है, अतः झाड़-झंखाड़ को बाँस की खपच्ची से हटा रहा है, साथ ही आवाज कहाँ से आ सकती है, जानने के लिए तेजी से कोशिश करते हुए उसने सामने देखा कि बरकटकी की गाड़ी कर्कश हॉर्न बजाती हुई चली गई।

किंतु वह आवाज?

किस वस्तु की आवाज है, कपड़ा हटाकर, शाखाओं को खींचकर अलग करके स्थिर चिंता से उसने उसकी ओर देखा। "किस चीज की ध्वनि है? मैं समझ नहीं पा रहा।"

"अर्थात् यह आवाज? सुन नहीं रहे हो, हारमोनियम की आवाज है।" जानते हुए भी तारा ने अनजान बनने का नाटक करते हुए सिर हिलाया और सामने की

ओर देखा। अपना औत्सुक्य दिखाने के लिए ही वह अश्विनी के और निकट आ गई। उसकी जिज्ञासा को देखते हुए तारा ने अनुभव किया कि उसने यह अनुमान कर लिया है कि हारमोनियम की आवाज उनके घर के पड़ोस की झोंपड़ी के किराए वाले मकान से आ रही है और नए आए किराएदार से परिचय बढ़ाने के उद्‌देश्य से उस घर में प्रवेश कर गया है।

अश्विनी इधर-उधर देखता है और चोरों की तरह सावधानी से अंदर घुस जाता है।

नवागंतुक किराएदार से किस प्रकार सहज संबंध बनाया जाए, इस विषय पर उसने थोड़ी देर सोचा।

किस उद्‌देश्य से आया है? यह सोचकर यदि नया आया हुआ किराएदार आतंकित हो, तब? यह किराएदार उसे पहचान नहीं पाएगा, पहचान न पाने से संभवतः चकित होगा, ऐसी दशा में वह क्या कहेगा?

और क्या कहेगा, कहेगा—शायद आप नए-नए आए हैं? कहाँ के रहनेवाले हैं, क्या करते हैं, चूँकि मेरे पड़ोसी होकर आए हैं, अतः परिचय करने के उद्‌देश्य से आया हूँ—उस पर से हारमोनियम की आवाज भी सुनी। मैं जानना चाहता हूँ, क्या आप किसी बाजा बजाने की पार्टी में हैं?

उत्प्रेरक (कनवेसर) सहज होने का प्रयत्न करने लगा और एक सुरुचि परायण सज्जन व्यक्ति के अनुरूप उसने उसे मूढ़े पर बैठाया तथा आत्म-परिचय देने के उद्‌देश्य से उसने दीवार पर चिपकाए हुए बीड़ी कंपनी के लेबल की ओर देखा। उसकी दृष्टि का अनुसरण करते हुए अश्विनी ने भी उधर देखा, गोबर-मिट्‌टी से पुती हुई दीवार पर एक बड़ा सा पोस्टर चिपका हुआ था। उस पोस्टर में बीड़ी के बंडल के चित्र के पास नाना प्रकार के लोगों को पराभूत कर देने में समर्थ एक अर्धनग्न युवती के करीब एक प्रफुल्लित नवयुवक अपनी मुट्‌ठी में बीड़ी लिये हुए था। उसे देखकर वह समझ गया कि वह बीड़ी कंपनी का एक विज्ञापन है।

उसने फिर उस नए आए किराएदार की ओर देखा। उस नवागत व्यक्ति ने भी परिवेश को सहज बनाने में उद्‌देश्य से मुसकराते हुए अपने पॉकेट से एक बीड़ी निकाली और पूछा, "क्या बीड़ी पीएँगे?"

"मेरे पास है।"

"लीजिए, पीजिए। आप के पास हो तो भी एक मुझसे लेकर पिएँ। फिर अपनी कभी बाद में पीजिएगा।"

अश्विनी प्रफुल्ल दिखाई पड़ा।

"गाने-बजाने की पार्टी में निश्चय ही नहीं हूँ।" बहुत देर तक की चुप्पी को

तोड़ते हुए बीड़ी कनवैसर रामस्वररूप ने कहा, "फिर भी बाजा बजाने की जरूरत पड़ती है। मेरी नौकरी ही है—बजाना-गाना और कृत्रिम अभिनय करना", सफेद धुएँ को हटाते हुए उसने फिर कहा, "यही समझें, आज सड़क पर बजाना पड़ा तो कल बिहू के उत्सव पर, नरसों दुर्गापूजा पर, अर्थात् बीड़ी कंपनी के विज्ञापन का मैं ही माल-मसाला हूँ। उसी प्रयोजन से कंपनी ने मुझे नौकरी दे रखी है।"

कभी-कभी उसे सड़क पर भीड़-भड़क्के में चिल्ला-चिल्लाकर प्रचार करनेवाले के साथ जाना पड़ता है। वे सब हाथ में टिन का चोंगा लिये हुए भीषण रूप से चिल्लाते हुए चलते हैं, उनके पीछे-पीछे हैट लगाए, कमीज की पीठ पर बीड़ी कंपनी का लेबल छपाए हुए पैंट पहने वह जब चलता है तो इंग्लिश बैंड और क्लोरेनेट का बहुत अधिक शोर होता है।

"अच्छा ऐसी बात है क्या? इसका मतलब है कि इस नवागंतुक व्यक्ति ने आपको बहुत सी बातें बताई हैं।"

"कहेगा ही, उसके साथ एक प्रकार से मेरी बहुत बातचीत हुई है। उसने अपनी एक ऐसी फोटो भी दिखलाई है, जिसमें उसने ड्रेन पाइप टाइप की पैंट और कमीज पहन रखी है।"

तारा ने पूछा, "और क्या-क्या कहा है?"

और क्या-क्या बताया है, कहने के साथ-साथ ही उसने सोचने की चेष्टा की—कनवैसर यदि वह सब पहने तो कैसा दिखाई पड़ेगा! एक बार उसने एक कनवैसर को गाँव में घूमते हुए देखा था। कई दिनों तक कनवैसर और उसके साथी प्रचारक सब गाँव की पाठशाला के पास के बरामदे में सोते थे और गाँववालों से पनलौटी तथा मसूर की दाल माँगकर पकाकर खाते थे।

इसी बीच ऐसा जान पड़ा कि तारा किसी गंभीर चिंतन में खो गई है। बाहर प्रकाश धीरे-धीरे कम हो गया। थोड़ी देर बाद ही अँधेरा हो जाएगा। बरकटकी के घर पर मोजाइक का काम करनेवाली मशीन की आवाज अचानक बंद हो गई। घिसुआ की पत्नी अभी भी बरामदे में बैठकर रो रही है। घिसुआ परसों ही हल्दी का व्यापार करने बाहर गया था, अभी तक घर नहीं लौटा है।

हारमोनियम की आवाज काफी बढ़ गई। वह (तारा) फिर सोचने लगी—वस्तुतः वह क्यों इतनी दुःखी है? गाँव की निवासी जुरमन की माँ ने ठीक ही कहा था—"तू तो एक छोटी सी लड़की है। मैं ठीक-ठीक जानती हूँ, अश्विनी की आयु किसी भी तरह पचास से कम नहीं। सुना है, गाँव में कोई कनवैसर आया है, मेरे लड़के ने भी बातया है।"

अश्विनी को उसकी मानसिक अंतर्द्वंद दशा का अंदाजा लग गया, तब अपने

को अपराधी सा संयत करने का नाटक जैसा करते हुए बोला, "इस बाजेवाले कनवैसर ने और क्या-क्या कहा है, जानती हो? एक दिन इन सभी ने एक दुबले-पतले लड़के को साड़ी पहनाकर, नकली केशराशि की वेणी लगवाकर, पाउडर, स्नो और लिपस्टक आदि से सजाकर एक सचमुच की सुंदर लड़की के रूप में सड़क पर चला दिया। इस प्रकार लड़की बना वह लड़का आँखों पर गुलाबी गॉगल्स लगाए, आल्ता मले हाथ में कॉलेज की छात्राओं की भाँति पुस्तकें लिये हुए सड़क पर जा रहा था।"

"उसके पीछे-पीछे अश्विनी के साथ आए हुए प्रचारकों में से किसी एक ने उस लड़की को छेड़ दिया, कि पास की पान-सुपारी की दुकान पर खड़े हुए कुछ लड़कों ने उसकी अच्छी-खासी पिटाई कर दी। अचानक वहाँ लोगों की भीड़ जमा हो गई। पुलिस आ गई और उसने प्रचारकों में से दो को पकड़ लिया और ज्यों ही उन्हें थाने ले जाने लगे, त्यों ही उसके लड़की बने लड़के ने साड़ी खोलकर फेंक दी और भाग गया। गॉगल्स, केश की वेणी आदि जो भी बनावटी सामान था, सब एक-एक कर फेंक दिया, तब पुलिस किंकर्तव्यविमूढ़ हो गई। उस घटना को देखकर जो धूर्त मस्ताने टाइप जवान लड़के थे, वे इतने प्रभावित हुए कि हँसते-हँसते लोट-पोट होने लगे। ठीक ही ऐसी ही परिस्थिति आ गई और उसने बीड़ी कंपनी के गाने की धुन बजाना शुरू कर दिया। अश्विनी और एक आदमी ने '102 नंबर बीड़ी प्रयोग करें' लिखे हुए पोस्टर के कपड़े को मनुष्यों की भीड़ के सामने तानकर फैला दिया।"

"आप भी चपरासी की नौकरी छोड़कर यदि चाहें तो कंपनी के कर्ता-धर्ता से कहकर बीड़ी कंपनी की नौकरी कर सकते हैं।"

"पागल हो गई हो क्या? तुम मुझे बीड़ी कंपनी के पैकेट का लेबल समझती हो क्या? बीड़ी पैकेट के लेबल को जहाँ चाहे चिपका दो। मुझे अपनी चपरासी की नौकरी ही अच्छी लगती है और क्या अच्छा लगता है, जानती हो?" इस प्रकार बोलते हुए वह अति नाटकीय मुद्रा में तारा के और निकट जा बैठा और बोला, "मैं जिस कार्यालय में चपरासी की नौकरी करता हूँ, उस कार्यालय के लोग बराबर पढ़ने-लिखने का ही काम करते हैं। वहाँ से एक साप्ताहिक समाचार-पत्र प्रत्येक सप्ताह प्रकाशित होता है, उसमें संभवतः हमारे ही जैसे गरीब आदमियों की बातें लिखी होती हैं। वहाँ के लोग इसी बात के लिए बराबर चेष्टा करते हैं कि पृथ्वी पर के सभी मनुष्य समान रूप से जीवन बिता सकें। वे लोग बारी-बारी से कार्यालय को स्वयं झाड़ देते हैं। हमारे कार्यालय में अलग से झाड़ू देनेवाला नहीं है। स्टोव, केतली वगैरह लाकर हमारे साहब, संपादक महोदय स्वयं चाय बनाकर हम

सबको पिलाते हैं। वर्ष के अंत में सभी लोग सर पर पगड़ी बाँधकर कार्यालय घर में चूना-तेल वगैरह लगाते हैं। दो मशीनों में दो आदमी बराबर कोई-न-कोई पुस्तक छापते ही रहते हैं। हूँ, क्या समझी हमारे साहब की बातें! साहब कहते हैं—मनुष्य कहीं भी भाग्य-दोष से दुःखी नहीं है। तुम्हीं लोग बताओ, क्या तुम्हारे भाग्य-दोष से तुम्हारी ऐसी अवस्था हुई? यही बात हमारे देश की दशा पर भी लागू होती है।"

"यदि ऐसी बात है तो जरा अपने साहब से पूछिएगा—आप जो मेरे साथ ऐसा व्यवहार करते रहे, क्या उचित है? 'लौकी सदा पत्ते के नीचे होती है' की भाँति मुझे बराबर दबाते रहते हैं, सो क्या ठीक है? और यह भी पूछिएगा कि एक पचास वर्ष का मर्द केवल चालीस रुपए के विनिमय के रूप में एक किशोरी के जीवन से खिलवाड़ कर रहा है तो ऐसे मर्द के लिए क्या दंड दिया जा सकता है?"

अश्विनी इस प्रकार के प्रत्युत्तर के लिए तैयार नहीं था। उसने कभी सोचा भी नहीं था कि उसके मुख पर ही तारा कभी इस प्रकार स्पष्ट रूप से ऐसी बात कर सकेगी। अत्यंत तीक्ष्ण दृष्टि से उसने एक बार तारा को निहारा और फिर वहाँ से तेजी से बाहर चला गया।

दूसरे दिन सायंकाल कार्यालय से लौटकर बैंगन की क्यारियों में पौधों को ठीक करने के लिए भात करेला (तीता करेला) की बढ़ी हुई डालों को टाँगी से जब काट-काटकर अलग करने में व्यस्त तारा को उसने देखा, तब अचानक हारमोनियम की आवाज के साथ-साथ तबले की आवाज भी उसके कानों में पड़ी। उसने तारा की ओर जिज्ञासा भरी दृष्टि से देखा।

"देखो, आज तो तबला भी बज रहा है। और भी कोई आया है क्या? जरा देखो तो!"

"कह नहीं सकते हो क्या? उसके पास बीच-बीच में एक तबलची भी आता है।"

"वह नहीं जानता। उसकी अनुपस्थिति में रामस्वरूप नामक वह कनवैसर आजकल यह कहता हुआ 'चूना है क्या?' तारा के पास कभी-कभी चूना माँगने आता रहता है। इस स्थान पर रहने में उसे जो अत्यधिक प्रसन्नता हुई है, यह बात भी वह बता जाता है।"

"तबलची का परिवार शायद एक समय हम लोगों से बहुत पहले इसी घर में भाड़े पर रहता था। इस समय वे सब गाँव गए हुए हैं। वहाँ संभवतः उनकी बहुत खेती-बाड़ी है। वहाँ उसके भाई-बंधु बैल खरीदकर खेती-बाड़ी करते हैं।"

'ओह! ऐसा है क्या?' वह मन में कुछ सोचने लगा, किंतु मन की कोई बात उसने प्रकट नहीं की। "ठीक है।" कहकर कुछ सोच-विचारकर उसने बाजार

करने का थैला उठाया और बाहर चला गया।

दूसरे दिन अश्विनी के कार्यालय चले जाने के बाद रामस्वरूप मिठाई का एक डिब्बा लेकर जब घर में घुसा, तब वह भीतर के बरामदे में करघे के पास बैठकर प्रतीक्षा कर रही थी कि वह 'कहाँ हो दीदी' कहता हुआ आएगा। ज्यों ही धीरे से किसी ने पुकारा, त्यों ही यह जानकर कि रामस्वरूप आया है, बरामदे में आकर डिब्बे में क्या है, यह जानते हुए भी अनजान होने का भाव दिखाते हुए 'आज के बाद फिर कभी मत लाना,' इस बात का कड़ा अनुरोध करते हुए मिठाई का डिब्बा लेकर भीतर चली गई। उसके चले जाने पर वह बरामदे में पड़े मूढ़े पर बैठ गया।

तारा घर के अंदर दीवार पर झुकी हुई कुछ देर तक सोचती रही कि अचानक उसके हृदय का एक अंग धड़कने लगा। किसी अज्ञात आशंका से उसका सारा शरीर काँप उठा। जैसे-तैसे अपने को सँभालकर आँचल को अच्छी प्रकार सजाकर, आईने के सामने खड़ी हो उसने अपने को निहारा और अँगीठी पर केतली चढ़ा दी।

"यह स्थान अर्थात् यह मुहल्ला बहुत अच्छा है। सुंदर हवा चलती रहती है। केवल पानी बहुत खराब है। इसके अतिरिक्त बाकी सारी चीजें यहाँ अच्छी ही हैं। चापाकल का तो पानी है, सो किसिम-किसिम रूप में गंध तो करेगा ही। लाल-लाल सी काई की परत पड़ेगी ही।"

थोड़ी देर के लिए वह चुपचाप बैठा रहा। जो बातें कहने की थीं, सब कह चुकने के बाद अब क्या कहे, कुछ भी निश्चित न कर पाने से अंततः डिब्बे में रखे चूने की डिबिया से चूना लेकर हथेली पर मलना शुरू किया। मलते-मलते बताया कि उसने कैसे-कैसे हारमोनियम बजाना सीखा। फिर एक लंबी जँभाई लेकर तारा की ओर तीक्ष्ण दृष्टि से देखा, फिर बताया कि उसका गला पहले कितना खराब था, उसे ठीक करने के लिए बहुत कष्ट उठाना पड़ा, पूरा एक वर्ष नियमित रूप से अदरक, लौंग, दालचीनी और खाँटी सरसों का तेल खाते रहने के बाद पहले से काफी सुधार हुआ। प्रशिक्षण रजनी पाल बाबू से 'मेरा चाँद नहीं मिला, आशा पूरी न हुई, हे माँ, सबकुछ नष्ट होता जा रहा है' गाना सीखने में कितने दिन लगे। पूरा एक महीना।"

तारा ने उसकी बातों पर ध्यान देना जरूरी नहीं समझा, बल्कि वह यही सोच रही थी कि रामस्वरूप का उसके पास आना पड़ोसियों को कसैला लग रहा है।

"क्या समझते हो, मेरी बातें झूठी हैं?"

पटंगिया की पत्नी ने अपने तीन तल्लेवाले घर में गणेश की पूजा करते हुए तीन बर शंख बजाया और फिर नीचे अपनी लड़की के दुःख से दुःखी रजनीपाल

की ओर देखा, जो सर पर हाथ रखे दुःखी बैठा हुआ था। उसकी ओर देखकर फिर हँसते हुए गणेश की मूर्ति के सामने जाकर और तीन बार शंख बजाया, फिर उच्चारण करने लगी—ओम् श्री गणेशाय नमः !

तारा के पिता आनंदी बर्मन ने भी अपने समवयसी अश्विनी को पास बैठाकर नाना प्रकार से समझाने की चेष्टा की थी। "विचारकर देखो अश्विनी भाई! तुम मेरी ही उम्र के हो। ऐसी वृद्धावस्था में तुम मेरी लड़की से कैसे विवाह करोगे? तुम फिक्र मत करो, मैं तुम्हारे चार सौ रुपए वापस करूँगा ही।"

किंतु वह न माना। अपने समवयस्क मित्र की कन्या से विवाह कर ही लिया, भले ही दोनों पक्षों का खर्च स्वयं उठाया, उसे शहर में ले आया। उस समय उसकी आयु पचास वर्ष थी और तारा की सत्रह वर्ष।

अश्विनी के चेहरे पर चिंता की रेखाएँ स्पष्ट हो गईं। वह और भी बूढ़ा दिखाई पड़ने लगा। उसके समक्ष इसी मुहल्ले के निवासी रजनी पारेख की कन्या नयना का प्रकरण अचानक स्पष्ट हो उठा। नयना पर भी तारा की भाँति ही घटनाएँ घटी थीं। रजनी पारेख ने बनर्जी से उधार रुपए लिये और उन्हें व्यापार में लगाया, किंतु व्यापार में उसे भारी नुकसान पहुँचा। ऐसी दुःखद स्थिति में कर्जे के कागज-पत्र लेकर लाबू बनर्जी उसके घर आ धमका। उसने धमकी दी कि यदि पंद्रह दिन के भीतर सारा रुपया नहीं चुकाया तो वह कचहरी में दावा ठोंक देगा। रजनी पारेख की पत्नी उसके पाँवों पर गिरकर गिड़गिड़ाने लगी। तब उसका हृदय कुछ पसीजा और अंदर से प्रसन्न हो वह बोला, "यदि नयना का समझौता वह मान ले तो कर्ज की पुरानी शर्तों के कागज-पत्रों को फाड़कर वह रद्दी की टोकरी में फेंक सकता है।" अर्थात् यदि पारेख अपनी किशोरी कन्या नयना को उसे अर्पित कर दे।

लाबू की उम्र पचास से कम नहीं होगी और नयना पारेख की होगी अठारह वर्ष। लाबू बाबू ने गलत काम किया। पाछे पछताएगा। जो सुविधा मैंने ली थी, वही सुविधा जब उसने ली तो फिर छुटकारा कैसे मिलेगा? मेरी जो अवस्था हो गई है, कभी भी उससे विपरीत अवस्था उसकी नहीं होगी।

रजनी पारेख के लिए छुटकारे का और कोई रास्ता नहीं था। पत्नी रतना पारेख तीन दिनों तक भूखी-प्यासी रही और बाहरी घर का दरवाजा बंद किए लगातार रोती रही। पारेख की पत्नी का रोना-पीटना सुनकर पड़ोस के गोविंद डेका की पत्नी ने आकर उसका हाथ-पाँव धुलवाया और रोने से मना करने लगी। उसने कहा, 'रोने से दुःख कम नहीं होता, बल्कि दुःख और बढ़ता ही है।' यह बात नाना प्रकार से वह समझाती रही। तदनंतर कपड़ा पहनाकर, रतना पारेख को सिंदूर का टीका लगाकर अपने घर ले गई और वहाँ डेका की पत्नी ने फिर समझाया, "यम

के ले जाने पर जैसा जाना, उसी प्रकार जामाता के ले जाने पर जाना। समझो, लड़की को यमराज ही ले जा रहा है। इस भगोड़े की नीयत बिगड़ गई है, अन्यथा इस उम्र में विवाह करने आता ?"

अश्विनी ने यह सारी घटना हँस-हँसकर तारा को सुनाई। नयना अब कैसे जीवन बिता रही है और वह क्या बहुत हताश हो गई है—पूछने पर उसने मुँह टेढ़ा कर हँसी-ठट्ठा करने की मुद्रा बनाई और वहाँ से उठकर चला गया।

इस प्रकार आघात करके अलग हट जाने के बाद फिर आकर इस बार जो अफगानिस्तानी सपेरा इसमाइल खाँ यहाँ आकर सारे देश में साँप का खेल दिखाकर बहुत ज्यादा पैसे कमाया है, यह खबर उसने दी। पें-पें बीन बजाकर अफगानी नागिन का नाच दिखाकर इस मुहल्ले के घिसुआ के घर किस अभिप्राय से रह रहा है, रतना पारेख, जो अभी भी गोविंद डेका के घर पर ही रह रही है, इत्यादि बातें तारा को बताने की चेष्टा करके भी वह निराश हुआ।

अश्विनी ने अनुभव किया कि उसके घर में कुछ विशेष प्रकार का परिवर्तन हो गया है। वर्षाकाल के मेघाडंबर पूर्ण भीगे आकाश जैसा तारा का मुखमंडल अब बदलकर शरद के आकाश जैसा निर्मल और सुंदर हो उठा है। शरद ऋतु जहाँ हुई है, वहाँ शरद ऋतु का विशिष्ट फूल कहुआ फूल कौन हो सकता है, यह वह समझ रहा है। कल उसने सुना, नयना पारेख तबला के उस्ताद इक्ष्वाकु सेन के साथ भाग गई। सुना जाता है, लाबू बनर्जी की इक्ष्वाकु सेन से बहुत दिनों की घनिष्ठता थी। उसी घनिष्ठता का सुयोग नयना पारेख ने लिया। पहले की नयना पारेख और अबकी नयना बनर्जी को (लाबू) किस प्रकार शराब पीकर आकर पीटता है, कितने जघन्य रूप में और कितने अश्लील भाव से अपने कार्यसिद्धि के लिए उसे खटाना चाहता है, ये सब बातें वह इक्ष्वाकु सेन से कहकर उसे उस नरक कुंड से बचाने का अनुरोध करती थी।

तारा ने भी रामस्वरूप को बताया कि कल रात एक छोटी सी बात पर आपत्ति करते हुए अश्विनी ने उसे किस प्रकार मारा है। 'जैसे पपीते के पेड़ में बंध्या फूल फूला है, यह संभवत: तारा के कारण ही हुआ है।' फलत: वह अमांगलिक है। जब कि अश्विनी जानता है—

वेदना से विह्वल नयना बनर्जी को साथ लेकर इक्ष्वाकु सेन एक दिन रेलगाड़ी से बनारस भाग गया। रात को हल्दी व्यापारी घिसुआ ने आकर रतना पारेख को धीरे से बताया—"माँजी, कुछ भी चिंता नहीं है। दोनों बनारस चले गए हैं।"

सच, इसका मतलब कि दोनों ने आश्चर्य ही किया! बात करते हुए वह तारा के साथ सहज होने की चेष्टा करने लगा, उसके मलिन-क्लांत मुख पर अचानक

कैसे प्रफुल्लिता आ गई?' यह जानने के लिए पूछने के साथ-ही-साथ दोनों की दृष्टि सड़क पर गई। तारा ने देखा—पड़ोस के भद्र फूकन और उनकी पत्नी हैं। पत्नी के एक हाथ में एक बड़ा टेंगा फल (एक प्रकार का बड़ा खट्टा नीबू) और दूसरे हाथ में गोद में एक वर्ष का बच्चा है, जिसे लेकर वे धीरे-धीरे बाजार से आ रहे हैं। फूकन की धर्म-पत्नी, जो आजकल प्रातःकालीन सूर्य की भाँति बड़ी सी सिंदूर की बिंदी लगाती है, वह यहीं से जान पड़ती है। गोदी का शिशु ऊपर देखकर पिट्-पिट् शब्द करता है और अपने दोनों हाथ ऊपर उठाकर मुँह से कुछ अनबूझी भाषा कहता हुआ माँ के होंठों को अंगुली से पकड़ लेता है। रहस्यमयी भाषा!

उस सुखद दृश्य को देखकर कुछ खिन्न होकर तारा अश्विनी के पास से उठकर चली गई। उसके मुख पर उपेक्षा का भाव क्रमशः उभरता गया। उसका यह व्यवहार समझने में अधिक समय नहीं लगा। उसे अपने पिता की याद आ गई। पिता ने यदि चार सौ रुपए का ऋण न लिया होता तो उसकी यह दुर्गति नहीं हुई होती। अड़ोस-पड़ोस के लोगों ने क्या प्रतिवाद नहीं किया? उसकी समवयस्का सखी गायत्री हरमाया साड़ी का निचला हिस्सा उठाकर मुँह ढककर मानकचू (बड़ी अरबी) के पास बैठकर तारा पर हँसती रही। तारा ने उसे अनेक प्रकार से समझाने की चेष्टा की कि वस्तुतः अपने पिता को ऋणमुक्त कराने के उद्देश्य से ही वह इस विवाह में बैठी थी। किंतु गायत्री हरमाया ने इस प्रकार की गंभीर बात को समझने की चेष्टा नहीं की। केवल उस कार्य से उसे हँसने का मौका मिल रहा है, इसी से वह उसे यथेष्ट समझती थी।

अश्विनी और अधिक उद्विग्न हो उठा। उसने कोई भूल की है क्या? अवश्य मेरी गलती है, ऐसी छोटी सी एक लड़की के जीवन में यदि वह न आ पड़ा होता तो ऐसी अशांति नहीं पाता। उस आनंदी ने उसके इस प्रकार गलत कार्य में बाधा डालने की अनेक चेष्टाएँ की थीं, फिर भी उसने सोचा था कि उसके शरीर का चमड़ा भले ही सिकुड़ गया है, बाल पक गए हैं, दाँत गिर गए हैं तो भी बसंत तो सबके लिए आता है। इस दुनिया के सभी लोग चाहते हैं, सभी के लिए बसंत आए। फूल फूलें।

उसने अस्थिरता प्रकट की। अब तक जिस रास्ते से होकर चला आ रहा था, उसके एक ओर खाली जगह में एक पोखर की ओर उसने देखा। पोखर के पानी में दिन की अंतिम वेला की तसवीर हिलती हुई उसे दिखाई दी। पानी का एक भौंरा फरफराता हुआ परनी के ऊपर चला गया। पानी के ऊपर केरमी के साग में उलझ जाने से भौंरा अस्थिर हो उठा। वह भी अस्थिर हो उठता है।

दूसरे दिन तारा ने नयना पारेख की कथा मन से भुला देने की चेष्टा की।

नयना और मुझमें अंतर क्या है? कुछ भी नहीं। हम दोनों ने ही अपने-अपने पिता को बचाने का प्रयत्न किया था। वाराणसी में वह अर्थात् नयना, इक्ष्वाकु सेन के संग दुविधा रहित भाव से जीवन बिता रही है। वाराणसी किस प्रकार का स्थान है? वाराणसी है कहाँ? यह अनुमान करने के लिए उसने भारत के मानचित्र को मन में लाने की चेष्टा की, किंतु तभी सुनाई पड़ा कि बच्चा रो रहा है। जान पड़ता है, फूकन की स्त्री ने बच्चे को स्नान कराने के उद्देश्य से टब के ठंडे पानी में बैठा दिया है। इसी से वह चिल्ला-चिल्लाकर रो रहा है। उसके रुदन का अनुमान करते-करते उसकी आँखें कलेंडर पर अटक गईं। वह शिशु रामस्वरूप जैसा ही लग रहा है। तारा मानो अश्विनी से दूर हो गई है। इसी से वह आजकल संध्या होते ही कनवैसर रामस्वरूप जैसे ही एक शिशु को रोने से चुप कराती रहती है और उसे आकाश में नवोदित चंद्रमा दिखाती है। रात्रि के अंधकार में हवा से हिलते हुए सुपारी के पेड़ों की ओर दिखाकर 'ऐ सियरिन! रात को मत आना, अन्यथा तुम्हारे कान काटकर आग लगा दूँगी।' जैसा लोरी गीत कई बार गाती है।

किस चीज की आवाज है। हड़बड़ाकर इधर-उधर देखकर बिस्तर से उठ खड़ी हुई।

दरवाजे पर किसी ने दस्तक दी है क्या? उसने स्वाभाविक रूप से दरवाजे की ओर देखा। सिरहाने की ओर की खिड़की से थोड़ा सा सर बाहर निकालकर देखा और निरीक्षण किया कि कोई आस-पास में छिपा तो नहीं है।

रामस्वरूप आज तारा से अंतिम बार पूछेगा कि एक अपदार्थ व्यक्ति ने उसके भविष्य को क्या कर अरबी के पत्ते के पानी के समान समझने का साहस किया? पचास वर्ष के एक आदमी में क्या इतनी सी भी नैतिकता नहीं थी? सबकुछ जहन्नुम में चला गया था। इस प्रकार का चारित्रिक स्खलन मनुष्य कैसे सहता है? चार रुपए के विनिमय से एक पाखंडी एक छोटी सी लड़की का चुंबन लेता—छिह छिह! इस प्रकार सफेद चमड़ी का आदमी काली चमड़ी के मनुष्य को नाम के वास्ते विवाह करके घर-गृहस्थी के दास की तरह खटवा रहा था।

तारा आज रामस्वरूप से सबकुछ खोलकर कहेगी—यह आदमी तिल-तिलकर मेरा सर्वनाश कर रहा है। कल रात उसने दरवाजे के लट्ठ को मेरी पीठ में कोंच दिया था, क्योंकि मैं ऐसी अमंगली हूँ, बंध्या हूँ। इसी कारण से पपीते के फूलों में फल नहीं लगते। वह यह भी कहेगी कि माँ की मृत्यु के बाद उसके श्राद्ध में आदमियों को भोज-भात खिलाने के लिए पिताजी ने उससे चार सौ रुपए का ऋण लिया था। वही रुपया समयानुसार लौटा न पाने के कारण ऐसी व्यवस्था हुई। विवाह में दोनों पक्षों से जो भी खर्च होगा, वह उसे स्वयं वहन करेगा, ऐसा उसने

कहा था। रामस्वरूप ने एक तीक्ष्ण दृष्टि से उसकी ओर देखा। इसका मतलब कि बात ऐसी ही है। मैंने प्रतिवाद नहीं किया—मैंने केवल ऋण से पिता का छुटकारा पाना ही महत्त्वपूर्ण समझा।

मैं अब जीवित रहना चाहती हूँ। संक्षेप में उसने कहा। बीते चौबीस वर्षों में मैंने कुछ भी नहीं पाया। अब बीड़ी कंपनी मेरी ओर आँख उठाकर देख रही है। कंपनी कहती है—मैं यदि गाँव के लिए नहीं जाती तो एक टुकड़ा मिट्टी देखकर दूँगी।

बात पूरे मुहल्ले में प्रचारित होने के पहले ही हमें यहाँ से जाना पड़ेगा। देखा नहीं, नयना ने किसी को बताए बिना ही···

उसने कुछ नहीं कहा। केवल "होगा, होगा" कहकर चला गया और रात में कुरंगी की ठेला गाड़ी लाकर देगची, टब, हारमोनियम, तबला, चारपाई, मसाले के डिब्बे, कलछुल, तेजपात वगैरह उस पर लाद दिया।

वह सोचती है, मरुस्थल के उस पार सुंदर मरुद्यान है। वहाँ हरी-हरी छाया है, पानी के झरने हैं, वहाँ फूल खिलते हैं, कलियाँ प्रस्फुटित हैं, कोश बनते हैं, कोशों से नए बीज उत्पन्न होते हैं। बीज से फिर नए बीजों की सृष्टि होती है। इस मरुपर्वत के उस पार इस सभय बसंत ऋतु छाई है। वहाँ फूलों की बहार है, उसे ही देखने की बलवती इच्छा होती है।

भोर में अश्विनी ने जब आँखें खोलीं तो उसे दो परिवर्तन दिखाई पड़े। कलेंडर का प्रसन्नवदन शिशु नहीं है और बिस्तर पर बैठने पर कलेंडर की ओर दिखाई पड़ा एक सफेद कागज, जिस पर कुछ अक्षर लिखे हुए हैं। उन अक्षरों को जोड़-जोड़कर वह पढ़ गया। "पृथ्वी के अन्य सब मनुष्य जिस प्रकार मुक्त रूप से जीना चाहते हैं, उसी प्रकार मैं भी जीना चाहती हूँ। मैं मुक्त होना चाहती हूँ और वह मुक्ति मुझे रामस्वरूप दे रहा है। अब तक जो पिताजी की मृत देह पर जंगल-झाड़ जम चुका है। हमारा दो बीघा खेत अभी भी आप के पास बंधक पड़ा है। मुझे बलपूर्वक अपना बना लेने के बाद भी चूँकि बंधक-पत्र आपने पिताजी को नहीं लौटाया था, अतः अब उस जमीन के मालिक आप ही हैं। मैं केवल स्वाधीन रूप से बिना किसी की गुलामी किए जीना चाहती हूँ।"

□

तसवीर और फ्रेम

—नगेन शइकिया

आप इस घटना के विषय में संदेह कर सकते हैं या यह भी सोच सकते हैं कि लुइचि पिरेंडेलो या ब्रेख्त के अनुकरण में इस घटना को घटाने में चतुराई का सहारा लिया गया है। इस प्रकार का संदेह आप करें, इसके पहले यहाँ के अतिशय पुराने टूटे-फूटे रंगमंच की—जो केवल पूजा के समय में ही प्रयोग में लाया जाता है, बाकी पूरे साल आवारा पशुओं के गोष्ठ (विश्रामस्थल) के रूप में अनादृत-उपेक्षित पड़ा रहता है—दशा का क्या अनुमान नहीं लगा सकेंगे? क्या आप कल्पना नहीं कर सकेंगे कि बुढ़ापे से ग्रस्त इस रंगमंच के दरवाजों के पल्ले, कील-कब्जों के टूट जाने से मुँह से बाहर निकले दाँतों की तरह एक ओर बाहर लटके पड़े हैं? आँधी-बरसात और भीषण धूप से अथवा झड़झंझा के तूफान से अनायास ही भीतर आनेवाली बारिश के प्रभाव का अनुमान क्या नहीं कर सकेंगे? और इससे आगे बढ़कर जिन दरवाजों-खिड़कियों के रंग धुल-पुछ गए हैं, उनपर चिपकाए कागजों या नीचे की टूटी-फूटी जगहों को ढकने के लिए चालू किस्म के रंगीन कपड़ों के बनाए आवरणों, मोटे सूत से मिलकर बनाई धुएँ के रंग की चकरफिरनियों, ऊपर छाजन के अभाव में मकड़ों के जालों से भरे ऊपरी हिस्सों आदि की कल्पना कर लेना आपके लिए उपयोगी है। इसके साथ ही थोड़ी कल्पना करने की जरूरत है—मंच के दोनों किनारों पर टिन और त्रिपाल से बनाए अस्थायी सज्जा घरों (ग्रीन रूम्स) की, काल के कराल हाथों के थपेड़ों से टिन-त्रिपाल में बने असंख्य छिद्रों से छनकर आते हुए सौ पावर के बल्ब के तीव्र प्रकाश से भीतर के आदिमियों के आने-जाने से बार-बार रोक पड़कर रुक-रुककर आने वाली रोशनी की, भीतर मनुष्यों के आवागमन, हँसी-किलकारी, गाली-गलौज, आवेदन-निवेदन सीटियों की चीखती आवाजों की।

इन सबके साथ ही कल्पना कर लें, हारमोनियम और तबले की एक रस

बीते युग (आउट डेटेड) के लय में बजते शब्दों की गूँज की, इन सबके भीतर ही आदमियों के सलाह-परामर्श, कहने-सुनने आदि की। इस सज्जा घर (ग्रीन रूम) में कल्पना करें, अभिनेता-अभिनेत्री की, उनकी सेवा-शुश्रूषा करनेवाले नौकर-चाकरों की, पेंटर, मैनेजर, सहायक-मैनेजर, पाठ याद दिलाने वाले और उसके सहायक, प्रकाश व्यवस्थापक, परदा सँभालनेवाले, काम में व्यस्त और बिना काम के ही व्यस्त हो घूमने-फिरनेवाले लोगों की—जिनकी अस्त-व्यस्तता से पेंटर की बोतल लुढ़ककर गिर पड़ी है, एक आईना ठनककर चूर-चूर हो गया है, चाय का कप-प्लेट उफन कर गिर गया है, किसी के हाथों से जरूरी सामान छिटककर गिर गया है, आदि दृश्यों की कल्पना करें। उसी बीच लगभग पाँच लोग हाँफते-हाँफते आकर चिल्लाते हैं—"भाई तमाशबीन आदमी तो आकर भर गए हैं" आदि लोगों की, एक सांघातिक भीड़ की। इस सब की कल्पना आपको कर ही लेनी चाहिए। इससे सुविधा होगी। सोच लें कि इन सारे बेमेल शब्दों के मिश्रण से केवल एक शोर-शराबे की सृष्टि हो रही है और इस शोर-शराबे को भी नीचे दबाकर एक फटे रिकार्ड पर रखी ग्रामोफोन की सूई से पैदा होने वाला एक अद्‌भुत शब्द माइक्रोफोन के सहारे चारों ओर वातावरण में फैल रहा है। बीच-बीच में रह-रहकर माइक्रोफोन पर गाना बंद होता है और कोई एक आदमी, जो मंच का अध्यक्ष भी हो सकता है, सहायक हो सकता है, नाट्यगोष्ठी का संपादक भी हो सकता है—माऊथपीस पर जोर से फूँककर उँगलियों से ठुक-ठुकाकर उसकी जीवन शक्ति की कठिन भाव से परीक्षा करके, "उपस्थित सज्जनो!" कहकर घोषणा करता है।

माउथपीस से मुँह सटाकर अपने शरीर का पूरा जोर लगाकर चिल्लाकर कही बात एक दुर्बोध शब्द-ध्वनि के रूप में बाहर फैल जाती है। अत्यंत कठिनाई से यदि उसका अर्थ निकाला जाए तो वह होगा—"आप लोग धीरज रखकर अपनी-अपनी जगह बैठें (मानो कोई किसी के शरीर पर बैठा हुआ है) थोड़े समय बाद (यह थोड़ा समय घोषित निश्चित समय छह बजे से लेकर नौ बजे तक फैला हो सकता है) ही इस नगर की 'प्रवीण नाट्य गोष्ठी' आए लोगों की सेवा में प्रस्तुत करेगी सफल-मंच नाटक 'राजा हरिशचंद'। घोषणा समाप्त होते हो फिर माइक्रोफोन पर गाना बजने लगता है। प्रेक्षागृह में फिर गुनगुनाहट, फसफसाहट, पीछे की ओर से उत्कट, चीत्कार य जीभ के नीचे तर्जनी उँगली डालकर निकाली गई विकट सीटी की आवाजें फैल जाती हैं। उन सबके साथ परेशानी युक्त विभिन्न अनुभवों से उत्पन्न उत्तेजना की एक लहर सर्वत्र बह जाती है। यह उत्तेजना बिना किसी संपर्क वाले भाई के साथ आई हुई युवती की मन मतवाला कर देनेवाली

प्यार की तिरछी चितवन से युवक के मन में पैदा होनेवाली उत्तेजना हो सकती है, प्रेक्षागृह के कुछ बल्बों को बुझाकर किसी नवयुवती का हाथ दादा मुट्ठी में दबा सके, उसकी उत्कंठा अथवा आवेग पैदा कर देने से उठी उत्तेजना हो सकती है, अपरिचित नवयुवती अथवा भाभी के आसन के करीब बैठकर बालों की सुगंध, कंगनों की खनखनाहट, आँचलों का थोड़ा स्पर्श पा जाने की उत्तेजना हो सकती है। संक्षेप में नारी-संसर्ग घटित एक जैविक उत्तेजना। वह भी केवल एक पक्ष की नहीं, दोनों पक्षों की। वही उत्तेजना नाक से गरम साँसों के रूप में बाहर निकली पड़ रही है, पसीना हो बह रही है, किसी निर्दिष्ट एक मुख के नयनों के जोड़ों के अपनी ओर देखकर कटाक्षपात न करने के क्षोभ से छटपटाहट के रूप में बाहर निकल रही है।

थोड़ी-थोड़ी देर में प्रेक्षागृह के दरवाजे के पास भीड़ बढ़ जाती है। सुंदरी लड़की देखते ही अथवा किसी नवविवाहित युवती को अकेली आती हुई देखते ही खुले दरवाजे को बंद करना छोड़कर उसके पास पहुँचकर "थोड़ा हटना भाई साहब" कहते हुए द्वार रक्षक ही जरूरत से अधिक आग्रह दिखाते हुए "आपकी सीट मैं ढूँढ़ दे रहा हूँ, आइए बैठिए (पाए तो जैसे हाथ से पकड़ ले—इस भाव से) बैठा देने की चेष्टा कर रहा है। सीट ढूँढ़ देने के प्रतिदान में एक सामान्य सी मुसकान को कुबेर की संपत्ति समझकर छाती से चिपकाए "अगर कोई तकलीफ हो तो बताएँगी" (मानो तकलीफ होने पर वह अपना सर बिछा देगा। अवश्य ही यदि कहा जाए कि गोदी में बिठा लो तो भी अस्वीकार करने की आशा नहीं है) कहते हुए निष्ठुरता से आदमियों के घुटनों को ठोकर मारते हुए, पाँवों से कइयों को कुचलते हुए पुनः द्वाररक्षक का काम सँभाल लेता है—इसके बाहर भी प्रेक्षागृह के किनारे बाहर की ओर लगी हुई बीड़ी-सिगरेट की अस्थायी दुकानों, पान-सुपारी की अस्थायी दुकानों, भूँजा-बादाम, भूँजे चनों, चनाचूर की फेरी और इन सबको केंद्र बनाकर पान चबाकर घूमनेवाले, सिगरेट का धुआँ फेंकते, मूँगफली चबाते मनुष्यों के छोटे-छोटे समूह फैले हैं। इन सबके मेल से बननेवाली अनमेल लयों की गूँजने वाली मूर्च्छना चारों ओर फैली है।

आप इस प्रकार की प्रस्तुति के एक परिवेश की कल्पना करें, क्योंकि यदि आप कल्पना नहीं करेंगे तो इस परिवेश की गरमाहट, इसकी जीवंत सजीवता आपके समक्ष प्रस्तुत कर पाना संभव नहीं होगा। मैं केवल इस परिवेश के बाहरी रूप की कल्पना अनुभव करने के लिए नहीं कह रहा हूँ, मैं कह रहा हूँ, इसके भीतरी भाव को उपलब्ध करने के लिए। बाहरी रूप के आस-पास आप नाना प्रकार के अन्य सहायक संभाव्य चित्र ध्वनि स्वयं संयुक्त कर लें। जरा कल्पना

करें—छोटे शहर का टूटा-फूटा रंगमंच, जहाँ पर नाटक खेलने के समय अस्थायी रूप से बिजली की करंट ला दी गई है—वहाँ पर 'राजा हरिश्चंद्र' नाटक खेला जाएगा। घोषणा करनेवाले की सूचना के अनुसार इस नाटक अभिनय में अंशदान करेंगे—इस रंगमंच के निकट, स्थानीय पूरे समाज के निकट आजीवन घनिष्ठ भाव से संपर्क बनाए रखने वाले विख्यात मंच अभिनेता—मुकुंद बरुआ। उनके साथ में है शैव्या की भूमिका में स्थानीय स्कूल की एक अध्यापिका विभा काकती—जिनकी उम्र पैंतीस वर्ष हो गई है और जो अपने वृद्ध पिता और पाँच भाई-बहनों के पालन-पोषण में अपने यौवन का सारा स्वप्न गँवा चुकी हैं, फिर भी वे स्वयं भी संभवत: नहीं जानती कि उन्होंने कौन सी अनमोल चीज गँवा दी है। कोई एक वस्तु खो गई है, इसी संदेह में उम्र में बड़े उस मनुष्य की नजरों को देखकर सूखती हुई फूल की पँखुड़ी सी असंख्य मनुष्यों के बीच मछली की आँखों के समान भावहीन रूप से अपनी आँख को खोले पड़ी है। कृपण ब्राह्मण की भूमिका में उतरेंगे यहीं के एक प्रवीण नाट्य शिल्पी श्री ठाकुर, जिन्होंने एक बार कोई एक हास्य नाटिका लिखकर पूजा के समय रंगमंच को गरमागरम कर दिया था—और कालक्रम में उनके उसी एकांकी नाटक को किसी दूसरे व्यक्ति ने अपने नाम से छपवाकर नाट्यकार की पदवी पा ली थी।

ग्रीन रूम में प्रत्येक अभिनेता अत्यंत मनोयोगपूर्वक जितना अपने से हो सकता है, उतना करके बाकी साज-सिंगार के लिए अपने माथे को पेंटर के हाथों में सौंपे दे रहा है। मुकुंद बरुआ, श्री ठाकुर आदि कुछ विशिष्ट लोग पेंटर को निर्देश दे रहे हैं कि कौन सी वस्तु किस को लगानी होगी, कुछ नए युवक अभिनेता बार-बार पूछकर पुराने अनुभवी लोगों को विरक्त किए दे रहे हैं। 'इसको कैसे पहनें, उसको किस तरह लगावें' आदि का प्रश्न करके। संक्षेप में ग्रीन रूम का प्रस्तुति पर्व पूर्ण होने को है। दो अभिनेता पीछे की दीवार के किनारे जाकर अंतिम मुहूर्त में एक बार फिर अपने पाठ को दुहराकर अकेले-अकेले विभिन्न भाव-भंगिमा करके देख रहे हैं, दो व्यक्ति यह सोचकर कि यदि अभी पिछड़ गए तो सिगरेट पीने से वंचित रह जाएँगे, सिगरेट के लंबे-लंबे कश मारते जा रहे हैं।

उद्घोषक ने प्रचंड ध्वनि में घोषणा की—"सज्जनो! अनिवार्य कारणों से निश्चित समय से कुछ बाद में अभिनय प्रस्तुत करने के लिए मैं आप लोगों से क्षमा-प्रार्थी हूँ।" बात पूरी होते-न-होते पीछे की ओर से कोई चिल्लाया—"बहुत हुआ, बहुत हुआ, अब लैक्चर बंद करो।" उसके बाद हँसी की एक किलकारी सर्वत्र फैल गई।

इसी बीच प्रेक्षागृह की अगली पंक्तियों की दो या तीन कतारों के आसन

खाली ही पड़े थे। वे आसन नाट्य-गोष्ठी के अनुरोध से आजिज आकर (परेशान होकर) नगर के पैसेवाले मनुष्यों के बीस रुपए जैसे फेंक दिए जाने के रूप में देकर लिये थे, उन लोगों के लिए संरक्षित थे वे आसन। उन खाली आसनों की ओर बढ़कर आए स्वयं कोई व्यापारी अथवा कोई प्रतिनिधि, कोई ठेकेदार अथवा उसके बेटे-बेटी कोई ऊँची पदवी के अधिकारी-कर्मचारी अथवा नाटक देखने के शौकीन किसी परिवार के लोग। उन लोगों को द्वाररक्षक ने ही स्वयं व्यस्ततापूर्वक जोर-जोर से 'आइए सर', 'आइए जनाब', 'आइए दादा', 'आएँ बड़ी बहन', 'आओ छोटी बहन' बोलते हुए आगे बढ़ाकर उनके आसनों पर ले जाकर बैठा दिया।

इस बीच उद्घोषक की घोषणा जारी है—"सत्य की रक्षा के लिए राज्य, राज सिंहासन, समूची संपत्ति, सारे वस्त्र-अलंकार और यहाँ तक कि अत्यंत दुलारे पुत्र और अपनी प्रियतमा पत्नी तक को बिना किसी दुर्बलता के दूसरे के हाथ में सौंप देनेवाले, न्याय, सत्य और धर्म के रक्षक राजा हरिश्चंद्र की वेदना-मधुर कहानी को आप लोगों के सामने प्रस्तुत कर रही है 'प्रवीन नाट्य गोष्ठी'। विभिन्न भूमिकाओं में आ रहे हैं···। राजा हरिश्चंद्र, राजा हरिश्चंद्र," इतने में भीतर से वाद्य वृंद बज उठे। राजा हरिश्चंद्र मंच पर सजे हुए सिंहासन पर बैठ गए। मंचाध्यक्ष ने परदा-व्यवस्थापक को तैयार होने का संकेत दिया और हरिश्चंद्र ने भी सिगरेट में अंतिम कश खींचकर, पाँवों से उसे दबाकर स्क्रीन को ऊपर की ओर उठवाने के लिए तैयारी की। प्रेक्षागृह की गुनगुनाहट भी अचानक थम गई। प्रेक्षागृह के बल्बों को एक-एक कर बुझाने लगे, पहले से ही निर्धारित व्यवस्था के अनुसार बड़ा मंजीरा झनझनाकर बज उठा (जैसे मानो बिजली गिरी) साथ-ही-साथ सामने का परदा दोनों किनारों पर खिंचाव होने से धीरे-धीरे हटना शुरू हुआ।

कल्पना करें—किसी एक उत्कंठापूर्ण मुहूर्त की। अभिनेता-अभिनेत्री की उत्कंठा, मंच व्यवस्थापक, याद दिलानेवाले, प्रकाश व्यवस्थापक, परदा व्यवस्थापक की उत्कंठा, दर्शकों की उत्कंठा, इनके बाद प्रकाश की जगमगाहट और दर्शकों की दृष्टि के बीच अशांति पैदा करनेवाले बड़े नौजवानों की उत्कंठा, दर्शकों के बीच बैठे हुए अभिनेता-अभिनेत्रियों के अपने सगे-संबंधियों की उत्कंठा। थोड़ी देर के लिए सभी कुछ को एक ही दृष्टि में उसी मुहूर्त में आप देख रहे हैं। राजा हरिश्चंद्र के सबकुछ खोने की स्वर्णिम प्रस्तुति। बिजली के प्रकाश में सोने सा चमकता मंच, आँखों से आँसू बहाने को प्रस्तुत दर्शकों का सुनहरा मन और कृतकार्यता की आशा करता अभिनेताओं का स्वर्णिम मन।

ये सभी घटनाएँ आपकी कल्पना की प्रखरता पर निर्भर करती हैं। आपकी

कल्पना के विस्तार और गहराई पर निर्भर करती हैं; क्योंकि सृष्टि के आरंभ से ही कोई भी लेखक आजतक किसी भी वस्तु का, किसी भी प्राणी का, किसी भी परिवेश का पूरा-का-पूरा यथार्थ वर्णन प्रस्तुत नहीं कर सका है। केवल वर्णनीय विषय के भाव और रूप का कुछ इस प्रकार संकेतपूर्ण आंशिक वर्णन प्रस्तुत करता है कि उसी ढाँचे के आधार पर हम अपनी संचित जानकारी और अनुभव से एक यथातथ्य कल्पना स्थिर कर लेते हैं।

परदे के उठने के साथ-ही-साथ अचानक प्रेक्षागृह के मुख्य दरवाजे पर एक दल लोगों की आकस्मिक उपस्थिति और कहासुनी का अनुभव सबको हुआ। अचानक ही प्रेक्षागृह के दरवाजे से अस्त-व्यस्त बालोवाली, सैकड़ों छिद्रों में फटी साड़ीवाली अत्यंत उग्रमूर्ति धारण कर एक गृहिणी स्त्री अंदर आ गई। आते ही "कहाँ है? कहाँ है वह? हरिश्चंद्र बनने के लिए आए हुए मुकुंद बरुआ की मुझे जरूरत है।" कहकर वह चिल्ला पड़ी। सभी दर्शक अवाक् हो गए। मंच के राजा हरिश्चंद्र अवाक् हो गए। वह गृहिणी स्त्री कोई विघ्न बाधा न मानते हुए सीढ़िया फलाँगकर जैसे ही मंच पर चढ़ी, वैसे ही दर्शकों के बीच खलबली मच गई, "अरे, अरे, इस भगाओ व मार भगाओ, कहाँ की पगली है। ये द्वार रक्षक सब क्या घास खा रहे थे?" ऐसी उत्तेजना फैली कि किसी की बात ही नहीं सुनाई पड़ रही थ। कोई पीछे की ओर से चिल्लाया 'लाइट जलाओ लाइट', कोई 'हेई', 'हेई' चिल्लाने लगा, कोई पहले की तरह जीभ के नीचे उँगली डालकर सीटी बजाने लगा 'सूटिड'। उत्तेजना की एक लहर बह गई—पाशविक (जंगली) निष्ठुर।··· किंतु जो गृहिणी स्त्री रणचंडी मूर्ति धारण कर असंख्य मनुष्यों को कुछ भी न गिनते हुए हरिश्चंद्र रूपी मुकुंद बरुआ को ढूँढ़ती हुई आई थी, वह ऊपर जाकर सुनहले कागजों से सजे बिजली के प्रकाश में जगमगाते सिंहासन पर बैठे हुए हरिश्चंद्र के और पास जाकर और भी अधिक तीव्र कर्कश स्वर में चिल्ला उठी—'तुम मर जाओ।' उस तीखी चीत्कार से प्रेक्षागृह के लोग स्तब्ध रह गए, ग्रीन रूम के लोग स्तब्ध रह गए। पूरे रंगमंच और प्रेक्षागृह की हवा स्तब्ध रह गई। उस भयावनी स्तब्धता के परिवेश में एक मीठी किंतु शक्तिशाली उत्तेजना की लहर उठाते हुए राज हरिश्चंद्र ने फुसफुसाकर भावावेग से विह्वल होकर कहा, "बताओगी नहीं क्या अरुणा—जीतू का··· ?"

किसी दूसरे शब्द के उच्चारण में असमर्थ अरुणा धड़ाम से रंगमंच पर गिर पड़ी। पूरे मंच पर जल्दबाजी में हड़बड़ी मच गई। इसी बीच घिरनी के किनारों से मधुमक्खी के छत्तों से निकली मधुमक्खियों के समान ग्रीन रूम से अनेक आदमी हड़बड़ाकर मंच पर पहुँच गए। दर्शकों के बीच भी 'क्या हुआ?' 'क्या बात है?'

जानने की उत्कंठा जाग गई। आगे बढ़कर पहुँचने के प्रयत्न में लोग एक-दूसरे के ऊपर चढ़ जाने लगे। किसकी कुरसी किसके ऊपर गिरी, कोई ठिकाना न रहा। प्रत्येक व्यक्ति संभावित विपत्ति से रक्षा करने के लिए अपने प्रियजनों को अपनी बगल में सुरक्षित रखने लगा। मैच पर इतनी भीड़ इकट्ठी हो गई, अभिनेता, दर्शक, परदा व्यवस्थापक, प्रकाश व्यवस्थापक, याद दिलानेवाले या मंचाध्यक्ष, किसी को भी पहचानना संभव नहीं रह गया। किसकी दाढ़ी कहाँ उखड़ गई, किसकी नाक पर किसका घूँसा जड़ गया, कुछ भी ठौर न रहा। किसी ने अरुणा के सर पर पानी गिराया। किसी अभिनेता ने कमर का फेंटा खोलकर बिछाना शुरू किया। कोई एक चिल्लाया—'डॉक्टर! डॉक्टर!'

अरुणा के गिरने के साथ-ही-साथ मुकुंद बरुआ भी फर्श पर बैठ गए थे। प्राय: घुटने के बल झुकते हुए उन्होंने अपने एक हाथ में अरुणा के सर को भरकर उठा लिया। पलायन सुलभ मनोवृत्ति के दर्शक दल बच-बचकर निकल जाने में ही भला सोचने लगे। इसी हलचल के बीच प्रेक्षागृह के दरवाजे से कुछ आदमियों का एक दल हड़बड़ाकर अंदर आ गया। उनमें से एक दौड़कर मंच पर चढ़ गया और माइक्रोफोन के माउथपीस को उठाकर शरीर का सारा बल लगाकर चिल्लाया, "माननीय सज्जनो!" कुछ देर तक उसके ये शब्द झनझनाते हुए बजते रहे। प्रेक्षागृह, मंच और दरवाजों से बाहर जाने को तत्पर दर्शक कान ढके खड़े रह गए। इस प्रकार की अचानक पैदा हुई स्तब्धता में फिर घोषणा हुई। "आप सभी लोग कृपया न जाएँ। जिस समय आप लोगों के समक्ष नाटक, दिखाने की संपूर्ण प्रस्तुति हुई थी, उस समय नाटक हुआ या नहीं, हम नहीं जानते, किंतु अब हम आप लोगों को एक नाटक दिखाएँगे। एक ऐसा जीवंत नाटक, जैसा आप लोगों ने आजतक देखा नहीं है, जबकि इस प्रकार का नाटक देखना ही आप सभी लोगों के लिए अधिक जरूरी है। थोड़ी देर रुककर कम-से-कम इसका आरंभिक अंश तो देख जाएँ।"

'क्या होगा? क्या नहीं होगा?' कुछ भी निश्चित न कर पाने से स्तंभित खड़े दर्शक धीरे-धीरे बैठने की तैयारी करने लगे। अरुणा को होश आ गया है, यह देखकर दो आदमी उसे ग्रीन रूम में ले जाने के लिए उठाने लगे, मुकुंद बरुआ बेबस होकर वहीं पर बैठ गए। यह सारी घटना एक क्षण के भीतर ही घटित हो गई। इस बार माइक्रोफोन पर आवाज गूँजी—"रतन, विवेक, यूसुफ तुम लोग मंच पर आ जाओ। यूसुफ! इस सुनहले कागज के सिंहासन को किनारे से फाड़कर मिट्ठी में मिला दो, राज प्रासाद के इस दृश्य को छिन्न-भिन्न कर ऊपर फेंक दो। प्रकाश व्यवस्थापक, इन सुनहले प्रकाश के बल्बों को बुझाकर स्वाभाविक सादे प्रकाश के

बल्बों को जलाओ। यहाँ हमारे मंच के चारों ओर यह टूटी-फूटी दीवारों का बेड़ा ही रहेगा, क्योंकि प्रवीन नाट्य गोष्ठी ने जो रंगमंच सजा रखा था, वह एक मिथ्या आवरण मात्र था, झूठ-मूठ का दिखावा भर।"

इस बीच ग्रीन रूम के भीतर भी हलचल बढ़ गई है। मंचाध्यक्ष, याद दिलानेवाले, संपादक, सभी अंदर-ही-अंदर झल्ला रहे हैं। बाहर दर्शकों में फिर गुनगुनाहट, फुसफुसाहट फैल गई है। सारांशतः किस प्रकार का एक अव्यवस्थित उत्ताप भरा परिवेश हो सकता है, इसे आप अपनी कल्पना से ही अनुभव करें। वैसे साधाराणतः इस प्रकार की घटना नहीं घटती। किंतु जहाँ इस प्रकार की एक अस्वाभाविक घटना घट जाती है, वहाँ उसका स्वरूप कैसा हो सकता है ? उसकी व्यस्तता, उत्तप्तता, अस्त-व्यस्तता और अस्वाभाविकता का अनुभव ही किया जा सकता है।

रतन ने घिरनी की आड़ में पड़े माइक्रोफोन को उठाकर मंच पर रख दिया। नाटक के कर्ता-धर्ता लोगों में से कुछ लोग ऐसे असंस्कृत वातावरण में रहना असम्मानजनक समझते हुए मारे घृणा के नाक सिकोड़ते हुए बाहर जाने को प्रस्तुत हुए। विवेक झपटकर माइक्रोफोन के पास जाकर खड़ा हो गया। घबराए हुए दर्शकों की ओर देखकर वह बोल पड़ा—"दया करके कम-से-कम दो शोक प्रस्ताव तो आप लोग पास कर लें, तब जाएँ। कल्पित राजा हरिश्चंद्र के दुःख में आँखों के जिन आँसुओं को बहाने को आप आए थे, उसमें से थोड़े से आँसू क्या मनुष्य के सच्चे दुःख में नहीं बहा सकेंगे ? राजा हरिश्चंद्र ने सबकुछ गँवाकर सबकुछ फिर पाया। पुत्र रोहिताश्व को खोकर पुनः पा लिया। किंतु क्षुधा-तृप्ति के लिए खाने के अभाव में, दवा-दारू के अभाव में, पथ्य के अभाव में मृत्यु के मुख में पड़े, अपने पुत्र जीतू को फिर हरिश्चंद्र रूपी मुकुंद बरुआ क्या पा सकेंगे ?"

दर्शकों की एक मंडली में "इस्स-इस्स, आह, आह" शुरू हो गई। रतन ने माउथपीस को ठुकठुकाकर कहा, "दया करके एक मिनट मौन खड़े होकर मृतक की आत्मा की चिर शांति के लिए प्रार्थना करें।"

एक कतार के लोग इतस्ततः करने लगे, कोई उठ रहा है या नहीं ? यह देखने के लिए चारों ओर देखने लगे। विवेक गरज उठा—"खड़े होइए।" फिर सर्वत्र शांति छा गई—भयावनी, उत्तेजनामय और अस्वाभाविक शांति। इस बार अनिल ने कहा, "एक शोक प्रस्ताव और भी है—यह शोक प्रस्ताव मैं जरा पहले ही ले रहा हूँ—जो व्यक्ति विशेष—मुकुंद बरुआ—अभिनय करते हुए सबकुछ गँवाते, अंत में सबकुछ पुनः पा जाते और इस प्रकार आप लोगों की आँखों से अश्रुपात करवाते और फिर आश्वस्त कर देते—उनके इस अभिनय करने के इस शौक की मृत्यु हो।"

महिम ने कहा, "मुकुंद बरुआजी मेरे चाचा हैं। वे मुझे हमेशा बदमाश, उद्धत लड़का ही समझते-कहते आ रहे हैं, किंतु मैं उनका बराबर सम्मान करता आ रहा हूँ और बारंबार कहता आ रहा हूँ कि थिएटरों-नाटकों में अभिनय करने में लगकर अपने सारे परिवार को मृत्यु के मुख में ढकेल देने के पहले आप स्वयं मृत्यु का वरण करें।"

बैठे हुए हरिश्चंद्र रूपी मुकुंद बरुआ अचानक खड़े हो गए और बड़ी तीखी नजरों से महिम की ओर निहारते हुए बोले, "क्योंकि तुम अबोध हो। नहीं जानते कि अभिनय ही मेरा प्राण है। नहीं जानते कि यदि मैं अभिनय करने में लगा नहीं रहता तो मैं जिंदा ही नहीं रह पाता, नहीं जानते कि इस प्रकार का वेश धारण कर इस समय मैं कितना कष्ट का काम कर रहा था।"

"समझता हूँ चाचाजी, सभी कुछ समझता हूँ। केवल नाटक के अभिनय में ही तुम राजा बनकर हुकुम कर सकते हो। राज्य, राजसिंहासन वाले बड़े आदमी हो सकते हो—किंतु इस प्रकार से हरिश्चंद्र के रूप में तुम्हारा सजना-धजना तुम्हारे घर की टूटी छानी से टपकने वाले पानी को नहीं रोक सकता। चाची की देह ढकने के लिए एक कपड़ा नहीं जुटा सकता। जीतू को मृत्यु से नहीं बचा सकता। बोलो, यह सब कर सकेगा?"

मुकुंद बरुआ को जैसे काठ मार गया। किसी भी प्रकार की रोक-टोक न माननेवाले आँसू गालों पर लुढक पड़े। बिजली के बल्ब के प्रकाश में आँसुओं की वह धारा चाँदी के रंग जैसे साँप की तरह झिलमिला उठी।

"राजा होकर तुम सत्य, न्याय और धर्म की रक्षा का उदाहरण प्रस्तुत कर सबको शिक्षा देना चाहते हो, किंतु जब तुम्हारी जगह जमीन, बाग-बगीचा प्राणनाथ वकील ने—जो महाशय यहाँ सामने बैठे हुए हैं—नीलामी में पानी के भाव खरीद ली तो तुम कुछ भी कर सके क्या? कहें, बड़े आदमी वकील साहब ही बताएँ—वहाँ पर हमारे चाचा साहब इस प्रकार कठोर बातें क्या कह पाए थे? अथवा वहाँ भी वे हरिश्चंद्र का अभिनय कर रहे थे और श्रीमान···

"चुप रहो!" दर्शकों की पहली कतार में बैठे प्राणनाथ वकीलजी अचानक खड़े होकर गरज उठे, "मैं तुम पर मानहानि का मुकदमा कर सकता हूँ, समझ रहे हो?"

अनिल आगे बढ़ आया और धीर गंभीर स्वर में बोला, 'कर ही सकेंगे, यह तो जानी-बूझी बात है। किंतु क्या महिम आपको अपमानित कर रहा है? समझते हैं। वह अपमानित कर रहा है अपने चाचा को। आपकी बुद्धि, आपके कौशल की तो तारीफ ही कर रहा है।"

"इस तरह से नाटक दिखाने के बहाने छलपूर्वक लोगों से पैसे ऐंठने का सारा मजा बाहर निकाल दे सकता हूँ।" प्राणनाथ वकील के पास बैठे उनके कोई पृष्ठ-पोषक सज्जन खड़े होकर कह उठे।

अनिल हँस पड़ा और बोला, "यह तो मामूली बात है—मुवक्किलों से आप लोग केवल फीस ही भर नहीं लेते! और जहाँ तक अभिनय की बात है, हमारा अभिनय तो बंद नहीं हुआ। उपस्थित सज्जन लोग ही कहें, क्या बंद हुआ है? मुकुंद बरुआ का हताशा भरा चेहरा, वकील महाशय की हिंसक दृष्टि, हमारी प्रार्थना-अभ्यर्थना, यह सब क्या अभिनय नहीं है? विभा काकती, जो भद्र महिला आज के नाटक की नायिका हैं, वे झूठा अभिनय दिखाना क्या नहीं चाहती थीं? समझते हैं?"

अनिल की बात पूरी होते-होते ही कुछ लोग "शेम, शेम" कह उठे। विभा काकती अभी शैव्या की पोशाक उतार नहीं पाई थीं, वे भी बाहर आ गईं और अनिल की ओर देखकर क्रोध से बोलीं, "तुम लोग सबकी शक्तिगत गोपनीयता बाहर लाकर देशोद्धार करने आए हो?"

यूसुफ अभी तक चुप था। अबकी उसने कहा, "बड़ी बहन! क्रोधित मत हो। अपनी-अपनी गोपनीयता लेकर ही मनुष्य मनुष्य है, किंतु एक झूठा चेहरा पहनकर सच्चे मनुष्य के भाव को आप किस तरह प्रस्तुत करेंगी। आप ही कहें, आपने अपने पारिवारिक कर्तव्य के लिए खटतें हुए, अपनी निजी इच्छाओं-वासनाओं को क्या धोखा नहीं दिया है? कभी-कभी मन-ही-मन वृद्ध पिता और पाँच भाई-बहनों की मृत्यु की कामना नहीं की है? आपकी दो बहनें जब आपकी आँखों में धूल झोंककर उच्च सरकारी अधिकारियों की कार में घूमती-फिरती हैं, शाम को नदी के किनारे ठेकेदार की बाँहों में बाँहें डालकर घूमने जाती हैं, तब क्या आप कुछ भी न जानने का नाटक करके बैठी नहीं रहतीं? आधी रात में अकेले बिछौने पर पड़ी-पड़ी आँसुओं से शरीर नहीं भिगोतीं?

कोई "छिह-छिह" कह उठा, किसी ने "असभ्य, गुंडा, जानवर" आदि कहा। फिर भी यूसुफ तनिक भी डिगा नहीं—"वहाँ दर्शकों के बीच से उठकर जाने को तत्पर हजारिका, पी.डब्ल्यू.डी. के हेड अफसर, सामने वहाँ से 'उठें कि न उठें' इस चक्कर में पड़े शइकिया साहब, ये ही सब लोग बताएँ।"

ग्रीन रूम में हलचल मच गई है। दर्शकों की कुरसियाँ खाली हो रही हैं, मंच के ऊपर उपस्थित ये नौजवान छोकरे क्या कर रहे हैं या क्या करेंगे? उसी को देखने के लिए आँख लगाए एक श्रेणी के लोग बैठे हैं। एक नामहीन लहर सागर के ऊपर लुढ़कते डोंडहे साँप की तरह सबके ऊपर लहरा रही है।

"हमें आप सब उद्‌दंड समझ रहे हैं, असभ्य समझ रहे हैं। आप लोग ही कहें—हमारी कोई आशा-आकांक्षा नहीं क्या है? हम भी खाते हैं, पीते हैं, पहनते-ओढ़ते हैं, क्या हम मनुष्य के समान रहना नहीं चाहते? किंतु जब कभी हमारी आँखों के सामने आप लोगों का छल-कपट स्पष्ट हो जाता है तो आप लोग डर के मारे—सम्मान हानि के डर से हमारा मुँह बंद कर देना चाहते हैं। टोडी महाशय के गोदामघर में क्या-क्या सामान रहता है? ट्रक ड्राइवर रहमत जानता है। इंजीनियर साहब के घर में रात को कौन आदमी और कौन महिला जाती है? सिकन ड्राइवर जानता है। बावरची हशमत जानता है और देखनेवाले सभी जानते हैं। लज्जित न हों—तो मैं कुछ गृहस्वामिनी भद्र महिलाओं का नाम भी बात सकता हूँ—क्यों? न बताऊँ?

एक सीटी बज उठी। "अरे वाह—दोस्त ने सब खोलकर रख दिया!" कोई एक भीड़ में से चिल्लाया।

कोई दूसरा प्रतिवाद में क्रोध से बोला, "यहाँ हम लोग लैक्चर सुनने नहीं आए हैं। क्या दिखाना है, दिखाओ।"

थोड़ी देर चुप रहकर विवेक ने कहा, "प्यारे दर्शकगण, क्या आप समझ नहीं रहे हैं कि आप भी हमारे अभिनय के एक अभिनेता हैं? आप द्वारा कही गई सारी बातें हमारे नाटक के संवाद हैं। इस क्षण ग्रीन रूम से भागकर उद्धार चाहने वाले नाट्यगोष्ठी के सभी कर्ता-धर्ता, रह-रहकर सिसकने वाली अरुणा बरुआ, हताश होकर बैठे हुए मुकुंद बरुआ, विभा काकती, प्रकाश व्यवस्थापक, परदा व्यवस्थापक, हम कई लोग, अपना-अपना आसन छोड़कर चले जानेवाले भद्रलोग, रह जानेवाले लोग, इन सबकी आँखों की दृष्टि, मुख की भाषा, शरीर के अंगों का संचालन, मन के भावों की प्रतिक्रिया, किस प्रकार प्रकाशित हो रही है और तो क्या? यह टूटा-फूटा पुराना रंगमंच, यह प्रेक्षागृह, ये कुछ टिमटिमाते बल्ब, खाली कुरसियाँ, बाहर के मनुष्यों का समूह, छोटी-छोटी दुकानें, अभिनय न देखकर उत्तेजित हो निंदा-भर्त्सना करते हुए जानेवाले दर्शकवृंद, ये सभी कुछ हमारे अभिनय के अंग विशेष हैं। जरा सोचकर देखें—हरिश्चंद्र के कल्पित दुःख में रोने आए हुए आप लोगों के अंतर में क्रोध, घृणा, क्षोभ, हताशा, उत्तेजना, उत्कंठा, पाशविक आनंद हमने किस प्रकार स्वाभाविक रूप से जगा दिया है—इस झूठे रंगमंच को एक सच्चे जीवन के रूप में हमने किस प्रकार बदल दिया है!

अचानक मंच की टिन की छाजन पर एक धमाका हुआ। उसके बाद एक पर एक ईंट और पत्थरों के टुकड़े बरसने लगे। सारे दर्शक धक्का-मुक्की करते, लुढ़कते-पुढ़कते, कूद-फाँदकर बाहर भागने में व्यस्त हो गए। किसका, कहाँ,

क्या गिरा? कौन कहाँ फेंका गया? कुछ ठिकाना नहीं रहा। तब भी ईंट-पत्थरों के टुकड़ों के भयंकर शब्द कम नहीं हुए। हठात् बत्तियाँ बुझ जाने से भयानक अँधेरे ने चारों ओर से घेर लिया। एक अद्‌भुत हा-हाकार फैल गया। अँधेरे में आदमियों के मन के डर और उसकी उत्कंठा की उत्तेजना ने एक विचित्र वातावरण पैदा कर दिया। अनमेल लयों में छोटी-बड़ी विचित्र ध्वनियाँ मिलकर गूँजती हुई दूर-दूर तक क्रमशः छिटककर फैलने लगीं।

अस्वाभाविक एक घटना! ऐसा संदेह होना संभव है कि जान-बूझकर ऐसी घटना घटाई गई है। किंतु आप को कल्पना करनी चाहिए कि यह अत्यंत स्वाभाविक रूप से घटी है। संदेह होगा—वे सब युवक कहाँ हैं? उन सबों ने इस प्रकार की बात कहने की शक्ति कहाँ पाई? इन्हीं सबकी कल्पना कर लेने के लिए मैं कहता हूँ, उस प्रकार के युवकों के एक दल की कल्पना करें। अपनी कल्पना से ही उन्हें सजा-सँवार लें—वे सब हर एक कैसी पोशाक पहनेंगे? किस प्रकार चलें-फिरेंगे, किस विधि से बातें करेंगे? प्रत्येक के मुख की गढ़न किस प्रकार की होगी? शारीरिक गठन कैसा होगा? यह सबकुछ आपकी कल्पना के स्पर्श से जगमगा उठेगा। इस अतिशय पुराने जराजीर्ण रंगमंच के चारों ओर के घेरे की दीवारें बढ़ती ही जाएँ—जितनी दूर इसे फैला सकें, ले जाएँ। उसके बीच में स्थित हों पेड़-पौधे, जंगल, नदी-नाले, घर-द्वार, प्रकाश-हवा और आप, स्वयं आप भी!

□

वे तीनों और वह

—राजेंद्र बरदलै

छाया मूर्तियाँ कुछ क्षणों तक बाड़े (घर के बाहर बाँस की खपच्चियों की चाहर दीवारी) से कान सटाए ठिठकी खड़ी रहीं, इस फिराक में कि कहीं कोई जग तो नहीं रहा, किसी की नाक तो नहीं बज रही?

एक छोटा सा मकान। मकान माने एक छोटी सी कोठरी और उससे लगा छोटा सा बरामदा। रात के अँधियारे में ऐसा लगता, जैसे एक पेड़ खड़ा हो। गाढ़े अँधियारे का लाभ उठाते हुए वे तीनों ही छायामूर्तियाँ उस मकान की ओर धीरे-धीरे बढ़ गईं। फिर घर के पीछे की दीवार से सटकर कोई एक छायामूर्ति खड़ी हो गई। एक छायामूर्ति ने खिड़की की सेंध से ताककर अंदर की ओर देखा। मगर उस वक्त उस कोठरी के अंदर कोई रोशनी नहीं थी। कुछ देर तक यों ही जोह लेने के बाद वह छायामूर्ति वहाँ से अलग खिसक आई। फिर उसने शेष दो छायामूर्तियों को भी वहाँ से हट आने का इशारा किया।

"हुजूर! आज तो हम लोग काम पूरा नहीं कर सके।"

"सो क्यों?"

"अरे, वह आदमी तो घर पर है ही नहीं।"

"तो फिर कुछ और देरी तक वहाँ ठहरकर उसके आने की राह देख लेते।"

"बारह बजे रात तक तो उसकी राह देखी। अब इतनी देरी तक भी अगर वह अपने घर न लौटा तो क्या सारी रात वहीं पड़े-पड़े गुजार दें।"

गजेंद्र साहूकार ने एक लंबी साँस खींची, फिर निश्वास फेंकते हुए कहा, "ठीक है। अगर आज काम पूरा न कर सके तो कोई बात नहीं। मगर कल जैसे भी हो काम पूरा हो जाना चाहिए।"

कुछ देर बाद जैसे कोई नई बात सोचकर उसने फिर कहा, "अच्छा, आज

यह एक हजार रुपया ले जाओ। शेष दो हजार अभी बाकी रहेंगे। कल वहाँ जाने के पहले मुझसे जरूर मिल लेना।"

उन तीनों ने साहूकार को सलाम किया और फिर उसकी गद्‌दी से निकलकर बाहर अँधेरे में मिल गए। उस वक्त तक दो-एक ट्रकों के आने-जाने की आवाज के अलावा और कोई शब्द उस शहर में नहीं सुनाई पड़ रहा था। चारों ओर सन्नाटा छा गया था। मगर उस शहर में दो-एक होटल ऐसे भी थे, जो सारी रात खुले रहते थे। उनमें से चाहे किसी में भी चले जाओ, अपनी मरजी के मुताबिक भात, मछली, मांस, जो कुछ जितना चाहो, खा सकते हो, जितनी चाहो, शराब पी सकते हो। ऐसे ही एक होटल में तीनों जा घुसे। वहाँ जमकर खाना खाया, फिर मस्ती में झूमते हुए अपने-अपने घर रवाना हो गए।

दूसरे दिन रात के दस बजते-बजते फिर वे तीनों ही गजेंद्र साहूकार की गद्‌दी पर आ इकट्‌ठे हुए। तीनों यानी कि मंसूर अली, जीनत बरा और सत्येंद्र खारघरीया। ये तीनों ही गजेंद्र साहूकार के भाड़े के मशहूर गुंडे हैं। मगर ऊपर से देखने में तीनों में से कोई भी गुंडा जैसा नहीं लगता। उन सबकी उम्र तीस से लेकर पैंतीस साल तक होगी। देखने में वे बड़े सभ्य और शांत प्रकृति के लगते हैं, मगर पैसे के लिए वे ऐसा कोई काम नहीं है, जो न कर दें। कठिन-से-कठिन, क्रूर-से-क्रूर काम करने से भी वे पीछे नहीं हटते। हत्या के अपराध में तीनों ही जेलखाने के सजायाफ्ता कैदी हैं, मगर पैसे के बल पर तीनों ही जमानत पर छूट आए हैं। पैसा उनके लिए सबकुछ है। जब तक वे कोई मोटी रकम ऐंठ नहीं लेते, तब तक किसी बड़े खतरनाक आपराधिक काम को करने के लिए आगे नहीं बढ़ते।

उन तीनों ने ही साहूकार को सलाम किया। उन्हें कुछ देर के लिए वहीं बैठाकर साहूकार मकान के अंदर चला गया। थोड़ी देर बाद जब वह अंदर से बाहर आया तो उसके हाथों में बंदूक थी। उसने उन तीनों से ही पूछा, "तुम लोग बंदूक चला सकते हो न?"

मंसूर अली और जीनत बरा दोनों जैसे साथ-ही-साथ बोल पड़े, "जी हाँ हुजूर, खूब अच्छी तरह चला सकते हैं।"

"तब तो बहुत अच्छी बात है। आज यह मेरी बंदूक भी साथ ले जाओ। काम पूरा हो जाने पर मेरी यह बंदूक वापस कर जाना और उसी समय बाकी के पैसे भी लेते जाना।"

उस सबों ने साहूकार की बात मान ली और साहूकार के मकान से निकलकर काम करने के निर्दिष्ट स्थान के लिए रवाना हो गए।

जन नेता हजारिका के मकान की चौहद्दी में वे तीनों जा घुसे। हजारिका का पूरा नाम अकन हजारिका है, मगर केवल अकन कहने से उस पूरे शहर में उन्हें कोई नहीं पहचानेगा। मंसूर, जीनत और सत्येंद्र ये तीनों भी नेता हजारिका का नाम जानते हैं, मगर उन्हें प्रत्यक्ष रूप से कभी आमने-सामने नहीं देखा है। अतः नाम और व्यक्ति को एकत्र कर पहचान नहीं सकते। साहूकार ने जैसे-जैसे समझाकर वर्णन किया था, उसी के अनुसार वे उस मकान के पास तक गए। साहूकार ने यह भी समझा दिया था कि उस मकान में नेता हजारिका के अलावा और कोई आदमी नहीं रहता। अतः भले ही उन सबों ने नेता हजारिका को पहले नहीं देखा हो, फिर भी उस मकान में पहुँचकर उसे पहचानने में कोई कठिनाई नहीं होगी।

नेता हजारिका एक जनसभा में भाग लेने के बाद बस अभी थोड़ी देर पहले ही अपने घर लौटे थे। अभी कपड़े बदलकर हाथ-मुँह धोकर तैयार हो रहे थे, सबेरे-सबेरे बनाकर रखे गए भोजन को खाने के लिए। इसी बीच दरवाजे पर खटखटाहट की आवाज उभरी। हजारिका ने बैठे-बैठे ही आवाज लगाई, 'कौन है?' बाहर से एक व्यक्ति बोला, 'मैं हूँ, जरा दरवाजा तो खोलिए!'

हजारिका ने लैंप मेज पर रख दिया और आगे बढ़कर दरवाजा खोल दिया, तीनों धड़ाधड़ अंदर दाखिल हो गए।

हजारिका ने एक आदमी के बैठने के लिए कुरसी आगे बढ़ा दी। चूँकि कोई और कुरसी नहीं थी, अतः बाकी दो अदमियों से अपने सोने के बिस्तर पर ही बैठने का अनुरोध किया। पहले तो वे तीनों असमंजस में रहे कि बैठें या न बैठें! मगर थोड़ी देर बाद वे बैठ गए।

नेता हजारिका की ओर पहले निगाह पड़ते ही सत्येंद्र को तो जैसे एक बिजली का झटका सा लगा। वह मन-ही-मन विचारने लगा कि 'इस आदमी को पहले कहाँ देखा है?' मंसूर अली और जीनत बरा दोनों ही बड़ी खोजी निगाह से कमरे में चारों ओर देखने लगे। फिर हजारिका की ओर भी बड़े ध्यान से देख-परख लिया। तब हजारिका के ऊपर आघात कर बैठने के बदले वे सोचने लगे कि 'अरे, यह आदमी उतने बड़े सेठ-साहूकार का भला क्या बिगाड़ सका होगा? साहूकार ने हजारिका के भयानक रूप के बारे में जो ढेर सारा वर्णन किया था, उसका चौथाई हिस्सा भी तो यहाँ नजर नहीं आ रहा था। अगर हजारिका अपनी नेतागिरी से लोगों को ठगता होता, छल-कपट-दगाबाजी कर-करके लोगों से रुपए ऐंठता होता तो क्या ऐसी ही दुर्दशा में दिन गुजारता होता? यहाँ तो बस एक मामूली सी कोठरी में एक मामूली सी कुरसी है और

अति साधारण चारपाई तथा बिछौना। बिछौने में रुई भरी होने का नामोनिशान नहीं। यहाँ तक कि बिछौने पर फैलाई चादर भी इतनी गंदी, सड़ियल। भला इसे धोकर साफ रखने में किस चीज की परेशानी है? पैसे की कमी की या फिर समय के अभाव की? लगता है, समय का ही अभाव होगा।' इस तरह के नाना प्रकार के विचार मंसूर और जीनत के मन में डूबने-उतराने लगे।

नेता हजारिका ने ही चुप्पी तोड़ी, "कहिए, भला आप लोगों ने किस शुभ काम से यहाँ आने का कष्ट किया है?" मगर थोड़ी देर बाद ही जैसे कुछ सोचकर फिर बोल पड़े, "अरे नहीं, नहीं, ये सब बातें तो बाद में हो लेंगी। दरअसल मैं बस खाना शुरू करने ही जा रहा था। मगर अब आप लोगों को छोड़कर भला खाना क्या अच्छा लगेगा? सो आइए, पहले एक-एक कप चाय पी जाए।" ऐसा कहकर वे रसोई की ओर बढ़े।

तभी तीनों ही बोल पड़े—"नहीं, नहीं। इस समय आपको चाय बनाने की कोई जरूरत नहीं है। आप अपना खाना खा लें।"

"अरे वाह! भला यह कैसे हो सकता है? इतनी रात गए आप लोग मेरे घर आए हैं, मेरे मेहमान हैं। मेरे घर जो कुछ भी होगा, उसी से आप सब की कुछ तो खातिरदारी करूँगा।"

नेता हजारिका के निष्कपट व्यवहार और किसी भी तरह कुछ खातिरदारी करने की उनकी अपरिहार्य जिद की वजह से अंतत: वे तीनों ही एक-एक कप चाय पीने को तैयार हो गए।

अचानक ही सत्येंद्र के मन में बहुत पुरानी दबी पड़ी यादगार ताजा हो गई। पुराना दृश्य स्पष्ट दिखने लगा। ठीक, निश्चय ही यह वही नेता हजारिका होंगे। अरे बाप! इस आदमी ने क्या मेरा कम उद्धार किया है? अगर उस महाविपत्ति की वेला में नेता हजारिका न रहे होते तो मेरी छोटी बहन तो न जाने कहाँ बह-बूड़ गई होती। फिर भी भरपूर भरोसा कर लेने की गरज से उसने हजारिका से पूछा, 'अच्छा, आज से लगभग पाँच साल पहले क्या आप किलिंभेलि गाँव की ओर गए थे?'

"अरे भाई! जाने कितने गाँवों में गया हूँ! कितने मनुष्यों से मिला हूँ। कितने सारे लोगों से बातें की हैं! मगर सही बात तो यह है भाई कि इन तमाम लोगों को पहचान पाना मेरे लिए बहुत कठिन है।"

"ठीक है! जरा याद करने की कोशिश तो करें कि किलिंभेलि गाँव की एक अनाथ लड़की—जिसके माँ-बाप नहीं थे—के लिए डॉक्टर बुलाकर उसकी चिकित्सा करवाई थी, उसके प्राण बचाए थे।"

इतना सुनकर हजारिका महोदय कुछ समय के लिए मानो स्मृतियों में खो गए। फिर जैसे सब याद आ गया हो तो बोले, "ओ! ठहरो! याद आया, एक लड़की को डॉक्टर बुलाकर दवा वगैरह दिलवाई तो थी। मगर उसका एक बड़ा भाई तो था। मगर क्या करता बेचारा? उन सबकी हालत इतनी खस्ता थी, खाने तक के मोहताज! फिर भला उस लड़की के लिए डॉक्टर बुलवाकर चिकित्सा करवा पाने की शक्ति ही उनमें कहाँ थीं। मगर रुपए-पैसे के बिना कोई बीमार भला कैसे ठीक रह सकता है? अतः भाई, मुझमें जितनी शक्ति-सामर्थ्य थी, उसी के अनुसार उसके दवा-दर्पन की व्यवस्था की थी। मगर अब बाद में उसका क्या हाल हुआ, कुछ पता नहीं।"

उनकी बात सुनकर सत्येंद्र बड़ी दुविधा में पड़ गया। आगे कुछ बताए कि न बताए? महामुश्किल, फिर अचानक ही मन में उपजी एक बुद्धि के अनुसार बड़ी चतुरता से बोला, "उसका, माने उस लड़की का तो मेरे गाँव के पास के ही एक गाँव के लड़के से विवाह हो गया है।"

"अरे वाह! विवाह हो गया है। बड़ी अच्छी खबर सुनाई भाई। बड़ी खुशी की बात। उसकी खुशहाली की जैसे ही खबर मेरे कानों में पहुँची, तुरंत मेरा मन परम आनंदित हो उठा।"

सत्येंद्र का सिर जोरों से चकराने लगा। ऐसा लगने लगा, जैसे फट पड़ेगा। अब तो नेता हजारिका के सामने क्षण भर बैठ पाना भी उसे दूभर लगने लगा। व्याकुल हो उसने अपने दोनों साथियों को खोदकर कहा, "काफी रात हो गई। कहो तो मैं चलूँ।"

मंसूर अली ने सत्येंद्र की ओर बड़ी तीखी, चुभती नजरों से देखा। इस प्रकार से देखने का अर्थ सत्येंद्र न समझा हो, ऐसी भी बात नहीं। जिस काम के लिए आए हैं, उसे पूरा किए बगैर जाना संभव नहीं हो सकेगा, यह बात संकेत से साफ-साफ बता दी गई है। मगर सत्येंद्र ने मन-ही-मन यह दृढ़ संकल्प कर लिया है कि वह अब किसी भी हालत में नेता हजारिका के ऊपर हाथ नहीं उठाएगा। मंसूर अली अभी भी सत्येंद्र की ओर चुभती निगाहों से देख रहा था, यद्यपि जिस काम को करने के लिए शुरू-शुरू में बड़ी दृढ़ता से यहाँ आया था, नेता हजारिका को देखने के बाद और फिर उनसे बातचीत कर लेने के बाद मंसूर अली के मन में भी एक प्रकार का संघर्ष चालू हो गया था, कि आगे अब क्या करना ठीक होगा, क्या नहीं? इसी ऊहापोह में उसने जीनत के मन की बात का भी अंदाजा लगा लेने के उद्देश्य से उससे पूछा, "कहो बरा! क्या करना चाहिए?"

"अरे छोड़ो! काफी रात बीत गई है, अब तो चलना ही ठीक है।"

इस बीच हजारिकाजी उन तीनों की बातें बड़े गौर से सुन-गुन रहे थे। तब तक रात के लगभग बारह बजने को हो आए थे।

हजारिकाजी ने कुछ समझकर तीनों से कहा, "अरे भाइयो! रात बहुत हो चुकी है, यदि बुरा न मानें तो कृपया यहाँ सो रहें। मेरा यह बिछौना काफी चौड़ा है। जगह बनाकर आप तीनों आदमी उसपर सो सकेंगे। मैं यहाँ फर्श पर दरी बिछाकर मजे से सो रहूँगा।"

हजारिका की यह बात सुनकर तीनों ही परस्पर एक-दूसरे का मुँह निहारने लगे। तीनों की ही सवालिया निगाहें मानो पूछ रही हैं, 'अरे यह आदमी है कि महापुरुष?'

मंसूर अली ने कहा, "नहीं, नहीं, आप हम लोगों के लिए कोई फिक्र न करें। वैसे ही हमने आप को काफी कष्ट दिया है।"

"अरे-अरे! भला इस में क्या कष्ट है? मेरी जिदंगी का आधा सफर तो पार हो चला। इस लंबे सफर में जाने कैसे-कैसे कितने दुःख झेले, कितने सारे लोगों की बातें सुनीं और जाने कितनी बदनामी भी पाई। मगर भाई! मूल बात यह है कि यह सब जो कुछ भी किया है, अपने लिए नहीं किया, बल्कि आप लोगों के लिए ही किया है।"

अच्छा अवसर पाकर मंसूर अली बोल पड़ा, "हमने सुना है कि आपने बहुत सारा पैसा इकट्ठा किया है, गरीब-दुःखी मजदूरों को ठगकर? उनका कोई काम कर देने का लालच देकर, उनसे ऐंठकर खूब धन जमाकर लिया है।"

मंसूर की बातें सुनते ही हजारिका खिलखिलाकर हँस पड़े, "कौन लोग कहते हैं ऐसा? यह भी खूब रही। अरे भाई! मैं रुपया-पैसा आखिर क्यों और किसके लिए इकट्ठा करूँगा? जानते ही हो, मेरे कोई बेटा-बेटी, औरत वगैरह तो है ही नहीं और तो और, मेरे तो कोई भाई-भतीजा भी नहीं है। मेरे माँ-बाप भी बहुत बचपन में ही मुझे अनाथ छोड़कर चल बसे। फिर किसके लिए इकट्ठा करूँगा मैं रुपया?"

मंसूर, जीनत और सत्येंद्र तो सकते में पड़ गए। वे अपने-अपने जीवन की तुलना मन-ही-मन हजारिका के जीवन से करने लगे। हजारिका की हर एक बात उनके दिल के भीतर तक पहुँच गई। उनमें से कोई भी अब किसी के पास नहीं है। हजारिका के पास भी कुछ नहीं है, फिर भी हजारिका ने जनता की सेवा करने का व्रत लिया है। जबकि केवल अपने पेट की आग शांत करने के लिए वे तीनों लूट-पाट, चोरी-चकारी, खून-हत्या··· । तीनों ही चिंता के अतल तल में

कहीं डूब गए। अनजाने ही उनके सिर हजारिका के आगे झुक गए।

हजारिका ने ही चुप्पी तोड़ी, "अरे, आप लोग ऐसे क्यों चुपी साध गए? क्या सोचने-विचारने लगे? रात बहुत हो चुकी है। अब चुपचाप सो जाना ही ठीक है। लीजिए, मैं अभी बिछौना ठीक किए देता हूँ।"

तीनों ही घबरा गए, बोले, "नहीं...नहीं, हम लोग सब जाएँगे। यहाँ हम सो नहीं सकेंगे।"

"ठीक है, मैं आप लोगों की मरजी के खिलाफ जबरदस्ती तो यहाँ रोक नहीं सकता।" फिर कुछ गंभीर होकर उन्होंने विनय की, "मगर आप लोगों ने इतनी रात गए मेरे यहाँ आने का क्यों कष्ट किया? यह तो अभी तक बतलाया ही नहीं?"

मंसूर अब कुछ और गंभीर बन गया। उसने गुस्सैल सुर में कहा, "तो सुनिए, हम यहाँ आए हैं आपकी हत्या करने।"

"हत्या? और मेरी?" हजारिका एक बार फिर अट्‌ठाहास कर हँस पड़े।

उनकी इस हँसी पर मंसूर ही नहीं, तीनों सकते में आ गए। उन्हें आश्चर्य भी हुआ और वे कुछ घबरा भी गए।

"मेरी हत्या करने में फिर क्या कठिनाई है? यह तो बहुत आसान है। देख ही रहे हैं, यहाँ मैं तो अकेला हूँ, सो भी निहत्था और आप लोग तीन अदमी हैं, पूरी तरह शस्त्र सज्जित भी। फिर देर क्यों? कीजिए, कीजिए मेरी हत्या! इसके लिए इतनी देर तक इंतजार करने की क्या जरूरत थी? इस आधी रात में यदि तुम लोग मेरी हत्या कर चले जाओ तो इस सुनसान इलाके में कोई कुछ पता भी नहीं पा सकेगा, कर जाओ हत्या।"

तीनों ही थिर होकर हजारिका के मुँह की ओर एकटक देखने लगे।

"मगर एक बात और। लगता है, आप लोग खुद मेरी हत्या करने नहीं आए हैं। इसके लिए आप लोगों को आखिर किसने भेजा है?"

"गजेंद्र साहूकार ने।"

गजेंद्र का नाम सुनते ही हजारिका को सबकुछ स्पष्ट हो गया कि किस कारण से उसने हत्या करने को भेजा होगा। थोड़ी देर वे चुप-शांत बने रहे। फिर बोले, "ठीक है, मैं सब समझ गया। पेट की खातिर ही आदमी जीता है और मैं समझता हूँ कि इस पेट के लिए ही आप लोगों ने साहूकार से रुपए लिये होंगे। मगर शायद आप लोग यह नहीं जानते होंगे कि यह गजेंद्र सेठ न जाने कितने दुःखी, दरिद्र किसानों और मजदूरों के पेट पर लात मारकर उनकी रोजी-रोटी बंद किए दे रहा है।"

फिर आगे हजारिका ही आगे कहने लगे, "यह गजेंद्र साहूकार एक बहुत ही मशहूर धनाढय है। यह बात बताने की कोई जरूरत ही नहीं। मगर वह इतना बड़ा धनी कैसे हो गया? यह बात चाहे और सभी लोग जानें या न जानें, मैं जरूर अच्छी तरह जानता हूँ। कारण यह कि वह मेरा एक समय का पुराना दोस्त रहा है। हमारा अलगाव भी बस इसी बात पर हुआ कि वह जब-जब जिस किसी की भी संपत्ति को हड़पने का विचार करता, मैं उसे मना करता, बाधा देता। क्योंकि उसने जो भी संपत्ति हड़पी है या हड़पने की फिराक में है, वह सब-की-सब बेचारे निहायत गरीब लोगों की संपत्ति है। अब मैंने इन दुःखी, दरिद्र लोगों की रक्षा करने, उनका हक उन्हें दिलाने का अभियान छेड़ा है तथा गरीबों के दुश्मनों का घोर विरोध कर रहा हूँ, जिसका नतीजा यह मिला कि आज आप लोग मेरी हत्या करने आए हैं।"

सत्येंद्र ने अपने दोनों साथियों से कहा, "अच्छा तो मैं चलता हूँ।"

मंसूर और जीनत भी चट उठकर खड़े हो गए और नेता हजारिका से बोले, "ठीक है, अभी तो हम जा रहे हैं। बाद में फिर मुलाकात होगी।" इस तरह तीनों ही बाहर निकलकर सड़क पर चल पड़े।

अपने दोनों साथियों के मन की बात समझने की गरज से सत्येंद्र ने उनसे पूछा, "अब तुम लोग क्या करोगे?"

"करेंगे फिर क्या? ऐसे आदमी को भी क्या मार सकेंगे? हम लाग क्या कोई अंधे हैं? भला कहो तो, ऐसे नेता हजारिका की हत्या करने हम आ गए थे।" जीनत ने अपना विचार रखा।

कुछ-कुछ रंज मानते हुए मंसूर ने भी कहा, "तो तुम लोग क्या समझते हो कि में किसी से डरता हूँ? क्या मैं साहूकार के सामने कुछ नहीं कह पाऊँगा? अरे, मैं तो गजेंद्र के रुपए उसके मुँह पर दे मारूँगा और उसे खबरदार करते हुए कहूँगा कि आगे फिर कभी ऐसे महापुरुष को मारने के लिए रुपए देने की हिम्मत भी न करे।"

जीनत और सत्येंद्र भी साथ-साथ ही बोल पड़े, "ठीक ही तो है। अब हम इस साहूकार को ही काबू में रखेंगे। उसे ही कसेंगे। अब तो इस साहूकार का असली चेहरा हमारी समझ में आ ही गया। इसके और इसके जैसे सेठों के हाथ में पड़कर हम अंधे ही हो गए थे। उनके इशारों पर नाचने लगे थे। हमारी ही तरह और न जाने कितने लोग इनकी वजह से गलत रास्ते पर जा पड़े हों, कौन जानता है?"

वे सभी धीरे-धीरे साहूकार की कोठी की ओर बढ़े। उनकी आँखों से आग

की चिनगारियाँ सी छिटक पड़ रही थीं। मारे क्रोध के वे सभी पागल हुए जा रहे थे। मंसूर, जीनत और सत्येंद्र के कोठरी से बाहर निकलने के बाद हजारिका ने जरा भी देर न की। वे भी अपने को छिपाते हुए उनके पीछे-पीछे चल पड़े।

साहूकार के दरवाजे की किवाड़ पर ठकठकाहट हुई। वह तो जगा ही था। उसने सोचा, शायद काम पूरा कर वे सब लौट आए हैं, अतः उसने जल्दी से दरवाजा खोल दिया। मगर साहूकार की आँखें तो मारे आश्चर्य के जैसे पथरा सी गईं। कारण कि उसने देखा कि उसके सामने खुद नेता हजारिका खड़े हैं।

हजारिका ने साहूकार की ओर बंदूक बढ़ाते हुए कहा, "लीजिए! इसे सँभालकर रखिए। आपके कुछ आदमी जाने कैसे भूलकर इसे मेरे घर छोड़ आए थे। सो मैंने इसे खुद ही आपके पास लौटा देना अच्छा समझा।"

मारे लज्जा, ग्लानि और अपमान के साहूकार कुछ देर तक तो ले कि न ले, की दुविधा में पड़ा रहा, मगर अंत में उसने बंदूक ले ली।

वहाँ और देर तक रुकना न चाहकर बड़ी शीघ्रता से जाने को तैयार होते-होते हजारिका ने कहा, "अरे भाई साहूकार! आप अभी और कितने लोगों के खून के अपराधी बनोगे? देखना, एक-न-एक दिन तुम्हारी इस हैवानियत के लिए जनता की अदालत में विचार किया जाएगा। इससे तुम बच नहीं सकते। अतः अब इसके लिए भी तैयार हो जाओ।" इतना कहकर वे तेजी से साहूकार के फाटक के बाहर आए और सड़क पर चल दिए।

उधर मंसूर, जीनत और सत्येंद्र साहूकार की चहारदीवारी के भीतर ही उसकी वाटिका की एक झाड़ी में छिपकर नेता हजारिका द्वारा साहूकार से कही जाने वाली बातें सुन रहे थे।

हजारिका जिस रास्ते से जा रहे थे, वे तीनों ही उस ओर टकटकी लगाए देखने लगे। मगर गहरे अँधेरे की वजह से उनमें से किसी को भी कुछ दूर तक सूझ नहीं रहा था।

□

उत्तराधिकार-प्राप्ति

—अतुलानंद गोस्वामी

कमर के नीचे घुटने तक की मैली-कुचैली धोती और ऊपर कंधे से कमर तक एक मैला-कुचैला, सड़ा-गला कपड़ा लपेटे, आगे की ओर कुबड़ों की तरह कुछ झुके-झुके ही बड़ी तेज रफ्तार से नदी के घाट की ओर जाते हुए रजत को सवेरे-सवेरे प्रातः कालीन भ्रमण को निकले सभी लोग प्रायः हर मौसम में हर रोज ही देखते हैं। बराबर ही उसके हाथ में पाँच लीटर भर माल समानेवाला मोबिल ऑयल टिन का एक डिब्बा रहता ही है। रह-रहकर वह कुहुर-कुहुर, खुक्क-खुक्क खाँसता-खाँसता चलता चला जाता है।

सुबह की सैर करनेवाले उसे देखते तो हैं, मगर उसे देखने की उन्हें कोई अभिरुचि नहीं होती, बल्कि वे तो चाहते हैं कि उससे उनका आमना-सामना ही न हो। बाइचांस भेंट हो ही गई तो भी लोग यही कोशिश करते हैं कि रजत से छुटकारा पाएँ, दूर-दूर ही रहें। वैसे रजत को भी लोगों के साथ मिलने-मिलाने की कोई विशेष गरज नहीं है, सो वह भी लोगों की ओर न देखकर रास्ते के किनारे उपजे जंगली अरुई के पौधों को देखते गिनते-गुनते उन लोगों को पारकर जाने की कोशिश करता है। यह लगभग नित्य प्रति का परिचित दृश्य है। कुल मिलकर सार-संक्षेप में बात यह कि मुँह-अँधेरे बिल्कुल भोर में उठनेवाले सभी लोग, चाहे जो सैर करने निकलते हैं वे, अथवा जो सैर करने नहीं जाते, बस घर के बाहर झाँककर देखते हैं वे, सभी रजत को इस विशेष मुद्रा में जाते हुए देखते हैं। देखते ही नाक-भौं सिकोड़कर कह पड़ते हैं—'जरा उसे तो देखो!'

नदी-घाट के इस ओर घास-फूस की कई झुग्गी-झोंपड़ियाँ हैं। उन्हीं में से एक आबिद मियाँ के धंधे का मुख्य केंद्र है। रात के अँधेरे में ही पायकारी का सारा मालपत्तर आ पहुँचता है। मुख्य रूप से पहाड़ की तलहटी में स्थित एक जनजातीय इलाके से ही माल की रफ्तानी होती है। उन्हीं में से किसी एक घर की लड़की से उसने शादी रचा रखी है।

नदी किनारे की इन झोंपड़ियों की खाना-तलाशी ठीक शिवरात्रि, एकादशी इत्यादि व्रतों की तरह से निश्चित नियमानुसार एक निश्चित अवधि के बाद होती ही रहती है। खाना-तलाशी का अभियान जब चलता है और जब केवल खाली टिन ही हाथ लगते हैं तो उन्हें ही तोड़-पिचकाकर छोड़ जाते हैं, अथवा जब कभी किसी टिन के तलवे में दो-चार घूँट शराब मिल जाती है, तब तो वह टिन और वहाँ उपस्थित सभी आदमियों को उठाकर गाड़ी में लाद लिया जाता है। उसके बाद कानून के नाना प्रकार के खेल चल पड़ते हैं। ऊपर के बड़े दफ्तरों में, ऊँचे अधिकारियों के पास रिपोर्ट भेजी जाती है और जैसे-तैसे जोड़-जुगाड़ कर समाचार-पत्रों में छपवाने के लिए तथ्य भेजे जाते हैं—"चोर-बाजारी से तैयार की जानेवाली शराब के अड्डे का भंडाफोड़।"

परंतु उसके कुछ ही दिनों बाद फिर दिखाई पड़ता है कि चोरी से देशी शराब बनाने और बचने का वह कारोबार ठीक उसी जगह, ठीक उसी प्रकार, बिना किसी रोक-टोक के जम-जमाहट से चलने लगा है।

रजत पाँच लीटर शराब खरीद लाता है, तीन लीटर पानी मिलाता है। फिर बोतलों में अलग-अलग भरता है और ग्राहकों को बेचता है। नहीं, शराब सारी ही बेच नहीं देता, बल्कि उसमें से एक लीटर हर संध्या को खुद ही गटक-गटक पी जाता है और पीते ही सरेसाँझ से ही शोर-शराबा, होड़-हुड़दंग मचाना शुरू कर देता है। कभी-कभी जब उसका कोई जिगरी दोस्त ग्राहक भी आ धमकता है और दोनों प्रेम-मतवाले जब एक साथ बैठकर पी लेते हैं तो फिर लगभग आधी रात तक जो उच्च संगीत का प्रवाह उमड़ता है तो पूरा का पूरा मुहल्ला ही आकुल-व्याकुल हो उठता है। परिणामस्वरूप दूसरे दिन भिनसारे ही थाने में आबकारी महकमे के दफ्तर में कई एक अभियोगों की दरखास्तें दायर हो जाती हैं।

इस सबमें कोई छुपने-छुपाने की बात नहीं। सभी जानते हैं। रजत भी उसी तरह के एक गैरकानूनी तैयार की जानेवाली, चोरी-चोरी बेची जाने वाली शराब का ही व्यापरी है, यह बात किसी से छिपी नहीं है। आबिद के पायकारी धंधे के केंद्र पर जैसे समय-समय पर छापा पड़ता है, अदालत में मुकदमा चलता है, सजा होती है, रजत की तरह के छोटे-खुचरे कारोबारी भी उसी तरह समय-समय पर धरे-पकड़े जाते हैं। लात-घूँसा, थाप-थप्पड़, लाठी-बल्लम की मार, कोंचा-कोंची भी नियमित रूप से पड़ती रहती है, परंतुसबकुछ के बावजूद धंधा कभी पूरी तरह से बंद नहीं हुआ। आबिद के जो नियमित ग्राहक हैं, वे सभी के सभी ठीक-ठीक बँधे हुए हैं और रजत वगैरह छोटे-मोटे कारोबारियों के ग्राहक भी ठीक पहले की तरह ही बँधे हुए हैं। फर्क बस इतना है कि रजत के घर पर ही बैठकर शराब पीनेवाले

ग्राहकों की संख्या में दो-एक ग्राहक और बढ़ गए हैं।

परिस्थिति के अनुसार अपने-आप को ढालने के लिए विवश रजत की घरवाली ऐसी दशा में अब एक विशेष काम करने लगी है। माने रजत जहाँ तीन लीटर ही पानी मिलाने को कहता है, वहाँ वह अब चार लीटर पानी मिलाने लगी है और मौका मिलते ही पति की जेब में हाथ डालकर कुछ रुपए निकाल लेती है, जिसे कहीं और ले जाकर छिपाकर रख देने लगी है।

इस इलाके में आबकारी विभाग का जो नया-नया नौजवान अफसर आया, उसने आते ही जो शिकयतें पाईं तो उन्हीं के अनुसार झटपट चुस्त-दुरुस्त काररवाई का ऐसा अभियान चला दिया कि एक दिन रजत और कई एक रोजगारियों को पकड़कर हवालात में बंद कर दिया गया। आबिद चूँकि काफी अनुभवी और चतुर धंधेबाज था, अतः इस नए-नए अफसर से उसने कुछ दिनों तक दूर-दूर रहना ही उचित समझा, सो वह ऐसा गुम हुआ कि पकड़ में आया ही नहीं।

इस प्रकार की धर-पकड़ करके गैरकानूनी कारोबारियों को पकड़ लानेवाले तथा पकड़ में आनेवाले, सभी इस तरह के कांड के अभ्यस्त हो चुके हैं। इस परिस्थिति में कब क्या कुछ होता है, कौन क्या कुछ करता है, सभी अच्छी तरह जानते हैं, परंतुमहाबीमार, मरियल से चेहरे-मोहरेवाले रजत ने जब जोर-जोर से दहाड़ें मार-मारकर, छाती फाड़-फाड़कर रोना शुरू किया तो वह नया अफसर तो बिल्कुल अवाक् हो गया। वह मन-ही-मन अकुला उठा कि कहीं भूल से किसी सीधे निर्दोष आदमी को तो नहीं पकड़ लाया, जो निरपराध होने पर भी ऐसी सजा पाकर रो-रोकर मर ही जाना बेहतर समझ रहा हो! उसी घबराहट में उसने वस्तुस्थिति का पता लगाने के लिए आँखों के इशारे से हवलदार से पूछा कि दरअसल मामला क्या है? साहब के इशारे का उत्तर न देकर हवलदार ने बड़े जोर से डाँट लगाई—"अरे ओ रजत के पिल्ले! अब बस चुप ही हो जा, एकदम चुप।" और आश्चर्य यह कि इतना सुनते ही रजत का रोना-धोना बंद हो गया।

इस अजीब रुलाई का रहस्य उस नए आए अधिकारी पर बहुत बाद में खुला। दरअसल हाड़ो-हाड़ हुए महा दुर्बल उस आदमी का वह बहुत मशहूर गुण है। आम आदमी से लेकर पुलिस के सिपाही तक सभी जानते हैं। उस दिन जब इस नए अफसर ने रजत को पकड़ मँगवाया था तो पुलिस के एक सिपाही ने ही रजत के कानों में चुपके से कह दिया था—"अरे ओ रजत, यह साहब एकदम कोरा नया है। आज अपना रोना जरा रोकर इसे भी दिखा देना।" उसी से उस दिन रजत बुक्का फाड़कर ऐसा रोया, जैसे उसकी माँ या पिता की मृत्यु हो गई हो! नया साहब बेचारा ऐसा अचकचा गया कि बहुत जल्दी ही उसने रजत

को जमानत पर छुड़वा दिया। इस नए साहब के लिए वस्तुतः वह पहले स्तर की आरंभिक घटना थी।

शहर के बिल्कुल समीप के एक अंचल में रजत वगैरह के शराब के धंधे और उसकी वजह से होते शोरगुल, मारधाड़ की वजह से उस क्षेत्र की सारी शांति ही नष्ट हो गई। थोड़े-थोड़े समय बाद ही इन हंगामों के खिलाफ शासन के समक्ष शिकायतें आने लगीं। कई तरह के केस दायर हो गए। परिणामस्वरूप ऊपर के अधिकारियों के आदेशों के कारण सारी स्थिति को सँभालने का गुरुभार स्थानीय प्रशासनिक अधिकारियों पर ही आ पड़ा। हालत यह हो गई कि न चाहते हुए भी कठोर काररवाई करने के अलावा अब और कोई उपाय नहीं रह गया। सो एक दिन रात के पिछले पहर में ही जबरदस्त काररवाई करते हुए उसी अफसर ने रजत को रंगे हाथों जा पकड़ा। रजत के हाथ में पूरे पाँच लीटर शराब का भरा टिन पकड़ लिया गया और फिर क्या था? पुलिस तो पुलिस ही है और पुलिस का गुस्सा तो मुजरिम पर बरसता ही है। उस अफसर का गुस्सा रजत पर इसलिए भी ज्यादा था, क्योंकि वह एक शांत, सभ्य इलाके में, भले लोगों की बस्ती में रहकर यह गैरकानूनी, असभ्य कारोबार कर रहा था और सबसे बड़ी बात यह कि यह बात किसी से छिपी नहीं रह गई थी। जनता की ओर से जो तमाम शिकायतें दायर हुई थीं, उनमें से अधिकांश में तो उसका नाम-पता भी साफ-साफ लिखा था। सो क्रोध के मारे उस अफसर ने अपनी पैनी छड़ी से सटासट माना शुरू कर दिया। ऐसी मार पड़ी कि रजत माटी पर लोट गया। धरती पर उसका इस तरह पड़ा रहना इस बार कोई नाटक नहीं था, बल्कि उसकी शारीरिक दुर्बलता का ही परिणाम था। यह तथ्य वह अफसर तुरंत ही समझ गया, सो उसे वहाँ से झटपट उठवाकर थाने ले आया। यथावश्यक उपचार करवाकर उसे कुछ स्वस्थ किया, फिर बड़ी आत्मीयता से पूछा—"जब तेरी ऐसी बेदम अवस्था है तो फिर तू ऐसा काम ही क्यों करता है? इस तरह मारपीट खाने के लिए बार-बार क्यों चला आता है? न तो भागकर छिप सकता है और न ही मार पड़ने पर सह सकता है, फिर क्यों खाता है मार?"

"धान खानेवाले से न अँटने पर भूसी खानेवाले को ही मारते हैं बाबू! धोबी से न अटे तो गधे का कान ऐंठते हैं लोग, सो आपके सिपाही लोग हम जैसों को ही पीटते हैं।"

"तेरे कहने का क्या मतलब?"

"मतलब यह है कि हम तो मामूली आदमी हैं। खुचरा-टुकड़ा बेचनेवाले, बेबस, लाचार कारोबारी, परंतुहमें यह सब माल जिन बड़े आढ़तियों, पावरफुल

व्यापारियों से मिलता है, उन बड़े व्यापारियों को…।" फिर वह कुहुर-कुहुर रोने लगा।

अफसर रजत के कलेजे से उठते क्षोभ को अच्छी तरह समझ गया, परंतु ऊपरी तौर पर यही नाटक करता रहा, जैसे समस्या की जड़ को नहीं समझ पा रहा हो। बात को घुमाने की गरज से उसने कहा, "तुम लोगों से चाहे जितनी भी अच्छी बातें कहो, उनका तो कोई फल फलता ही नहीं। कोई एक अच्छा काम करने के लिए तुझे एक बार सरकार से ऋण भी तो मिला था। सो क्यों नहीं शुरू किया कोई दूसरा काम?"

वस्तुतः इस सब का ब्योरा अफसर के रजिस्टर में दर्ज है। शराबबंदी अभियान के तहत रजत जैसे फुटकर कारोबारियों को शराब के गंदे व्यवसाय से हटाकर कोई एक अच्छा व्यवसाय चलाने के लिए सरकार की ओर से ऋण दिया गया था, इसकी पक्की नजीर थी उसमें। कोशिश यह की गई थी कि शराब के बुरे व्यापार को इस तरह वे सब छोड़ सकें, कोई सामाजिक हित का व्यापार कर सकें तो करें। "तो तू ऋण लेकर भी अब क्या करता है?"

"शराब ही बेचता हूँ बाबू, अब भी।"

"निर्लज्ज कहीं के! तुम लोग कभी नहीं सुधरोगे। शरम-हया तो घोलकर पी गए हो। अब तो शरीर की चमड़ी-चमड़ी उधेड़ दी जाए, तभी शायद कुछ शरम आए तुम्हें।"

"बाबू! मैं और किसी चीज का व्यवसाय करके भी क्या करूँगा? मेरी दुकान से कोई और चीज खरीदने कोई आएगा ही नहीं।"

"वाह! क्या बात कही? और कोई सामान खरीदने तो कोई आएगा ही नहीं, मगर शराब खरीदने सभी दौड़े आते हैं, क्यों?"

"शराब खरीदनेवाले दुकानदार की टी.बी. (राजयक्ष्मा) की बीमारी की खोजबीन नहीं करते। इन छुतहे रोगों की उन्हें कोई परवाह नहीं होती। जबकि और लोग, यानी आप तो जानते ही हैं कि मुझे टी.बी. का मारक रोग लगा हुआ है।"

अफरसर सन्न रह गया। टी.बी. हुई है तो फिर ठीक ढंग से चिकित्सा क्यों नहीं करवाता, टी.बी. की अच्छी-अच्छी पेटेंट दवाएँ क्यों नहीं खाता—इस तरह के सवाल पूछने का साहस भी नहीं हुआ उन्हें। बाद में वे जान सके थे कि रुपए खर्च करके दवाएँ खाने की जगह सस्ते में मिलने वाली देशी शराब पीकर अपनी बीमारी की चिंता मन से हटाए रखने की ही कोशिश रजत करता है। इसी में अपनी और अपनी गृहस्थी की सुविधा समझता है।

क्षय की बीमारी और देशी शराब की इस मिली-जुली खतरनाक ताकत के

आक्रमण से उधर जो उसका फेफड़ा गल-सड़कर जर्जर हो गया है, उस बात की ओर तो उस अफसर का कोई ध्यान ही नहीं हुआ। उसके खतरनाक परिणाम का अनुभव किया भी हो तो भी एक सरकारी अफसर के नाते उस सबको जानने-समझने, उस संबंध में पूछताछ करने के लिए उसके पास समय ही कहाँ है? सरकारी नौकरी का उसका जो उत्तरदायित्व है, वह उसे शराब और शराबियों के अत्याचार से समाज की रक्षा करने भर का काम करने की ही अनुमति देता है। इतने छोटे स्तर का खुदरा व्यापारी, जो देशी भट्ठी पर चुआई गई शराब बेच-बेचकर गुजारा करता है, ऐसे एक आदमी के जीवन वृत्तांत को जानने-समझने के लिए उसे अवकाश ही कहाँ है?

परंतु जैसे ज्वर के छोड़ देने पर भी ज्वर के कारण शरीर की चमड़ी पर आई कलछौंही ऐंठन की परत जल्दी नहीं छोड़ती, ठीक उसी तरह रजत द्वारा कही गई बातें उस अफसर के मन-मस्तिष्क से नहीं हट सकीं। उसके दिमाग में वे बराबर घुमड़ती रहीं।

उसी अफसर के कार्यालय में एक दिन एक भद्र महिला पधारी। वे रजत के इलाके से ही आई थीं। उसने आते ही अफसर से सीधा-सीधा प्रश्न पूछा, "उस बेहूदे शराबी को दंड देकर उसे इस गंदे काम से हटा देने के लिए क्या सरकार के पास कोई व्यवस्था ही नहीं रह गई है? सरकार ने क्या पूरी तरह हार मान ली है?"

पूछताछ करने पर बात खुली कि भद्र महिला के मुहल्ले में ही रहनेवाला वह रजत पिछली रात पहले तो शराब पीकर मत्त हो जोर-जोर से सिनेमा के गाने गाता रहा, फिर चीख-चीखकर, दहाड़ें मार-मारकर इतने जोर-जोर से रोता-बिलखता रहा कि पूर मुहल्ले को सारी रात जागते रहने को मजबूर कर दिया, पलभर को भी किसी को सोने नहीं दिया। अब एक सुसभ्य भद्रमहिला, सो भी अध्यापिका और समाज-सेविका होने के नाते उनका भी तो कुछ कर्तव्य है? समाज की परेशानी को देखकर वे चुप कैसे रह सकती हैं? समाज-हित की उनकी चिंता तो स्वाभाविक ही है।

उनका अभियोग सुनते ही उस अफसर के शरीर में जैसे आग लग गई। दो सिपाहियों को साथ लेकर वह स्वयं सीधे रजत के घर के लिए निकल पड़ा। उस इलाके में वह स्वयं पहले कभी गया नहीं था, परंतु साथ के सिपाहियों में से एक सिपाही रजत के घर का ठौर-ठिकाना अच्छी तरह जानता था। उसी की शिनाख्त पर आज रजत को पकड़ लाकर कम-से-कम महीने भर के लिए हवालात में बंद कर रखना होगा। अब इस एक आदमी के बारे में रोज-रोज इतनी सारी शिकायतें सुनते रहने पर हाथ-पर-हाथ धरे बैठे तो रहा नहीं जा सकता! उसे पिछली बार ही

धमकी दी गई थी—यह चोरी का इतना हुड़दंग क्यों मचाता है?

वैसे यह ठीक है कि उसने कहा था कि थोड़ी सी शराब पिए बगैर वह रह नहीं सकता। विशेषकर इसलिए कि अगर शराब नहीं पीएगा तो दवाएँ खानी-पीनी पड़ेंगी। फिर उसके लिए पैसा कहाँ से आएगा? नियमित रूप से दवाएँ खाने का खर्चा, बाप रे बाप! भला कैसे हो सकेगा वह सब? पर अब कुछ नहीं सुनना है। अबकी तो पक्की व्यवस्था कर ही देनी है। यही सोचकर अफसर सिपाहियों समेत रजत के घर जा धमका।

मगर घर? क्या इसे घर कहेंगे? घर जैसी किसी चीज का तो कोई लक्षण ही नहीं है। चारों ओर गला-पचा-सड़ा वातावरण। छान-मड़ई सब उखड़ी-पुखड़ी। अब कोई घर जैसा अंश हो भी तो भी उसे देखने-समझने का समय भी तो नहीं है। एक सिपाही को संग में ले "ऐ रजत! अरे ओ रजत—" हुँकारते हुए अफसर अंदर घुस पड़ा।

गीले फर्श पर बाँस की बुनी चटाई बिछा रजत उसी पर औंधा पड़ा है। तनिक भी हिलना-डुलना नहीं, जड़वत्! जान पड़ता है जैसे रात को पी गई शराब का नशा अभी उतरा ही नहीं। अफसर अपनी चुस्त-दुरुस्त वरदी में कसा-डटा पूरा का पूरा अफसर था, ताकत और अधिकार का मूर्त स्वरूप! दहाड़ उठा—"सोने का नाटक रचे हुए हो? उठ बे हरामजादे!"

सोने का बहाना या नाटक करने का कोई प्रश्न ही नहीं। रजत की लाख कोशिश पर भी नींद उसके पास फटकी ही नहीं। दरअसल बात यह है कि अब तो आँखों की पलकें मूँदने की शक्ति भी नहीं रह गई है उसमें। उसी तरह पड़े-पड़े ही सर उठाने की थोड़ी सी असफल कोशिश की उसने। बड़ी मुश्किल से किसी तरह दोनों हाथों की हथेलियों को एक जगह ला पाया। तब हाथ जोड़कर ऐसा बोला कि कोई आवाज भी बाहर नहीं निकल पाई—"परनाम साहब!" उसकी बोली सुनकर और दृश्य देखकर वह सरकारी अफसर काठ मारे सा ठिठका रह गया।

थोड़ी देर बाद रजत ने ही किसी-न-किसी तरह कहा, "पकड़कर ले जाने के लिए पुलिस-ट्रक तो निश्चय ही ले आए होंगे! मगर परेशानी ऐसी है कि मैं खुद तो उठकर खड़ा भी नहीं हो सकता। किसी से उठवाकर ट्रक में लदवाकर ही ले जाना पड़ेगा। लीजिए, खुद ही देख लीजिए, बड़े साहब!"

मुँह पर पड़े हुए अँगोछे को हटाकर उसने दिखलाया। उसे देखते ही ऑफिसर साहब तो अचकचाकर ऐसे पीछे हटे, जैसे कोई साँप काट खाने आ रहा हो! उस अँगोछे पर धब्बे के धब्बे खून जमा था। पिछली पूरी रात खाँसते-खाँसते रजत ऐसा लबेजान हो गया था कि उसी के चलते मुँह से खून आने लगा था। उतनी परेशानी

उठाते हुए भी उसने अपनी घरवाली को पास फटकने भी नहीं दिया था।

"घर पर आज एक बूँद भी माल नहीं है, बड़े साहब! दरअसल आज भोर-भिनसारे नदी घाट पर जा ही नहीं पाया था।" रजत ने खाँसते-खाँसते कहा। वैसे कहने की कोई जरूरत नहीं थी, क्योंकि सारी बात का पता तो अपने आप ही लग रहा था।

"अब आज के दिन हम सबको उपवास ही करना पड़ेगा।"

"क्यों, केवल बस एक दिन न जाने से?"

"खाऊँगा क्या भला? तुम्हारा गाँव तो उस पार है और हे विधाता, मेरा अन्न-जल तो तुम्हारे ही पीछे-पीछे है। सो ऐसी हालत होने पर तो सदा ही फाके करने पड़ते हैं।"

कोई और उपाय न देखकर अफसर साहब चुपचाप बाहर निकल आए। बाहर आते-आते बीस रुपए का एक कड़कड़ा नोट अपनी जेब से निकालकर अंदर कमरे की ओर फेंक दिया।

इतना कर लेने के बाद अचानक स्वयं ही काँपने लगे। मन-ही-मन विचारने लगे कि बड़े अफसर की सरकारी वरदी पहनकर भी वे एक बड़े अफसर की जगह कहीं साधारण मनुष्य तो नहीं हो गए? अफसर साहब गहरे सोच में पड़ गए।

इस सब पर इतनी ज्यादा चिंता करने की कोई जरूरत नहीं थी शायद; क्योंकि कहाँ तो राज-ब-रोज शिकायत पर शिकायत आती रहती थी, कहाँ इधर कुछ दिनों से फिर कोई शिकायत ही नहीं आई। इलाके में शांति-सुव्यवस्था बनाए रखने के लिए जिम्मेदार वे अफसर साहब कुछ फुरसत ही पा गए। यही नहीं, बल्कि उस मुहल्ले के वे तमाम लोग, जो सबेरे-सबेरे सैर करने को निकलने के अभ्यस्त थे, भी कुछ दिनों तक बड़े चैन से ब्रह्मपुत्र नदी के किनारे की हवा का सेवन करते रहे।

ब्रह्मपुत्र के किनारे प्रातःकालीन भ्रमण करनेवाले उन अभ्यस्त लोगों के झुंड में से ही एक आदमी एक दिन अचानक अचकचाकर खड़ा हो गया।

टिन के उस डिब्बे को उन्होंने पहचान लिया क्या? अरे, वही पाँच लीटर माल वाला डिब्बा! एक बहुत कच्ची उम्र का नन्हा सा छोकरा!

□

साँप

—हरेकृष्ण डेका

ऊपरी किनारे तक बढ़कर लबालब भरी पोखरी के पानी पर सूरज की किरणों का प्रकाश उठती-गिरती लहरों पर आँखमिचौली खेल रहा है। यों वृक्षों के तनों की आड़ है। ऊपर से बाँस की खपच्चियों का बेड़ा (आड़) भी घेरकर बना दिया गया है। इस सबके अतिरिक्त वेला भी माँझ-दुपहरिया की है, जबकि प्राय: ही इस ओर कोई नहीं फटकता, अतएव जन-मानुषहीन सन्नाटा भरी दुपहरिया जवान हो उठी है। पुतली ने पोखरी से भरकर लाई हुई बालटी को जमीन पर रख दिया, फिर बेड़े की आड़ में होकर निश्चिंत भाव से अपने शरीर के ऊपरी भाग पर पहने कपड़ों को खोलकर उतार दिया। बाद में पहन लेने के लिए सूखे कपड़े, जो साथ में ले आई थी, उन्हें तथा देह पोंछनेवाले अँगोछे सहित उतारे गए इन कपड़ों को भी बेड़े के ऊपरी सिरे पर रख दिया। शरीर के नीचे के अंग—मतलब कि कमर में बँधे पेटीकोट वगैरह को तो वह कभी नहीं खोलती, चाहे चारों ओर से ढक देनेवाले बेड़े के अंदर ही क्यों न हो! बेड़े की, परदे की या दीवारों की, जिस किसी की भी आड़ होने से भी क्या होता है, किसी भी दशा में उसके नीचे के वस्त्रों को खोलकर उघार हो जाने का संकोच वह कभी नहीं छोड़ सकती।

वक्षस्थल के कपड़े उतारकर उसने ऊपर रखे ही थे कि उसी क्षण उसकी दृष्टि में वह गिरगिट आ गया। उसने देखा कि नहा-धो लेने के बाद कपड़े-लत्ते साफ करने के लिए पोखरी के किनारे जो पत्थर की पटिया रखी हुई है, उसी पर बैठा-बैठा वह गिरगिट अपनी गरदन उचका-उचकाकर बड़ी हरजाई नजरों से उसकी खुली देह की ओर ही एकटक निहारे जा रहा है। उसके खुले ऊपरी अंगों की गदराहट निहारकर ही मानो वह अचरज से लाल हो उठा है। "धत्त तेरे की!" उसने अपने आपको ही झिड़का। कैसा बेकाबू मन है उसका, जिसमें इस तरह के

जाने कैसे-कैसे आलतू-फालतू भाव आने लगते हैं!

"अरे ओ निर्लज्ज! जा भाग हरामी। ओ बदमाश! क्यों मेरी ओर आँखें गड़ाए हुए है?" उसने बिना किसी शब्द का उच्चारण किए ही मन-ही-मन उस गिरगिट को कठोर धमकी दी। चूँकि उसकी धमकी पूरी होते-होते ही एक ही झटके में उछलकर वह शरारती गिरगिट जाने कहाँ अंतर्धान हो गया। अतः उसे आशंका हुई कि जिस धमकी के बोल उसने मुँह खोलकर उचारे ही नहीं, अंतर की वह भाषा भी कहीं यह जीव सुन-समझ तो नहीं गया? जैसे भी हो, उसके इस तरह डरकर भाग जाने पर उसे बड़ी जोरों की हँसी आ गई। वह खिलखिलाकर हँसने लगी, जैसे कि कोई शरारती किंतु बहुत ही कमजोर दिलवाला महाडरपोक जवान छोकरा उसकी धमकी से डरकर भाग निकला हो।

बालटी में पोखरी से भरकर लाया गया पानी पूरा-का-पूरा लबालब भरा ही था। नहाने के लिए उठा-उठाकर अपनी देह पर डालने के लिए साथ ले आए हुए लोटे को ढूँढ़कर उठा लेने की कोशिश कर ही रही थी कि तभी किसी एक दूसरे जीव ने बरबस ही उसकी दृष्टि को अपनी ओर खींचकर जैसे जकड़ सा दिया। उसे बिजली का झटका लगने का सा भाव हुआ कि जैसे कोई कबूतरों-से खुले स्तनों की ओर टकटकी बाँधे निहारे जा रहा हो!

इस बार का निहारनेवाला पोखरी के किनारे रखी पत्थर की पटिया पर से नहीं देख रहा, बल्कि बोने के लिए बीज के जो धान बोरों में भर-भरकर पोखरी में डुबोए गए थे, धानों में अँखुए निकल आने पर उन बोरों को निकालकर जो पोखरी के तट से कुछ दूरी पर रख दिए गए हैं, उन्हीं में से एक बोरे पर वह पसरा है। उसके ठीक अगल-बगल में जंगली पौधों की झाड़ियाँ भी हैं। उन्हीं बोरों की आड़ से चमक रही हैं दो बड़ी-बड़ी आँखें। आँखें ही क्यों, उसने तो अब जीभ भी निकाल ली है, जो दो भागों में बँटी हुई होने के कारण एक जोड़े जीभ के रूप में बाहर लपलपा रही है। उसमें ऐसी लोलुपता दिखाई पड़ रही है, मानो वह उसकी पूरी देह को ही चाट-चूटकर अपने अंदर सुड़क लेगी। बड़ी ही लालची, अतिशय क्रूर भावोंवाली हैं वे दोनों आँखें।

तो क्या सचमुच ही यह साँप उसी की ओर देखे जा रहा है? परंतु ऐसे में उसका क्या स्वार्थ? ओह! लगता है कि इधर वह किसी मेढक को पकड़ लेने की ताक में ही आ पहुँचा है। अपनी आक्रामक मुद्रा में भी उसने चूँकि अपना फन नहीं फैलाया है, अतः इतना तो साफ है कि वह कोई फनधर नाग नहीं है। मतलब यह कि कोई अतिशय विषैला कोबरा साँप नहीं है, परंतुवह विषैला हो या विषहीन पनियल साँप ही क्यों न हो, उसे साँप से भारी भय लगता है। वह भय

भी ऐसा समाया कि भाग जाने के बजाय वह भय से ठगी रह गई। अपनी जगह से तिलभर भी हिल-डुल नहीं सकी है। बस एकटक उसकी ओर ही देखती रही। वैसे फिलहाल साँप उससे काफी दूरी पर है। इतनी दूरी पर कि कुछ करने को यदि वह बढ़े भी तो आवश्यकता पड़ने पर वह बाँस के इस बेड़े से एक ही झटके में निकलकर, कुछ छलाँगों में उछलती हुई यहाँ से भाग सकती है। अत: उसे कुछ हिम्मत बँधी। उसने लोटा भर-भरकर, उठा-उठाकर जल्दी-जल्दी अपने ऊपर पानी डालना शुरू कर दिया।

वैसे और दिन तो वह जमकर स्नान करती थी। देह की एक-एक जगह को मल-मलकर बिल्कुल साफ, चिकनी और परिष्कृत कर लेती है। एक-एक पोर को घिस-घिसकर पिच्छल बना देती है कि जो देखे उसकी निगाह भी फिसल जाए। कभी-कभी तो भीगे रीठे से बने झाग से मुँह और सिर के केश धोती है तो कभी-कभी नेनुआ-तरोई के सूखे फलों के गुच्छों से बाजुओं की काँखों और पाँवों की एड़ियों को भी घिस-घिसकर उनमें जमी जरा सी मैल को भी धो-पोंछकर हटा लेती है। वस्तुत: स्नान का जो उसका समय होता है, उसे वह तनिक अलसायेपन से ही, मौज-मस्ती से बिताती है। इस विशेष वेला में वह अपनी स्वयं की देहयष्टि को नीचे से ऊपर तक, प्रत्येक अंग-अंग को देखती है। उसकी यह अपनी देह—एक ऐसी देह, जिसमें कहीं भी जरा सी भी खरोंच, किसी लकीर का कोई निशान नहीं, कहीं कोई नखक्षत चिह्न तक नहीं, अतिशय मुलायम, रुई सी हलकी और फूल सी नाजुक देह है उसकी, निश्चय ही देह गढ़नेवाले विधाता ने उसके अंग-अंग को उसे जिस-जिस परिमाप में भरा होना चाहिए—ठीक उसके उसी पूरे-पूरे रूप में ही भर दिया है। कहीं कोई कोर-कसर नहीं छोड़ी है। दुपहरिया की यह वेला उसकी बिल्कुल अपनी स्वाधीनता की वेला है, जब वह परम निश्चिंत और स्वच्छंद होती है। इस वेला में वह अपनी देह की त्वचा को बिल्कुल चिकना और चमचम बना देती है।

परंतु इतने सब प्रयत्न, इतनी लगन से की गई यह सारी तैयारी आखिर है किसके लिए? उसका जो अपना नवयुवक बाँका छैला पति है, आजकल उसे जाने क्या तो हो गया है? उसे तो रात-दिन, आठों पहर बस काम ही काम रहता है। अपने काम में वह इतना व्यस्त रहता है कि जवानी की गदराहट में उभरे सुगढ़ पीन-पयोधरों की ऊँचाइयों के बीच बने गड्ढे को देखने की भी फुरसत नहीं है। उसके शरीर में कहीं कोई उत्तेजनापूर्ण अभिलाषा और प्यार है भी? उसके खून की गरमी तो जैसे ठंडी पड़ गई है।

उसकी देह की दीप्ति की ओर दृष्टि लगाए हुए वह साँप उसकी रूप-राशि

को एकटक आँखों से पीए जा रहा था। लगता है, उसकी प्यास पूरी तरह जी भर देख चुकने पर मिट गई है। मुँह पर साबुन के भाग को पानी से धो-धोकर साफ कर देने के बाद उसने अपनी आँखों की पलकें उघाड़कर उस ओर जो फिर देखा तो पाया कि बीजू धान के बोरों पर कुंडली मारे बैठा वह साँप गायब हो चुका है।

गमछे से अपने शरीर को रगड़-रगड़कर पोंछ चुकने के बाद वह बाँस के बेड़े से बाहर निकल आई। अपने मकान के पिछवाड़े की ओर के बरामदे से होकर घर में प्रवेश करने जा ही रही थी कि वही साँप उसे फिर दिखाई पड़ गया। हाँ, यह जरूर था कि अबकी बार साँप की नजरें उसकी देह की ओर नहीं थीं। उसकी जीभ जरूर अभी भी लपलपा रही है। हड़बड़ाहट में उसने अपने कपड़े यों ही आड़े-तिरछे जैसे- तैसे देह पर लपेटे और मकान की ओर बड़ी तेजी से दौड़ने लगी। तभी उसने देखा कि वह साँप तो उससे भी अधिक फुरती से मकान के भीतरी कमरे में पहुँचा और चूहों द्वारा बनाए हुए एक बिल में घुस गया। यद्यपि अब वह आँखों से ओझल हो चुका था, फिर भी मकान के अंदर उसे घुस आया देखकर उसके मुँह से अचानक ही विचित्र प्रकार की चीख निकल पड़ी, "अरे ओ दइया रे दइया! बचाओ! कोई तो बचाओ, रे दइया!"

इस अंचल की मुख्य सड़क पर पत्थर की गिट्टियाँ पड़ गई हैं। रास्ता पक्का हो गया है। इसका मतलब यह कि इधर की ग्राम-पंचायतें वगैरह अच्छा काम करने लगी हैं। एक वर्ष के समय में ही इधर बहुत अधिक उन्नति हो गई है। सारा-का-सारा अंचल ही काफी खुला-खुला लग रहा है। जंगली झाड़-झंखाड़ सब साफ हो चुके हैं। यद्यपि इस ओर के निवासियों के मकान यहाँ-वहाँ दूर-दूर बने हुए हैं, फिर भी कुल मिलाकर यह स्थान किसी गाँव की पट्टी या मुहल्ले जैसा दिखाई पड़ने लगा है। सो इसे एक छोटी बस्ती ही कहा जा सकता है। ऐसा सबकुछ देखभाल लेने पर सचमुच ही कामेश्वर का मन यहाँ के सुंदर वातावरण पर मुग्ध हो उठा। वह भिन्न-भिन्न स्थानों के भिन्न-भिन्न मनुष्यों का संग पा जाने पर अत्यंत प्रसन्न रहता है। किसी एक ही स्थान पर स्थायी रूप से जमकर बसने का विचार उसके मन में कभी आता ही नहीं। फतिंगे की तरह फुदक-फुदककर कभी इस घर, कभी उस घर जा पहुँचने में ही उसे आनंद मिलता है। सो यहाँ-वहाँ चक्कर लगाता डोलता रहता है। इस प्रकार के चक्कर लगाते रहने के दौरान जब कभी उसकी लंबी नाक किसी गृहस्थ घर-द्वार की गंध पा जाती है तो उसका मन बड़ी तेजी से उसी ओर दौड़ पड़ता है। खैनी-तंबाकू की गंध, हुक्के की चिलम से निकले धुएँ की सुगंध, घर में पकी हुई रोटी की गंध; बाहरी द्वार और आँगन को गोबर-पानी से लीप-पोतकर साफ-सुथरा और पवित्र बना देने की सुगंध,

गौशालाओं में ब्याई हुई दुधारू गायों के थन से टपकते दूध की सुगंध आदि से उसके मन के अपने भावों में ही एक प्रकार की गरमाहट सी आ जाती है।

हाँ, इतना और भी विशेष भाव है, नई-नवेली युवती स्त्री की देह से उठी, नई-नई शस्य-श्यामल फसल सी सुगंध, जो बस केवल भली ही नहीं लगती, बल्कि उसकी नाक से होकर सीधे उसके हृदय के किसी गहन कोने में जा पहुँचती है और उसे ठोकरें मार-मारकर और भी एक भिन्न प्रकार का भाव जगा देती है। ऐसी स्थिति में युवती स्त्री के प्रबल आकर्षण में खिंचे रहने को वह मजबूर हो जाता है। फिर भी वह घर-गृहस्थी में बँधा रहनेवाला, उसके रस से भरा रह एक जगह ही जमा रह जानेवाला चींटा अथवा कोई और जीव नहीं है। वह तो इस डाल से उस डाल निरंतर उड़ता-फिरता रहनेवाला भँवरा, फतिंगा है, परंतुयदि किसी की मदमाती युवा स्त्री ही अपनी रस बरसाने वाली, चाहत भरी तिरछी नजरों का रस उसपर डालकर उसे चारों ओर से घेर ले तो फिर उससे चिपके रहने में भी उसे कोई बुराई नहीं लगती। वैसे यदि उस रसवंती का रस-भंडार सूख जाए तो वहाँ से वह तुरंत उड़ जाता है।

इधर पूरे एक वर्ष तक जेलखाने की दीवारों से घिरा, जेल का ही भात-भोजन खाते रहने के बाद अब इस समय लौट रहा है कामेश्वर। जिस विशेष गंतव्य स्थल तक पहुँचने की उसकी इच्छा है, इस विस्तृत मैदान के दूर छोर से ही उसके द्वार के प्रांगण में लगा हुआ बकायन* का वह विशाल वृक्ष दिखाई पड़ रहा है। कुछ और पास पहुँचा तो साफ दिखाई दिया कि वहाँ जो टूटी-फूटी झोंपड़ी थी, अब पूरे ऊँचे बने विशाल मकान की छतों पर खूँटियाँ या खंभे बाँस या साधारण थेघा-थुन्हीं की न होकर उम्दा किस्म के काठ के खंभे आ गए हैं! अरे हाँ, दीवारें भी ऊँची श्रेणी के काठ के तख्तों से बनी हैं। अरे वाह! बस एक वर्ष की छोटी सी अवधि में इतनी आश्चर्यजनक उन्नति हो गई? इस घर में एक वर्ष पहले बीते दिनों में सदानाथ नाम के एक शरणार्थी व्यक्ति की कन्या लक्ष्मी के साथ उसका प्रेम-प्रीति का भाव बन गया था। उसके यौवन का आकर्षण ही इतना अकाट्य था कि निरंतर उड़ते रहनेवाले भँवरे के स्वभाववाले कामेश्वर को भी ठहरकर कुछ समय भोग-भोगने का आश्रय मिल गया था। उसी लक्ष्मी के पिता की झोंपड़ी के सामने ही तो लगा था यह बकायन का पेड़। अब तो बकायन का वह पेड़ विशाल वृक्ष बन अपनी सारी डालों-शाखओं पर लाल-दहकते फूलों से भरा हुआ है।

ठीक इसी प्रकार के बकायन के फूलों के फूल उठनेवाले एक विशेष समय पर ही उसकी बुद्धि भरमा गई थी। अरे नहीं, आप कुछ अन्यथा न समझें; क्योंकि लक्ष्मी के रूपाकर्षण के जोर के कारण उसकी मति नहीं भरमाई थी। लक्ष्मी ने तो

उसके द्वारा व्यक्त किए गए प्रेम-प्यार को स्वीकार कर लेने की अपनी सहमति ही व्यक्त की थी। उसकी वजह से कहीं कोई परेशानी नहीं हुई थी। बखेड़ा एक भिन्न परिस्थिति में हुआ था। उसके मन में एक दिन जाने कैसे ऐसा मतिभ्रम हो गया कि रेलवे प्लेटफॉर्म खाली-खाली था, कोई भीड़-भाड़ नहीं थी, बस थोड़े से मुसाफिर ही अभी जुट पाए थे, तभी एक आदमी की जेब में हाथ डालकर उसे टटोलकर देखने का उसका मन हो आया था। जब किसी चीज पर उसका मन हो आए तो भला ऐसा कोई काम है, जो वह न कर गुजरे? कैसे-कैसे काम नहीं किए हैं उसने? बकरा-बकरी जुटाकर पहुँचाने की दलाली का काम; बैलों, गायों एवं अन्यान्य पशुओं के गोहालों में करनेवाले तरह-तरह के काम, काँसा-पीतल एवं अन्य धातुओं से बने बरतनों को फेरी लगा-लगाकर बेचने का काम तथा झमनलाल मारवाड़ी की दुकान पर मुनीमगिरी का काम जैसे कौन से काम हैं, जो उसने नहीं किए? परंतु जाने किस चक्कर में पड़ा कि उस दिन हेरा-फेरी, पॉकेटमारी की यह विद्या भी सीख लेने की धुन सवार हो गई! मगर इसमें सफलता तो मिली नहीं। हाथ को पॉकेट में वह अभी ठीक से डाल भी नहीं पाया था कि रंगे-हाथ पकड़ लिया गया। फिर तो पूरे एक वर्ष तक जेलखाने में रहकर सरकारी भोज-भात खाने को मजबूर हो जाना पड़ा। वैसे जेलखाने में भी वह आनंदपूर्वक ही था।

कामेश्वर में एक विशेष गुण है—बढ़ा-चढ़ाकर लोगों के मन लुभा लेनेवाली रसभरी बातें करने का, मदमस्त कर देनेवाली कहानियाँ गढ़-गढ़कर सुनाने का। वह स्वयं गढ़-गढ़कर झूठी, अविश्वसनीय बातें करता है, किस्से-कहानियाँ सुनाता है। वे बातें सुननेवालों को ऐसा मंत्रमुग्ध कर देती हैं कि उन्हें शत-प्रतिशत सच्ची लगने लगती हैं। उसे सुनकर सभी मदमस्त हो जाते हैं। अपनी इस कला का प्रदर्शन करने से वह कभी कोई मौका नहीं चूकता। क्या जेलर साहब के सामने उसने अपने इस रसभंडार को खोला था? यही तो कामेश्वर का वशीकरण मंत्र है। इसी से तो उसने लक्ष्मी को वश में कर रखा था। इस सारे संसार में जो बातें न कभी हुईं, न कभी पैदा की जा सकती हैं, ऐसी आधारहीन, अविश्वसनीय फालतू बातों को भी ऐसी पॉलिश चढ़ा-चढ़ाकर, ऐसे दिलचस्प बनाकर, ऐसे भोले-भाले अंदाज में सुनाता है, जैसे कि वह अतिशय आनंददायक, सुगंधयुक्त पान का बीड़ा बड़े मनोरम ढंग से पेश कर रहा हो, जिसका स्वाद लेते ही लोग मुग्ध हो उठते हैं।

नीम जैसी पत्तियों, लाल-लाल गंधहीन फलों, खटतूरस फलों और तने से लेकर संपूर्ण शाखाओं में भयंकर काँटों से भर औषधीय गुणों से भरा वृक्ष, जिसे 'महानिंब' भी कहते हैं।

एक वर्ष जेल की सजा पूरी कर वह आज लौट रहा है। वापसी की इस

यात्रा में वह कहाँ जाएगा? इसके उत्तर के ठौर-ठिकाने का कुछ निर्णय कर पाने के पहले ही उसके मन में लक्ष्मी की याद उभर आई। लक्ष्मी से मिलने की ललक में चला तो कपलिंग रेलवे स्टेशन से जो गाड़ी उस ओर ले जाती है, पूरे दो घंटे का समय तो उसी ने ले लिया, परंतुअभी भी रास्ता कहाँ पूरा तया हुआ? जिस स्टेशन पर उतरना होता है, वहाँ से भी पूरे तीन घंटे का पैदल-पैदल का रास्ता है, परंतुउससे क्या होता है? लक्ष्मी की देह की मादक आवाज वह पिछले एक वर्ष से सुनता आ रहा है। उस आवाज के खिंचाव को रोक पाना किसी के लिए भी संभव नहीं है। इसी से वह खिंचा-खिंचा इधर चला आ रहा है। बकायन के फूले हुए लाल फूलों को देखते ही उसे गीतकार भूपेन हजारिका का गीत कितनी प्रखरता से याद आ गया कि वह खुले कंठ से गा उठा, “बकायन का फूल किसी पूजा में नहीं लगता।” बकायन का फूल ऐसा नीरस, गंधहीन होता है कि लोग कहते हैं कि यह तो किसी मतलब का ही नहीं है। किसी पूजा-पर्व में काम नहीं आता इत्यादि। हलकी सी मस्ती में बहते हुए वह उसी गीत को गुनगुनाता हुआ उसी बकायन के विशाल वृक्ष की ओर बढ़ता चला गया। जब उस वृक्ष के पास पहुँचने को हुआ ही था कि तभी भयातुर कंठ से निकली कोई चीख की आवाज उसके कानों में पड़ी। दौड़ा-दौड़ा उस मकान के बाहरी बैठक के पास अभी आया ही था कि साफ-साफ सुना, कोई चीख रहा है, “अरे ओ दइया रे दइया! अरे ओ! कोई तो बचाओ रे दइया?”

निचाट दुपहरी में आस-पास कहीं कोई और आदमी दिखाई ही नहीं दे रहा है। चीख मकान के भीतर से आ रही है जबकि, मकान का प्रवेशद्वार तो भीतर से ही किल्ली देकर बंद है तो यह चीख क्या लक्ष्मी ने ही मारी है? क्या लक्ष्मी के कंठ की आवाज ऐसी ही है? लक्ष्मी का तो कंठ-स्वर वह भुला बैठा है। वास्तविकता चाहे जो हो, परंतु इतना तो वह साफ-साफ, सही-सही समझ गया है कि किसी भयातुर स्त्री के कंठ से निकली हुई चीख की आवाज उसके कानों में पड़ी, जो अपने को किसी घोर संकट से उबार लेने के लिए त्राहि-त्राहि पुकार रही है। किसको और कौन सी महाविपत्ति ने आ घेरा है? जानने के लिए वह चहारदीवारी के बड़े प्रवेशद्वार से एक साँस में ही मकान के अंदर आँगन के चबूतरे पर पहुँच गया।

ऐसी इस दशा में अपने ठीक सामने आ खड़े हुए एक पूरी तरह से अपरिचित अजनबी आदमी को देख पुतली तो सिर से पाँव तक दहल उठी। अभी-अभी नहाकर हड़बड़ी में पोखरी के किनारे से दौड़ी-भागी आई पुतली की देह पर कपड़े अभी भी ऐसे पड़े हैं कि ढकने लायक जगहें ठीक से ढकी भी नहीं जा

सकी हैं। साँप को अपने कमरे के अंदर घुसा देखकर वह कटे हुए, जड़ीभूत हो गए पेड़ की तरह एक ही स्थान पर कठुआई खड़ी हो गई थी। अब जो यह एक पूरी तरह से अनजाना जवान आदमी झप्प से आकर सामने प्रकट हो गया तो वह कुछ समझ ही नहीं पाई कि क्या करे? उसके इस तरह आ टपकने को पूरी तरह शरारत भरा मान लेने का भी कोई आधार नहीं है, क्योंकि निश्चय ही वह उसकी डर के मारे अचानक ही कंठ से निकल गई चीख को सुनकर ही तो आया है। ऐसी दशा में वह लज्जा से भर उठी।

कामेश्वर ने भी विशेष सावधानीपूर्वक देखा। सामने एक नवयुवती खड़ी देखी, सो भी किसी की परिणीता। यह तो निश्चय ही उसकी पूर्वपरिचिता लक्ष्मी नहीं है, परंतुइस स्त्री का रूप कितना विस्मयकारी और मोहक है! अनेक घाटों का पानी पी चुका कामेश्वर सामान्य रूप पर मुग्ध होनेवाला नहीं है। उसने तो जाने कितनी रूपवतियों को निहारा है, परंतुइस युवती का रूप! अरे रूप कहाँ? यह तो एक धधकती हुई ज्वाला है ज्वाला। ऐसी ज्योति, अरे जो आँखें चौंधिया दे और बिना छुअन के ही कलेजे में जलन मचा दे। उसकी दोनों आँखें थोड़ी देर तक तो उस युवती के मुख-मंडल पर ही अटकी रह गईं। गाय के ताजे-ताजे दूध में अगर सिंदूर मल दिया जाए तो जो मिश्रित रंग चमकेगा, ठीक वैसा ही रंग उसके मुख-मंडल की गोराई का था। उसके बाद तो उसकी चंचल आँखों की दृष्टि फिसलकर उसके सुडौल स्तनों से टकराती हुई वक्षस्थल की ऊँचाई-निचाई फलाँगती हुई नीचे उतरती गई, जो फिर उसकी नाभि की गहराई में जाकर ठहर गई। नहाने की वेला में उरोजों और पेट को ढकनेवाली झीने कपड़े की पट्टी, जो भीग जाने के कारण और भी पारदर्शी हो गई थी, के नीचे उसकी देह का झलकता हुआ भाग अत्यंत गोरा और चमचमाहट भरा था।

उधर पुतली के हृदय की हालत ऐसी कि जैसे कोई ओखली में बेलौस भाव से धान कूटता है। उसे लगा, मानो उसके हृदय को कोई कूटे जा रहा है। उसकी अपनी कोठरी में एक साँप आ घुसा है। डर के मारे उसकी दोनों आँखें होश-हवास गँवाए हुए जड़ सी हो रही हैं। एक अपरिचित जवान पट्ठा सामने आ खड़ा हुआ है। उसकी आँखों की दृष्टि उसकी देह के किस-किस अंग पर पड़ रही है, इस सबकी ओर ध्यान दे पाने का उसके पास समय नहीं है। घबराहट से थरथराती हुई उसने बस हाथों के संकेत से अभी-अभी घटी हुई घटना का संकेत दिया और बड़ी कठिनाई से थूक का घूँट पीकर बोली, "साँप!" उस प्रकार से दिखलाने की भंगिमा से कामेश्वर ने अनुमान लगा लिया कि कोई एक साँप निकला था, जो अभी-अभी इस कमरे के भीतर कहीं समा गया है।

कामेश्वर के मन में इस वेला में नाना प्रकार के रसों का रसायन बनने लगा है। आँखों में अभी एक मुग्धकारी तंद्रा का भाव जड़ा ही हुआ है कि वह पीछे की ओर के द्वार से आगे बढ़ गया। उसने निश्चय कर लिया कि उस साँप को ढूँढ़कर वह मार ही डालेगा। तभी अचानक पुतली की तंद्रा टूटी। स्थिति की सच्चाई समझ सकने की शक्ति उसमें वापस आ गई। उसने लक्ष्य किया कि एक अजनबी आदमी उसके घर की कोठरी के भीतर जाना चाह रहा है। फिर तो हड़बड़ाकर वह जोर-जोर से बोल उठी, "नहीं-नहीं, इसकी कोई आवश्यकता नहीं है। फिर अब तक क्या साँप अंदर बैठा है? संभवतः अब तक तो वह काफी दूर भाग गया होगा।" कहने को वह साँप के भाग जोने की बात जरूर कर रही है, फिर भी अभी तक उसके कलेजे को डर के भाव के मूसल से मानो कोई लगातार कूटे जा रहा है।

ऐसी दुविधा भरी अवस्था में अब कामेश्वर क्या करे? क्या वह यहाँ से बिना कुछ कहे···करे वापस चला जाए? परंतु जाए भी तो कैसे जाए? उसके दोनों ही पैरों को तो किसी ने जैसे कटहल के लस्से से यहाँ की धरती से चिपका दिया है! उसके मन में भी भारी कौतूहल घुमड़ रहा है। यह युवती अगर लक्ष्मी नहीं है तो आखिर है कौन? लक्ष्मी और उसके परिवार के लोग ही तो यहाँ रहते थे, अब अगर वे यहाँ नहीं हैं तो गए कहाँ? इस ऊहापोह के ऊपर भी उसने महसूस किया कि उसे बड़ी जोरों की प्यास लगी है। ऐसी प्यास, जिसके चलते उसके होंठ-कंठ सभी सूखकर काठ हो गए हैं। अचानक ही वह पूछ बैठा, "एक गिलास पानी पिला सकोगी क्या?"

थी तो वह एक नितांत अपरिचित स्त्री, किसी दूसरे पुरुष की धर्मपत्नी, परंतुसारी दुनिया को अपनी ही समझनेवाले कामेश्वर स्त्री जाति को 'आप' कहकर संबोधित करने का शिष्टाचार आज तक नहीं सीख पाया है। हड़बड़ाहट में उसने उसे मकान के बाहरी बरामदे में बैठने को कहा। एक मोढ़ा वहाँ पहले से रखा ही हुआ था। बरामदे में पहुँचकर वहीं उसी मोढ़े पर आसन जमाकर बैठ गया। पुतली के मन से साँप का डर अभी भी गया नहीं है, फिर भी प्राणों की बाजी लगाकर भी वह पानी लाने के लिए मकान के भीतर चली गई। इधर मोढ़े पर बैठा-बैठा कामेश्वर इसी दाँव-पेंच को ढूँढ़ने में डूब गया कि इस युवती से मिलने का जो यह थोड़ा सा समय हाथ लगा है, उसे किस बहाने से कुछ और लंबा कर लिया जाए? लक्ष्मी का मुखड़ा अब उसकी मन की आँखों के सामने धुँधला हो चुका था। उसकी आँखों की पुतलियों में तो अब इस युवती की रूप-ज्योति ही एक नया जादू जगाने लगी है।

"पानी पी लेने में क्या इतना अधिक समय लगता है?" पुतली मन-ही-मन विचारने लगी। यह पट्ठा तो चाय की चुस्की लेने की तरह सुड़क-सुड़ककर, रुक-रुककर पी रहा है। घबराहट और उतावली के कारण उसका आँचल उसके वक्षस्थल से तब सरक गया था, जब वह पानी भरा गिलास उसके हाथों में थमाने गई थी। उघड़े उरोजों की गठन देख लेने के समय से ही मानो कामेश्वर की आँखों और मुँह पर प्रखर रूप से जलती आग की आँच लग रही है। ऐसी प्रचंड आग भला एक गिलास पानी से बुझाई जा सकती है क्या? उसने एक गिलास पानी और देने की चिरौरी की। दूसरे गिलास का पानी पीते-पीते तो उसकी कहानियों का पिटारा ही खुल गया। बातें करने की पैंतरेबाजी करते-करते उसने वहाँ पहले बसे लक्ष्मी के परिवारवालों के संबंध में भी जानकारियाँ निकलवा लीं। सदानंदजी, लक्ष्मी के पिता, जो एक शराणार्थी थे और यहाँ आ बसे थे, ने अपनी बसावट की जगह-जमीन बेच दी और स्वयं अपना पूरा परिवार ले पहाड़ी इलाके में हो रही नई बसावट में जा बसे। पहाड़ की तलहटी में उगे जंगल-झाड़ को काट-कूटकर अनेक शरणार्थी परिवार उधर ही जा बसे हैं। पुतली से ही पता चला कि उसका परिवार एक वर्ष पहले यहाँ आकर बसा है। पुतली के पति ने अच्छी-भली रकम अदा कर यह सारी जमीन खरीद ली है। टीन की चद्दरों की छतोंवाला यह मकान उसके अपने पति ने ही बनवाया है।

पुतली जड़वत् सामने खड़ी है, परंतु उसकी पतली छरहरी नाजुक, हलकी-फुलकी देह कामेश्वर की आँखों की पुतलियों में बड़ी तेजी से नाच रही है। नाना प्रकार की कहानियों की परतें उघाड़-उघाड़कर, प्रसंगों को बढ़ाते-बढ़ाते उसने वहाँ ठहरे रहने के समय को और अधिक लंबा बना लिया। उसके शरीर को पानी पीने की जो प्यास लग आई थी, पानी पी चुकने के बाद वह तो मिट गई, परंतु अब यह कौन सी प्यास उभर आई है, जो तृप्त होने का नाम ही नहीं ले रही? उसके चलते वह खाने के लिए सुपारी माँग बैठा, "एक सुपारी नहीं खिलाएँगी क्या?" उसने लाकर जो एक सुपारी उसे दी, उस सुपारी के नशे के कारण अथवा फिर सुपारी लेते समय उसकी उँगलियों से इसकी उँगलियाँ जो छू गई थीं, उस छुअन के कारण—उसकी सारी देह नख से शिख तक झनझना उठी। बातों पर बातें जोड़ते, एक-एक का बखान करते-करते कामेश्वर के होंठ लाल हो गए। होंठों के दोनों कोरों के पास की पीक रंगीन हो चमक उठी। उसने बातों-बातों में बतलाया, "इस स्थान पर एक समय एक बहुत ही लंबा-चौड़ा संरक्षित सरकारी चारागाह था, जहाँ तरह-तरह के जानवर चरते रहते थे। संरक्षण से यहाँ घना जंगल हो गया था, जिसके कारण खूँखार जंगली जानवर भी आ जाते थे। एक

समय तो अत्यंत साहसी, वज्र के समान मजबूत सीनेवाले एक शिकारी ने अपनी खोखली बंदूक से ही किस तरह एक खूँखार चीते को मार गिराया था। कहावत है, "बिना गोली बारूद भरे ही खोखली बंदूक से भी दनादन गोलियाँ निकलती हैं।" इसका विवरण उसने कह सुनाया। यह भी विशेष तौर से बतलाया कि उस शिकार के समय वह भी शिकारी दल में शामिल था, परंतुवह असली बात निश्चय ही नहीं बतलाई कि संरक्षित जानवरों का शिकार चोरी-चोरी करनेवाले अपराधी गिरोह के शिकारियों की बंदूकें ढोनेवाले एक मजदूर के रूप में ही वह उस समय वहाँ गया था। उसने अपनी कहानी इस कौशल से रखी कि सुननेवाले को लगा कि खूँखार, चित्तीदार तेंदुए को तो उसने खुद गोली से मार डाला था।

उसकी आँखों में झलकते भावों को देख पुतली के मन में सिरहन होने लगी, "उस तेंदुए की आँखों की पुतलियों को ही अपनी आँखों में समाए आया है क्या यह शिकारी?" आँखों की उन्हीं पुतलियों से निकलकर प्रचंड आग की शिखा पुतली की सुघढ़ देह के कहीं ऊँचे उभरे हुए, कहीं नीचे धँसे हुए, प्रत्येक अंग की सुचिक्कण सतह को चाट-चाट गई। पुतली ने अपने तन-बदन को उस लपलपाती ज्वाला वाली जिह्वा से चाटते हुए स्वयं देखा-अनुभव किया, परंतुचाहकर भी वह वहाँ से हट नहीं सकी, क्योंकि बात कहने की शैली और कहानियों के भावों में ऐसा मादक सम्मोहन जो था। समुचित मात्रा में आँच दे-देकर बनाए गए सीरे का मीठा पाग दे-देकर बातों को अत्यधिक रसमय बनाते, गपाष्टक सुनाते कितना समय उसने बिता दिया, पुतली उसका कुछ अंदाज नहीं पा सकी। जब उसके अपने पेट में उमड़ी भूख उसकी पाकस्थली को ही कुरूर-कुरूर खरोंचने लगी, तब कहीं जाकर उसे पता चला कि सूरज भगवान् बकायन के वृक्ष के पश्चिमी ओट में जाकर नीचे की ओर ढलने लगे हैं। फिर तो उसका हृदय चिंता के मारे धुकधुकाने लगा। अपनी व्याकुलता से वह परेशान हो ही रही थी कि उसे लगा कि आगंतुक अब अपनी जगह से उठ खड़ा हुआ है। सचमुच ही उसकी अकुलाहट के थोड़ी देर बाद ही कामेश्वर उठ पड़ा था। गप्पों और कहानियों की उसकी पिटारी पर अब ढक्कन पड़ गया था। बरामदे से उतरकर वह घर के सामने के मैदान में पहुँच चुका था कि तभी अचानक खड़ा हो गया, फिर बोला, " देखना, थोड़ा सावधान ही रहना। वह साँप अभी भी मकान के भीतर ही कहीं छिपा हो सकता है। वैसे बहुत अधिक चिंता करने की जरूरत नहीं। मैं साँप का विष उतारनेवाले एक बड़े तांत्रिक को जानता हूँ। वह भयानक से भयानक साँप को भी पकड़ लेता है। मैं बस कल ही उसे बुलाए लिये आता हूँ। वह अपना मंत्र फूँककर ही इस शरारती साँप को बाहर निकाल लेगा। इसे तो

निकालना ही होगा, क्योंकि साँप का क्या विश्वास? कब क्या कर गुजरे? उसपर भी कहावत है न कि बाघ मारकर खा जाता है किसी को पास देखकर और साँप काट खाता है समझ-बूझकर, मौका तलाश कर।"

कामेश्वर चला गया। बकायन के विशाल वृक्ष से झोंपे के झोंपे फूल रह-रहकर नीचे गिरते गए, परंतु पुतली के हृदय के अंत:स्तल में साँप के काट खाने का जो उत्कट भय कामेश्वर समा गया था, उसके मारे पुतली ऐसी दहशत में पड़ गई कि अपने ही मकान के भीतर नहीं जा पा रही थी। परिणामस्वरूप जब तक कि उसका पति घर नहीं आ पहुँचा, वह वहीं बरामदे में जड़वत् पड़ी रही।

मणिराम सुघड़ कद-काठी का, भरी-पूरी देह का हट्टा-कट्टा सुंदर पुरुष है। अपने निर्धारित कार्य में बड़ी तत्परता से वह लगा रहता है। पिछले तीन वर्षों में उसके कर्मठ हाथों से जो फल प्राप्त हुए हैं, उनसे तो लगता है, मानो उसके हाथों में सोने की आभा लग गई है। पारसमणि के स्पर्श से जैसे कुधातु भी सोना हो उठती है, उसी तरह मणिराम का हाथ जिस किसी ओर भी लग जाता है, वहीं सभी कुछ हर प्रकार से परिपूर्ण हो उठता है। जैसा फल फलने की उम्मीद की जा सकती थी, उससे भी बहुत अधिक मात्रा में फल मिलता जा रहा है उसे। इस ठाँव पर वह अभी बस एक वर्ष पहले ही तो आया है। इधर पास में जो जंगल था, उसे काट-कूटकर जो साफ कर दिया गया तो खेती-बाड़ी करने लायक बहुत सारी जमीन निकल आई। उसी में से काफी जमीन लेकर उसने छावनी की खेती करने का प्रबंध कर लिया था। अपनी स्थायी बस्ती की अपने वंश की परंपरा से प्राप्त घर-द्वार से आ-आकर इस छावनी की खेती की देखभाल करने में असुविधा थी। अब यहीं रहकर छावनी की खेती-बाड़ी कर सकेगा, इसी उद्देश्य से वह पुरानी डीह अपने छोटे भाइयों को सौंपकर इस नई बसावट पर चला आया। ऐसा जान पड़ता है, मानो देवी लक्ष्मी माँ ने उसके इस मकान के रास्ते को अच्छी तरह पहचान लिया है, जिस रास्ते से होकर वे अपने साथ विशाल धन-संपत्ति लिये चली आ रही हैं। पिछले तीन वर्षों से वहाँ लगातार अच्छी फसल हो रही है। धन-धान्य पूर्ण समृद्धि के सोने जैसा स्पर्श पाकर उसका मन बौरा गया है। इस बार उसने साहस करके एक कट्ठे की पोखरी भी खरीद ली है, जिसमें उसे लाभ-ही-लाभ दिखाई पड़ रहा है। अब तो वह एक प्रतिष्ठित सेठ-साहूकार बन जाने का सपना देख रहा है। उसने सुना है कि लकड़ी चीरने-फाड़ने और उसके काठ से नाना प्रकार की लाभकारी चीजें बनाने का एक कारखाना (सॉ मिल) जल्दी ही बिकनेवाला है। उस कारखाने का मालिक सेठ झमनलाल इस इलाके को छोड़कर जानेवाला है। छोड़ जाने की स्थिति में आ जाने के कारण निश्चय ही

वह औने-पौने दामों में ही बेच जाएगा। मणिराम उसे खरीदकर प्राप्त कर लेने की फिराक में उसके यहाँ गया भी था, परंतु सेठ झमनलाल से भेंट नहीं कर पाया। वह कारखाना बंद ही पड़ा था। पता चला है कि बड़े शहर की किसी और अच्छी जगह पर सेठ झमनलाल अपनी नई गद्दी स्थापित करना चाह रहा है। सो उसका जाना और उसके कारखाने का सस्ते में बिकना सुनिश्चित ही है। उस कारखाने को चाहे जैसे हो, मणिराम खरीदकर ही मानेगा। उस कारखाने को देख लेने की घड़ी से ही उसका मन उसे पा लेने के लिए लुलुआ रहा है।

आज की साँझ वेला लौटने में उसे और दिनों से कहीं बहुत अधिक देरी हो गई। यहाँ तक कि अपने मकान के बैठकखाने के सामने पहुँचते-पहुँचते उसने पाया कि सूरज भगवान् तो बस डूबने ही जा रहे हैं। मकान के आगे के मैदान से ही उसने लक्ष्य किया, 'अरे! पुतली तो अभी तक बाहरी बरामदे में बैठी हुई है! हाय, हाय रे भगवान्!' पुतली उससे इतना अधिक प्रेम करती है कि तनिक सी देरी हो जाने पर ही चिंतित होकर उसी के आने की बाट जोहती हुई बेचारी बाहर आ बैठी, उसकी राह निहार रही है। उसने अनुमान लगा लिया कि निश्चय ही आज इतनी देर हो जाने पर भी पुतली ने दुपहरिया का अपना भोजन नहीं किया है। यद्यपि उसने उसे बार-बार चेता दिया है कि वह उसके भोजन के लिए राह न देखे, ठीक समय पर अपना भोजन कर लिया करे, क्योंकि वह तो सवेरे-सवेरे ही अपना पेट भरकर काम पर जाता है, फिर उसे दोपहर का भोजन खिला देने के बाद ही स्वयं भोजन करने के हठ पर बने रहने का तो कोई कारण ही नहीं। उसे यह सोचकर कष्ट हुआ कि बेचारी भूखी-प्यासी ही थी, किंतु उसके यों भूखे-प्यासे रह जाने का असली कारण वह बरामदे पर पहुँच जाने और पुतली की उस दिन की आपबीती सुनने के बाद ही जान पाया। जैसे ही वह सीढ़ियाँ चढ़ बरामदे में पहुँचा, वैसे ही दौड़कर पुतली ने एक ही झटके में अपनी बाँहों में घेरते हुए बड़े जोरों से भींचकर उसे अपनी छाती से चिपका लिया। डर के मारे थर-थर काँपते हृदय की धड़कनों को जैसे-तैसे सँभालते, रुँधे हुए गले से थूक घोंट-घोंटकर उसने जो कुछ विवरण दिया, उससे मणिराम समझ गया कि मकान के भीतर साँप घुस आया था। मेरी भोली-भाली, पूरी तरह कंठ न खुल पाने से गूँगी सी बनी यह पत्नी कितनी मूरख है कि तभी से लगातार यह बाहर पड़ी हुई है, क्योंकि यह समझती है कि वह साँप अभी तक उसके घर में ही रुका हुआ है। अब तक क्या वह साँप उस घर में ही पड़ा है? मुझे लगता है कि संभवत: वह किसी चूहे को पकड़ने के लिए मकान में घुस आया होगा, अब तक तो वह निश्चय ही मकान से निकलकर बहुत दूर भाग चुका होगा। अपने मन में यह दृढ़ विश्वास कर लेने

के बाद केवल पुतली को साहस प्रदान करने के लिए दरवाजे पर पड़े बाँस के एक मोटे लट्‌ठ को लेकर मकान का कोना-कोना छान मारने के लिए अंदर चला गया। पूरे मकान की तलाशी ले चुकने के बाद भी उसने कहीं भी कोई साँप नहीं देखा। मकान में कहीं भी साँप के न होने की पक्की जानकारी देकर उसने पुतली के मन से साँप के आतंक का डर निकालने का प्रयत्न किया, परंतु पुतली के कलेजे से साँप का भय फिर भी नहीं गया। उसे तो बराबर यही लगता रहा कि कौन जाने वह साँप मकान के किसी कोने में कहाँ छिपा हुआ घात लगाए बैठा है ? वैसे इतना जरूर है कि मणिराम की उपस्थिति और उसके पराक्रम पर भरोसा होने के कारण वह भी मकान के भीतर आ गई। दुपहरिया का भोजन-छाजन पूरा करने के बाद जो वे उठने को हुए, तब तक सायंकाल का सूरज डूबकर विश्राम करने जाने लगा।

आरामदायक शय्या पर टाँगें फैलाकर सोने का जब अवसर मिलता है, तब कल्पना रूपी पक्षी को पंख लग ही जाते हैं, फिर तो उड़ानें भरने से उसे कौन रोक पाता है ! मणिराम के साथ गुदगुदे बिछौने पर सोने के साथ ही उसकी चौड़ी छाती से चिपककर मनमानी मुद्राओं में केलि का अवसर पाया तो वह मणिराम की बलिष्ठ देह की सुगंध और गरमी को अपने आप में भर लेने की कोशिश करने लगी। पुरुष के पौरुष से संपन्न उसकी देह की सुगंध ने पुतली के मन को उन्मत्त बना दिया। आज दिनभर से साँप का जो डर मन में समाया हुआ है, उसके कारण उसने लालटेन की बाती को थोड़ा जलते रहने दिया है। उसी की रोशनी उसके मुखड़े पर पड़ रही है। इसी से वह अंतरतम से चाहने लगी है कि वह अपने सशक्त गरमागरम हाथों से उसे अपनी ओर खींचकर अपनी प्रशस्त छाती से चिपकाकार उसके भीतर जो रस से भरा मधुमक्खियों के छत्तों सा मधु-चक्र है, उसके रसमय परिवेश में पहुँचा दे। ऐसा तो उसे करना ही चाहिए, क्योंकि उसके मधु के उस छत्ते की रानी मधुमक्खी तो वही है। हलकी-हलकी हवा चलने से प्रकाश और छाया की जो आँख-मिचौनी इस शयन कक्ष में हो रही है, उसका प्रभाव उसके मुखड़े पर भी पड़ रहा है, जो क्षण में चमक उठता है तो क्षण में ही विलीन हो जाता है। इससे उसके मुखड़े पर इस समय कौन सा भाव खेल रहा है ?, इसे पुतली नहीं देख पा रही।

उधर उसकी आँखों की जोर से मुँदी हुई पलकों के भीतर उसकी छावनी की भरपूर फसलें उगलने वाली मिट्टी की सोंधी-सोंधी गंध ऐसी उमड़-घुमड़ रही है कि उसके मन को बावरा किए हुए है। अपने नियंत्रण से बाहर हो चुका उसका बावरा मन छावनी की उस जमीन के नीचे सोने की खान से निकले हुए

छिटक-छितराए सोने के टुकड़ों को झपटकर उठा लेने के लिए लट्टुओं सा नाचता फिर रहा है। उसी की मादकता में वह इतना मस्त है कि अपनी देह के इतने पास छलकते मधु-कोष को वह भूल ही गया है। जबकि पुतली की गरमाई देह के खून में ज्वार-भाटे जैसी उथल-पुथल है। वह उसकी छाती के भीतर तक जा घुसने के लिए रह-रहकर बार-बार उसके और निकट और निकट समाती जा रही है। उसकी सुदृढ़ सुचिक्कण देह की मांसलता के ताप ने उसके खून की गरमाहट और भी बढ़ा दी। उसके दोनों ओर के उन्नत वक्षस्थल के बीच से शुरू होकर एक सरल रेखा के रूप में जो रोओं की कतार नीचे की ओर गई है, अपनी हलकी-फुलकी, पतली और नाजुक उँगलियों से उसके बालों में वह ऊपर-नीचे सहलाने-कुरेदने लगी। दिनभर जिस विशेष प्रकार के जीव साँप के भय के मारे वह अपने घर के अंदर घुस तक नहीं पाई थी, अब उसी साँप-प्राणी की केलि-क्रीड़ा की नकल करते हुए बलिष्ठ मर्द मणिराम की मांसल देह पर लहरों की सी ऊँचाई-गहराई में लहरा रही है, उसी में उसकी देह को खींचकर लपेट ले। साँप जैसे एक-दूसरे को अपने शरीर के भिन्न-भिन्न अंगों पर लपेटते हैं, ठीक उन्हीं की तरह मणिराम भी उसे लपेटे, बार-बार वह यही चाहने लगी। वस्तुतः साँप को उसने आज पहली बार ही तो नहीं देखा था, बल्कि इसी पोखरी के पास दो-दो साँप देखे थे। संभवतः वह नर-मादा का जोड़ा था। महाविषधर फणिधर गेहुँअन-गेहुँअनी बारी-बारी से एक-दूसरे पर झपट-झपटकर, एक-दूसरे से लिपटते हुए, शरीर के अंगों को मिलाकर इतनी जोर से चिपक जाते थे। दुनिया-जहान से पूरी तरह बेखबर हो, वे इतनी उत्तेजना से एक-दूसरे से लिपट पड़े थे कि स्वयं उन्हें अपनी भी सुध-बुध नहीं थी। एक-दूसरे में खोए साँप के उस जोड़े को देख उस दिन भी उसका शरीर नीचे से ऊपर तक सिहर उठा था। अब इस विशेष घड़ी में उसके मन में वही दृश्य फिर मूर्तिमान हो उठा है, परंतु इस घड़ी उसे तनिक भी डर नहीं लग रहा है, बल्कि आज तो वह स्वयं ही गेहुँअनी बन जाना चाह रही है मणिराम की। उसकी देह की पोर-पोर का खून खौलने लगा है, वश के बाहर होता उबाल बेचैन किए दे रहा है। यद्यपि वह मुँह खोलकर कुछ भी कह नहीं सकी, परंतुउसके बाद जो हुआ, उससे लगा कि शायद उसकी देह की भाषा को ही मणिराम ने सुन लिया है। एकाएक उसने बड़े जोरों से उसे चिपका लिया।

परंतु उसने जो कुछ किया, उससे स्पष्ट हुआ कि मणिराम तो बस चाबी भरा जानेवाला एक खिलौना ही है। जिस तरह चाबी भरा खिलौना चाबी के चक्करों की मियाद पूरी होते ही एकाएक रुक जाता है, उसी तरह दो मिनट बीतते ही मणिराम का उत्साह ठंडा हो गया, उसका शरीर काठ की तरह स्थिर हो गया।

उसके शरीर में जो ज्वार चढ़ आया था, वह पूरी तरह उतर गया। यह उन्मत्तता जैसे एक प्यास भर थी। गटागट वह एक गिलास पानी पी गया, बस सारी प्यास हिरण हो गई। सारा जोश मिट गया। उसकी देह को छोड़, परे हटकर उसने दूसरी ओर करवट बदल ली। पुतली को भुला वह नींद की गोद में खो गया, परंतु पुतली को नींद नहीं आई। उसकी रग-रग का खून अभी उबाल ले रहा है, पूरा शरीर उन्मत्त है। उसकी देह की भाषा को मणिराम समझ नहीं पाया, परंतु यह बात केवल आज की थोड़े ही है! आजकल तो प्राय: ऐसा ही होता रहता है। उसके हाथों की जकड़, उसके हाथों की छुअन निश्चल-निश्चेष्ट हो गई। देह-मन जब किसी भी तरह वश में नहीं रह गया तो अतृप्त रह जाने की सूचक एक लंबी साँस भरकर फेंक, दूसरी ओर करवट बदल पुतली भी सोने की कोशिश करने लगी।

मणिराम का नित्य प्रति का अभ्यास है कि भोरहरी की वेला में जब ठकुर चिरैया, मुरगे अथवा अन्यान्य पक्षी जगे भी न हों, तभी वह जगकर उठ खड़ा होता है और अपने काम में लग जाता है, परंतु पुतली को जब नींद आ जाती है तो नींद के नशे से ऐसी भरी होती है कि उसकी नींद खुलती नहीं। वैसे उसे बहुत देर से ही तो नींद आ पाती है, अत: जाती भी उतनी ही देरी से है। इन सब कठिनाइयों के बावजूद चूँकि मणिराम उसे प्राणों से भी अधिक प्यारा है, अत: उसके लिए वह नींद का नशा तोड़कर जग पड़ती है। उसे अच्छी तरह खिला-पिलाकर विदा करने पर ही उसका मन प्रसन्न होता है। आज वह संभवत: अपनी पोखरी की मछलियाँ वगैरह के धंधे की साज-सँभाल करके, उस ओर से बाहर-बाहर ही झमनलाल सेठ की नई गद्दी की खोजबीन करने जाएगा। उसके लकड़ी के कारखाने की बात वह इधर काफी दिनों से बार-बार कहता आ रहा है, बल्कि यों समझें कि इधर कुछ दिनों से उसे उस कारखाने के नशे ने ही बड़े जोरों से जकड़ रखा है। सो उधर से वापस आने में आज भी उसे काफी देरी होगी। यों पुतली ने कल की बातें बतलाने के प्रसंग में उसके यहाँ आए उस अपरिचित आदमी के संबंध में भी सारी बातें बतला दी थीं। "उस आदमी ने आज एक साँप पकड़नेवाले ओझा को साथ लेकर आने को कहा है।" यह बात भी उसने बतला दी थी। उसने समझाया कि मणिराम आज घर पर रुका रह जाए तो अच्छा होगा। उसे अभी तक विश्वास है कि वह साँप अभी भी उसके मकान के भीतर ही कहीं छिपा हुआ है। ऐसे में अगर मणिराम बाहर चला गया तो वह घर में किस तरह रह पाएगी?

उसके इस प्रकार के तर्क को सुनते ही मणिराम बड़े जोरों का ठहाका लगाकर हँस पड़ा। बोला, "अरी, ओ अकल की दुश्मन! क्या तुम यह भी नहीं जानती कि साँप आदमियों के निवासवाले मकान में घुसे नहीं रहते। वे जल्दी ही

भाग जाते हैं। सो वह भी भाग गया होगा। समझ गई न!"

कामेश्वर के मन का मतवाला भँवरा रस चूसने और परितृप्त होकर विश्राम करने के लिए कोई नई कली, नई जगह ढूँढ़ते हुए अंततः एक ठिकाना पा ही गया था। आया तो था वह लक्ष्मी नाम की उस शरणार्थी युवती की तलाश में। उसका शिकार करने के लिए उसके मन में चित्र उभरा था, किंतु उस चित्र के ऊपर एक और ही जल-छवि जगमगाने लगी है। उसे पा लेने का आकर्षण उसे बरबस खींचे जा रहा है। साँप पकड़नेवाले ओझा को साथ लिये-लिये बकायन के उस विशाल वृक्ष के पास आ पहुँचा। उस अनजाने आदमी को पुतली ने आज दूर से ही देख लिया। देखा कि उसके साथ और आदमी भी तो है। वह आदमी संभवतः साँप पकड़नेवाला ओझा है। उसके मकान की चहारदीवारी पारकर द्वार पर पहुँचते ही कामेश्वर ऊँची आवाज में पुकार उठा, "बड़ी जोरों की प्यास लगी है। एक गिलास पानी तो दे दो।" अपनी बात कहते-कहते उसने मकान के अंदर प्रवेश कर जाने की कोशिश की, परंतुपुतली ने बड़ी फुरती से बाहर निकलकर बरामदे में ही उसके लिए एक मोढ़ा रख दिया और उसी पर उसे बैठा दिया। पानी ले आते समय उसने अपनी साड़ी के आँचल को तान-तूनकर शरीर के अंगों को भली-भाँति ढक लिया। करती भी क्यों नहीं, इस आदमी की आँखों की दृष्टि ही ऐसी बेहया है कि जैसे इतने सारे कपड़े होते हुए भी लगता है, वे पर्याप्त नहीं हैं। गिलास का सारा पानी पी चुकने के बाद कामेश्वर ने उससे पूछा, "तुम्हारे गृह-स्वामी अगर आज यहाँ होते तो अपनी आँखों से ओझा के गंभीर ज्ञान की महानता को देख पाते। देख लेना, इस मकान के भीतर जितने सारे साँप छिपे हैं, सारे-के-सारे आज पकड़ लिये जाएँगे।"

पुतली के मन में यह पूछने का विचार उभरा कि 'तुम्हारी आँखों की देखने की जो दृष्टि है, वह साँप की दृष्टि से इतना अधिक क्यों मेल खाती है कि लगता है जैसे तुम नहीं, बल्कि कोई साँप ही मेरे तन-बदन को एकटक निहार रहा है? जब सारे साँप कपड़ लिये जाएँगे तो साँपों की सी तुम्हारी लुलुआई दृष्टि भी क्या पकड़ में आ जाएगी?'

ओझा साँप को ढूँढ़ निकालने में व्यस्त हो गया। पुतली ने आश्चर्य से देखा कि इतना खतरनाक काम करते समय भी उसके हाथों में एक मामूली छड़ी के अलावा और कुछ भी नहीं है। तो क्या उसी छड़ी से ही वह साँप पकड़ेगा?

इसी बीच कामेश्वर की कहानियों और गप्पों की पिटारी खुल गई। उसने उसे खाने के लिए जो चूना-सुपारी दी थी, उसी के नशे से उसकी आँखें और मुँह लाला हो गए। अरे वाह! यह आदमी मामूली बातों को भी कैसा रस लगा-

लगाकर कहने की कला जानता है। उसकी रसभरी बातों में अपनी ओर खींचने और मस्त कर देने की ऐसी ताकत है कि उसे सुनते-सुनते वह भी इतनी प्रभावित हो गई कि वहाँ से दूर नहीं हट सकी। तभी उसने देखा कि ओझा एक साँप को पकड़कर सचमुच ही लिये आ रहा है। साँप को वह पोखरी के किनारे वाले कमरे से पकड़कर लाया है। अपनी उसी छड़ी के सिरे से साँप के फन को दबाकर एक झटके में ही उसकी पूँछ पकड़ ओझा ने उसे उठाया और फुरती से उसे अपनी झँपोली में रखकर बंद कर दिया। झँपोली के अंदर बंद होने पर भी साँप निकल भागने के लिए उछल-कूद मचाने लगा। उसे देख पुतली की सारी देह फिर थर-थर काँपने लगी। ओझा ने कहा, "अत्यंत विषधर साँप है यह। इसका काटा पानी भी नहीं माँग पाता। महाविषैला फणिधर कोबरा साँप है यह।"

"फणिधर नाग है यह! इसका मतलब यह हुआ, जो साँप उसके मकान के भीतर घुसा था, वह तो यह हरगिज नहीं है, क्योंकि वह फन फैलानेवाला नहीं था। तो वह साँप अभी भी उसके घर के अंदर ही समाया हुआ है क्या? अरे, हाय रे दइया!" इस बार इसके भीतर से जो चीख उठी, वह बाहर नहीं निकल पाई। मन के भीतर-ही-भीतर अकुलाती रही। अब वह सजग हो गई। किसी अनजाने आदमी के सामने वह अपने मन के भय के भाव को प्रकट कर दिखाना नहीं चाहती थी।

साँप पकड़ लिये जाने की सफलता से गद्‌गद कामेश्वर के चेहरे पर मुसकान उभर आई। ऐसी अनूठी मुसकान मानो किसी राज्य को ही युद्ध करके जीत लिया हो। पेंदी वाली काँसे की बड़ी कटोरी में परोसी हुई चाय को सुड़क-सुड़क करके पीते हुए मनमाफिक समय तक ठहर वह ओझा और साँपों की झँपोली के साथ विदा हुआ। जाते-जाते वह आश्वासन भी देता गया, "समझ रही हो! अब तो इस ओर आते ही रहना होगा। इधर आने पर फिर कभी तुम्हारे घर आऊँगा। इस घर के मालिक तुम्हारे पति से मुलाकात करनी ही चाहिए न!"

कामेश्वर किसी गृहस्वामी से मुलाकात करने के लिए एक जगह बाट जोहने वाला आदमी नहीं है। जेल से छूटने के बाद उसने फिर से दलाली का धंधा शुरू कर दिया है। दूसरों के व्यापार में दलाली कमाने क अलावा बड़ी मात्रा में पहुँचाई जानेवाली चीजों को स्वयं जुटाकर उन्हें थोक खरीदारों तक पहुँचाने भी लगा है। यहाँ से कुछ किलोमीटर पर सेना की छावनी है, वहाँ रहनेवाला ठेकेदार है, उसके लिए बकरे का मांस जुटाने के लिए वह गाँव-गाँव घूम-घूमकर बकरे पहुँचाने लगा है। बकरों की तलाश में मारे-मारे फिरते रहने का बहाना दिखाकर ही वह एक दिन मणिराम की छावनी वाली खेती की जमीन पर जा पहुँचा और

उससे अपनी जान-पहचान पक्की कर ली। यद्यपि उससे मिलकर उसे खुशी हुई। कामेश्वर के दुबला-पतला चेहरा जो भद्दा और रोगी सा लगता है, वहाँ मणिराम के मांस से भरे-पूरे मुखमंडल पर स्वास्थ्य और सौंदर्य की आभा नाचती रहती है। धन-संपत्ति का जो आशातीत लाभ हो रहा है, उसे सोने जैसे स्पर्श के होते रहने के कारण मणिराम की आँखों में एक बहुत बड़ा सेठ-साहूकार बन जाने और पूरे इलाके में सम्मान पा लेने के सपने का नशा बराबर खुमारी भरे रहता है। उसके साथ बातें कर-करके कामेश्वर ने उसके मन के अंदर बसी इस भावना की गहराई को समझ लिया है। झमनलाल सेठ का बंद पड़ा लकड़ी का कारखाना वह खरीदेगा-ही-खरीदेगा। उसकी इस भावना को समझते ही वह बोल पड़ा, "झमनलाला का कारखाना! अरे उसे लेने में क्या कठिनाई? वहाँ तो मैं उसका मैनेजर ही था, (जबकि वास्तव में वहाँ वह लिपिक भर था) तो फिर आपको चिंता करने की जरूरत ही नहीं। उनसे तो वहीं ले जाकर मिलवा सकता हूँ। सारा सौदा पटवा सकता हूँ। झमनलाल ने अपनी नई गद्दी कहाँ लगाई, इसकी खोजबीन अब मैं खुद करूँगा। मेरी तो कोई गरज नहीं है। फिर भी तुम्हारे लिए मैं सारी खोजबीन करूँगा।"

उस बकायन के विशाल पेड़ के पत्ते झड़ने लगे। उसके फूल भी झड़कर गायब होने लगे। फिर से नए पत्ते उगन लगने। कारण यह था कि वर्ष का चक्का घूम गया था। ऋतु के दोबारा आ जाने का समय पूरा हो गया था। पत्तों के इन किसलयों के साथ ही फलों की नई कलियाँ भी अँखुवाने लगी थीं। कुछ समय के लिए रहनेवाले मधु की तरह इस मौसम को कामेश्वर ने यहीं बिता दिया था। हाँ, यह आवश्यक है कि मणिराम के लिए वह झमनलाल की नई गद्दी की जगह का पता लगाता, चक्कर लगाता रहा है। मणिराम को वह बराबर दिलासा देता रहा है कि जैसे ही उसका पता लगेगा, वैसे ही वह उसे मिलाने लिवा ले जाएगा। यह काम ही इतना महत्त्वपूर्ण हो उठा कि आजकल तो मणिराम के मकान पर उसका आना-जाना प्रत्येक दिन ही होने लगा है। पुतली की ओर वह जिस लोलुप दृष्टि से देखता है, उसकी ऐसी दृष्टि पुतली को तनिक भी अच्छी नहीं लगती। मकान की दहलीज पर पहुँचते ही तो मुआ पीने के लिए पानी माँग बैठता है। राम, रे राम, इस आदमी में कितनी तो प्यास जमी है कि कभी तृप्त ही नहीं होती! अब तो वह ऐसा ढीठपना भी दिखाने लगा है कि पानी पीने के लिए घर के भीतर आ, घुसना चाहता है, परंतु पुतली भी सावधान रहती है। वह अपने मतलब में सफल हो उसके पहले ही वह बैठने को मजबूर करने के लिए बरामदे में ही मोढ़ा रख दिया करती है।

एक दिन पुतली ने रसोई के बाहर एक साँप का केंचुल देखा। उसे देख वह इतना डर गई कि लगा जैसे उसके प्राण ही निकल जाएँगे। थरथर काँपते-काँपते उसने जब अपने डर का बखान मणिराम से किया तो सुनते ही वह खिलखिलाकर हँसने लगा। बड़ी देर तक हँस लेने के बाद उसने समझाया, "अरी ओ बावरी! मैंने भी वह केंचुल देखी है। किसी साँप द्वारा हाल-फिलहाल छोड़ी गई केंचुल नहीं है रे! वह तो बहुत पुरानी केंचुल है, जिसे कोई पक्षी उठा लाया होगा। जो भी हो, तू यहाँ साँप से इस तरह डरा करेगी तो फिर कैसे काम चलेगा? जंगल-झाड़ साफ कर तराई की इस जमीन पर तो साँपों के साथ ही रहना पड़ेगा। साँप से डरने से नहीं, बल्कि उन्हें डराकर, दबे-दबे, कोने-अंतड़े में भागे-भागे रहने को विवश कर यहाँ निवास करना होगा। डरने से तो एक पल रहना कठिन हो जाएगा। डरते रही तो काम नहीं चलेगा।"

मणिराम का मन आजकल अतिशय प्रसन्न है। जिस तरह एक नई-नई रेलगाड़ी छुक-छुक करती तेजी से आगे भागती चली जाती है, ठीक उसी तरह उसका मन छुक-छुक करता उड़ा-उड़ा फिरता है। अब तो पक्की सूचना मिल गई है कि झमनलाल लकड़ी का अपना कारखाना बेचेगा-ही-बेचेगा। कामेश्वर ने यह पक्की खबर लाकर दी है। झमनलाल की नई गद्दी को खोज-ढूँढ़कर निकालने और आवश्यक सूचना को प्राप्त करने में कामेश्वर को अपना बहुत सारा समय लगाना पड़ा। इसी से इतनी अधिक देरी हो गई है। अब चाहे अधिक देरी भले ही हो गई हो, फिर भी सूचना तो तन-मन को आनंदित करनेवाली ही है, अतः बहुत समय बाद कामेश्वर ने खबर की, फिर भी मणिराम आनंदविभोर हो गया है।

रविवार के दिन बहुत जल्दी ही भोजन-पानी कर मणिराम तैयार हो गया और अपनी खुशी को प्रकट करते हुए पुतली से बोला, " सुनती हो जी! आज रविवार को जो विशेष बाजार लगता है, उसमें खरीदारी करने चलेंगे। तू पहन-ओढ़कर जल्दी से तैयार हो, बाहर निकल आओ। थोड़ा जल्दी ही निकलना ठीक होगा, क्योंकि यहाँ से पूरे पाँच मील दूरी पर लगता है यह रविवारी बाजार।" मणिराम ने यह भी बतलाया कि उसे उस बाजार को जाने के दौरान ही वह लकड़ी चीरने और लकड़ी का सामान बनाने का वह कारखाना भी दिखला देगा, जिसे वह शीघ्र ही खरीदकर अपना बना लेनेवाला है। साथ-ही-साथ वह पुतली के लिए एक जोड़ी नया कपड़ा भी खरीद देगा।

बस अड्डे पर बस से उतरते ही वह कारखाना नहीं दिखाई पड़ता। उसके लिए थोड़ा चलना पड़ता है। वे दोनों जब थोड़ी दूर पैदल आगे बढ़े, तब कारखाना

साफ दिखलाई देने लगा। पुतली जब वहाँ पहुँच गई तो उसमें कोई विशेष उत्साह नहीं जागा। लकड़ी-काठ का ही तो कारखाना है। इसमें भला देखने-परखने लायक है ही क्या? लोहे की जो कुछेक मशीनें हैं, उन पर धूल-मिट्टी इतनी जम चुकी है कि सब मैली पड़ गई हैं। जगह-जगह कालिख पुती है और मकड़ी के जाले लटक रहे हैं। पूरे कारखाने की अवस्था अत्यंत जीर्ण-शीर्ण है। बहुत दिनों से बंद पड़ा होने के अलावा भी इसकी मशीनें-औजार सब वैसे भी इतने पुराने पड़ चुके हैं कि चलती होती तो भी इसमें देखने लायक कुछ नहीं होता। ऐसे नीरस, उबाऊ और बदबूदार जगह में तो दम घुटने लगेगा। पुतली ने अपनी ओर से कोशिश भी की कि कहीं ऐसी चीज दिखाई पड़ जाए, जो ऐसी हो कि आँखें उसे देखने को ललक उठें, परंतुअच्छी दिखनेवाली, भली जान पड़नेवाली अथवा किसी भी प्रकार से आकर्षित लगनेवाली एक भी चीज उसे वहाँ दिखाई नहीं पड़ी। प्रत्येक चीज उसे इतनी भद्दी लगी कि बरबस ही नजरें दूसरी ओर मोड़ने को इनसान विवश हो जाए। तब उसने जो अपनी निगाहें बाहर फेंकीं तो एकाएक ही उसकी दृष्टि कारखाने के बाहर जड़वत् खड़े मणिराम के मुखमंडल पर पड़ीं। कारखाने की ओर एकटक जिस विशेष दृष्टि से वह देखे जा रहा है, उसे देख तो पुतली के हृदय में ऐसी चोट लगी, जैसे कि उसे बिजली का तेज झटका लगा हो! उसने मणिराम की आँखों में एक विशेष प्रकार की चाहत देखी।

वह अचकचाई सी सोचने लगी कि अरे, उसकी आँखों की दृष्टि में वह जो विशेष प्रकार का चाहत का भाव है, आखिर वह किसके लिए है? उसने पाया कि पलभर को भी पलकें झपकाए बिना ही लगातार न देखने लायक कारखाने की ओर ही देखे जा रहा है। किसी अलौकिक रूपवती मोहिनी के मोहन बाण से घायल हो जाने पर उसकी उन दोनों आँखों की लालसा के दो अलाव से धधक रहे हैं! उसकी अपनी जवानी से उफनती ये जो देहयष्टि है, उसके नशे से बहुत अधिक नशा देनेवाली वह मोहिनी है क्या? मणिराम की आँखों की ऐसी दृष्टि अपनी ओर कभी न हो पाने के कारण छटपटाती हुई, आंतरिक पीड़ा से मन मसोसती, करवटें बदलती, सारी की सारी रात तड़पती अपनी देह पुतली को याद आने लगी। उसकी इस तरोताजा, भरपूर यौवन की आंतरिक शक्ति से उद्वेलित देह में कहीं भी कोई भी कमी न निकाल सकनेवाले इस पुरुष मनुष्य की आँखों में चाहत की ऐसी ललक भरी दृष्टि! इसकी आँखों में क्या ऐसी दृष्टि होने की कल्पना भी कभी वह कर पाई है? हृदय से उभरती आ रही व्यथा से वह खड़ी-खड़ी तड़फड़ाने लगी। इस तड़फड़ाहट में उसने खूब हाथ-पाँव पटके-झटके, परंतु मणिराम की दृष्टि जो मंत्रमुग्ध हो कारखाने की ओर लगी थी, उसमें रंचमात्र

भी फर्क नहीं आया। कारखाने की ओर से वह तनिक भी नहीं हटी। तब तो उसके हृदय में धधकती आग का एक और अलाव जल उठा। इतना ही नहीं, बल्कि ऐसा लगा जैसे उसके हृदय का अलाव एकाएक इतने प्रचंड रूप से भभक उठेगा कि इस पूरे कारखाने को ही जला डालेगा।

लंबी-लंबी गप्पें हाँकने, बड़ी-बड़ी कहानियाँ और लंबी-लंबी बातें करनेवाले कामेश्वर की बातें अब छोटी हो आई हैं। अब वह बहुत ही कम और बहुत कम समय तक ही बातें कर पाता है। यहाँ तक कि झूठी-मूठी बेसिर-पैर की, अविश्वसनीय तथा अकल्पनीय बातें ही हाँक पाना अब उसके लिए संभव नहीं हो पा रहा है।

झमनलाल की नई गद्दी का पता लगाने में कामेश्वर को वस्तुतः कोई समय ही नहीं लगा। उसका पता तो उसने तुरंत ही लगा लिया था। उसकी सूचना देने में उसने जान-बूझकर देरी की थी। इतनी देरी करने-काम करने में अनावश्यक देरी लगाने के ढुलमुल स्वाभाववाला मान लिया जाने का लांछन भी लगवा लेने के लिए वह इसलिए तैयार हुआ था कि उसे यहाँ एक नया-नया मधु का छत्ता जो दिखाई पड़ गया था। उस मधुचक्र का मधुरस पाने की लालसा में वह इतनी देर तक उसी के आकर्षण में बँधा पड़ा था। उसका हरसंभव प्रयत्न था कि इस मधुचक्र की रानी मधुमक्खी का रस-भंडार वस्तुतः कहाँ है? इसका वह पता लगा ले, ताकि सहत ही मधु-रस लूट ले, परंतुअपनी लाख कोशिशों पर भी वह रस-भंडार को लूट सकने का, उस मूल वस्तु का पता नहीं लगा पाया। भँवरे का सा स्वभाव होने के कारण वह एक ही कली के मधु से बहुत अधिक समय तक चिपका तो नहीं रह सकता। इस कली का मधुकोष पाने के लिए वह जरूरत से बहुत अधिक समय तक ही यहाँ लटका रहा है। नहीं, अब और नहीं। अब तो यहाँ से दूसरे ठौर उड़ जाने का समय आ गया है। अतः मणिराम को अब और उलझाए रहने से लाभ भी क्या? अगर झमनलाल का वह कारखाना मणिराम का होना ही है तो हो जाए न! फिर देर करने से उसका क्या लाभ? तभी तो उसने मणिराम को सबकुछ बतला दिया, जिसके सहारे मणिराम अपनी लालसा सबसे अधिक खींचनेवाली वस्तु—उस कारखाने तक जा पहुँचा। अब वह कारखाना मणिराम का हो जाए, सो ही ठीक है।

सोचते-विचारते रास्ता चलते-चलते जब वह उस बकायन के विशाल वृक्ष के पास पहुँचा गया, तब उसने निर्णय किया कि बस अब और नहीं। आज बस अंतिम बार वह एक गिलास पानी पिएगा। फिर यहाँ से सदा-सदा के लिए विदा हो जाएगा। मकान की चहारदीवारी के मुख्य द्वार के सामने पहुँचकर पहले की तरह पुकार उठा, "अरे ओ भागवान! घर में हो न?"

पुतली ने आज उसे तभी देख लिया था, जबकि वह मकान से काफी दूर था। उसे आता देख उसका मन झुँझला उठा था, "यह मरदुआ तो फिर चला आया! बहुत ही घात लगाकर यह आता है यहाँ। ठीक तभी आता है, जब मणिराम घर में न हो।" पुतली ने मन-ही-मन सोचा कि मणिराम की अनुपस्थिति में घर पर आने की आदत रोकने के लिए आज वह उससे साफ-साफ कह देगी, "उसके पति के घर में न रहने के समय न आए, आना ही है तो मणिराम जब घर पर उपस्थित रहे, तभी आए।"

बरामदे में दाखिल होते ही कामेश्वर ने अभ्यासवश पुकारा, "देना जी, गिलास भर पानी तो देना।" आज उसे बरामदे में रखे मोढ़े पर बिठाने के लिए कोई कोशिश नहीं करनी पड़ी, बल्कि वह स्वयं ही मोढ़े पर जा बैठा। पानी माँगते हुए आज उसने पहले की तरह पुतली की आँखों में आँखें गड़ाकर देखने की कोशिश भी नहीं की।

इधर पुतली के मन की आँखों में कारखाने के सामने जड़वत् खड़े मणिराम की वही तसवीर ज्यों-की-त्यों अड़ी हुई है, जो उसने वहाँ देखी थी। जो मणिराम उसकी देह की ओर ठीक से देखता ही नहीं, वही कारखाने की ओर अतिशय लालसा से निहारे जा रहा है। उसी तसवीर की याद में खोई अनमने भाव से पानी लिए दरवाजे की देहरी लाँघ रही थी कि एकाएक ठमककर खड़ी हो गई। कौन जाने कि यह क्या हो गया उसे? मकान के अंदर घुसे हुए साँप का भय उसे विकल कर रहा है। लगता है कि उसने अपने मन में जिस विशेष साँप के होने की बात स्वयं अब गढ़ ली है—उसके उस काल्पनिक साँप ने ही वहाँ केंचुली छोड़ दी है। चौखट पर खड़ी होकर कामेश्वर की ओर निहारकर पुतली बोल उठी, "आओ, भीतर ही आ जाओ।"

पानी भरे गिलास को मुँह से लगा लेने पर कामेश्वर की आँखें बकायन के विशाल वृक्ष की ओर जा पहुँचीं। लगता है, बकायन के इस विशाल वृक्ष पर आज सेमल के बड़े-बड़े लाल-लाल फूल फूल उठे हैं।

लाउडस्पीकर से आती अस्पष्ट सुर-लहरी से जान पड़ रहा है कि कहीं दूर गाने का रिकॉर्ड बज रहा है, उसके बोल बिहू के हैं या चरवाहों के गीत के, जिसका एक चरण का अनुमान कुछ यों है—"इस देहिया के भीतर ही है रे, रे रे..." रिकॉर्ड बजता ही जा रहा है।

□□□